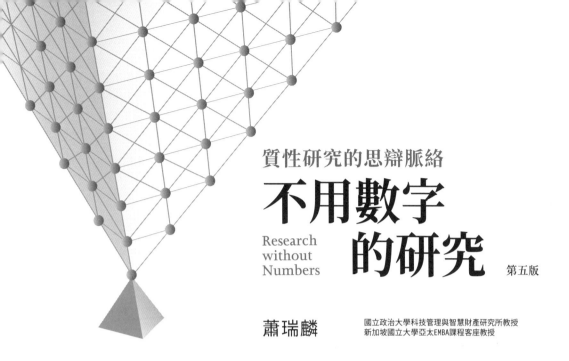

質性研究的思辯脈絡

不用數字
的研究

Research
without
Numbers

第五版

蕭瑞麟　　　　國立政治大學科技管理與智慧財產研究所教授
新加坡國立大學亞太EMBA課程客座教授

學術原創書系序——

學術也可以原創
生硬的學術，變成搶手的暢銷書

　　2017年是五南出版公司推動「學術原創」著作的元年。走過五十年的出版歷史，由考試用書、大專教科書、學校教材、學術期刊到知識讀本，五南的貢獻是有系統地整理與傳播知識。那為什麼，現在要推出「學術原創」專書系列呢？這背後是有其歷史脈絡的。

　　華人圈在過去的五十年，或者更遠的一百年間，由於歷史的動盪，讓學術圈，特別是社會科學領域的學術圈，一直是在超歐趕美的思維下匍匐前進。華人擅長於整理歸納，吸收歐美先進國家的知識。可是，華人學者卻比較少投入知識創造，特別是創造人文類的知識；更少提出原創性的觀念。在管理領域，美國學者曾提出資源論、結構論、機構論、生態論、開放創新論等。反觀華人學者，多數是知識追隨者，甚少提出嶄新的論點，更別說拿出能讓國際學者驚豔的新觀念。台灣擅長代工生產；連學術也難逃代工的命運。

　　這是令人惋惜的，因為兩岸三地有許多華人學者，擁有充沛的研究能量。可是，這些年來，學者卻因為要「衝發表、拚業績」，使得發表量變成主流價值觀。那些默默耕耘的學者，成了邊陲的流民。我們成立「學術原創」系列有兩個目的。第一，以優質出版鼓勵深入調查、具有深刻洞見的社會科學作品。

　　我們希望讓那些默默耕耘的學者被看見。也透過文化傳播力量，讓他們的研究能量可以造福更多人。在這一系列中，我們希望出版人文主題的深刻作品。

　　第二，我們希望這些原創性作品能夠以科普化的手法觸及更多讀者。過去，只要談到學術著作，聯想到的總是生澀、難懂、乏味等印象。然而，若是我們放眼歐美，許多原創性的學術作品往往也是老少咸宜的讀本，以輕鬆的文字去傳達深刻的

理念。這樣的作品所影響到的不只是領域同儕，更能夠讓新觀念普及大眾。這對公民素質的提升將有深遠的影響。

我們希望結合編輯團隊與領域專家，將學術作品科普化，卻不失嚴謹度。讓學術作品具有原創性，不只是內容的原創，更包含呈現方式的改變；而且兼具市場性，才是考驗學者真正的實力。出版學術專書，卻成為只有少數人看的孤芳之作，是很可惜的。

這樣的學術原創不是曲高和寡，也不是商業化或閒談的作品。坊間已經有許多顧問式的工具書，也有許多書是隨想式的抒發，我們無需再錦上添花。但是一位學者，他在學術界以嚴謹的方法長期取得資料，以（社會）科學性的分析得出令人啟發的見解，這樣的作品實在不能被埋沒。五南出版公司也將秉持著文化職人的使命，讓這些深藏不露的作品，以更容易被理解的形式與讀者見面。

本書是「學術原創」系列推出的第一部作品。《不用數字的研究》是蕭瑞麟教授多年來於質性研究領域累積的心得。將艱澀的質性研究方法論整理出一套脈絡，已經是一項原創之舉。運用輕鬆的手法，幽默地寫出方法論，則是另類原創。這本書自2007年出版後，經過四次改版，到現在已經十餘年，成為台灣與中國大陸各大學經常使用的方法論習本。它不像是教科書，有點像論文，卻更像散文的感覺，結果卻是暢銷書。第三版時全面改寫，第四版、第五版皆有再增添一些新案例，也融入他採訪中外學者的資料，幾乎就是一本新書。這本書為「學術原創」系列打頭陣，頗有示範效果。

我們期望，有更多學者能夠以「學術原創」作為平台，讓自己嘔心瀝血之作成為學術知識的累積。透過本系列的洗鍊，生硬的學術論點，也可以變成搶手的暢銷書。我們也期待有更多讀者與企業，會因為這些原創觀念而改變想法或作法，讓社會朝正向發展。我們更期許，「學術原創」系列成為五南邁向下一個五十年的創新起點。未來，期盼更多原創性的觀念，將是由華人學者來引領風潮。

發行人　楊榮川

推薦序——
思考力的作用
博學、審問、愼思、明辨的實踐

　　《不用數字的研究》是一本能讓我們得到許多啓發與反省的好書。它不僅傳達了蕭瑞麟教授在研究上的深入體驗與智慧，而且也引發了我對此主題的一些相關想法，甚至參與討論的衝動。

爲什麼要從事學術研究？

　　本書的重點是「研究」。教育當局近年不斷大力鼓勵學者從事研究發表，然而，爲何要投入大量資源與時間於學術研究？尤其就社會科學而言，基礎學術研究與教學品質、國計民生，甚至「國家競爭力」有何關係？青年學者除了在意論文發表數量對求職與升等之影響外，在進行學術研究時還應該關心哪些事？學術研究有兩項重要的預期成果。第一是知識的創造與累積。單一的研究，在知識上雖然極難有所突破，但結合了數百位、數千位學者的研究成果，就會逐漸帶動知識的進步，讓人類能夠從更多元的角度、更深刻地了解這個世界，甚至能更有智慧地導引人類文明的努力方向。

　　第二個預期成果是對學者思考力的訓練。在學術研究過程中，學者有機會瀏覽或咀嚼別人的研究成果，並經由觀察、實驗、思辯，提出自己的觀點。在此一過程中，縝密的思考與合乎邏輯的推理能力，都將因爲經常運用而有所進步。

　　訓練思考力的方式不只一種。蘇格拉底的「互動式」對答、上課時的個案研討、精讀經典以揣摩前輩學者的思路歷程，以及從事學術研究，都是訓練思考力的有效方法。而在學術研究方面，個人認爲，與量化研究相比，質性研究由於缺乏數理工具的協助，因此對研究者的思考力更具挑戰性。而在許多不同類型的質性研究中，蕭教授所熟悉的「詮釋型研究」，對思考力的要求更高。

學者思考力的訓練與成長

學術工作者被期許可以創新知識、指導學生，甚至能分析複雜的社會、經濟、組織現象，除了他們擁有豐富的知識之外，最重要的還是因為大家相信學者有「思考能力」。事實上，知識日新月異，書籍不斷推陳出新，搜尋引擎與電子資料庫的功能也愈來愈強大，使「擁有知識」的重要性遠遠不如「思考力」。而且知識創新的品質與效率，也與學者的思考力息息相關。如果一個國家的學者，普遍只能以追隨者的角色，驗證外國學者所提出的理論，或只能轉述外國學者的觀點，則此一國家的知識創新力肯定是極為低落的。

學者當然要不斷吸收其他學者的新觀點，但思考力的訓練，則必須依賴本身的學術研究。易言之，必須在學術研究過程中不斷磨練和提升思考力，有了思考力，才能從現象中看到社會運作背後的真相與道理；了解各種決策與行為成敗的原因；洞察企業、組織，乃至於朝代興衰的法則。有了思考力，才能活化書籍與文章中的學問，使之成為解決問題或互動式教學的後盾；有了思考力，才不至淪為「兩腳書櫥」──著作等身卻食古不化或思想空泛。

質性研究的主要管道是訪談與觀察，當然還必須輔以資料閱讀。在企業管理的研究中（尤其是高階的策略與組織議題），長時間的深入觀察十分不易，因此取得資訊的方式主要是訪談。質性研究的訪談，不同於一般泛泛的訪問，因為既是「研究」，就不能局限於事實或意見的報導，而是要從訪談中，找出「道理」來。而「找出道理」的過程，就是學者訓練思考力的最佳途徑。

在質性研究的過程中，不同的受訪對象，針對相關的議題所提出的觀點或「事實」，可能互補，也可能互相矛盾。如何利用互補資料，編織出更完整、更深層的真相或道理；如何從互相矛盾的陳述或資料之間，找出值得更進一步探究的疑問或有待驗證的假設；如何從不同的方案中，整合出兼容並蓄、既深入又周延合理的解釋，這些都是考驗或訓練思考力的過程。

易言之，從現象中找出因果、從矛盾中找出進一步驗證的切入角度、從訪談對象的言論中，不斷提出有意義的問題，處處都展現了研究者思考力的力道與深度。而質性研究的主要活動即是：研究者針對有意義的議題，不斷地向不同的人提問，再從答案中找出更進一步的問題，在進行中逐漸浮現出前人（包括：相關主題之研究者及高度熟悉此一問題的所有受訪者）從未想過，但卻又能欣然接受的解釋。然後，設法將此一解釋或「道理」與現存理論連結及比對，以融入理論的體系中。這不僅是研究的程序，也是人類知識系統化累積的程序。

質性研究者的條件

量化研究雖然也必須以理論為依歸，但也必須（或「可以」）依賴嚴謹的抽樣方法、大量的資料（例如：資料庫或問卷調查）、高深的統計技巧、快速的電腦運算能力，以結構化的方式來獲致結論。質性研究者無法仰賴這些資料處理工具。因此，對研究者的條件有不同的要求。

質性研究者必須與各方人士進行長時間的訪談，基本要件是要對知識擁有高度的好奇心，以及具有親和力，讓對方願意分享與傾吐。此外，必須要有聆聽、觀察的能力與習慣，而且要能聽得深入、聽出言外之意，並在鬆散的論述中理出頭緒、找出矛盾。

再者，由於訪談的對象是人，所以難免有情緒、有自己的意圖、有表達能力上的不足，甚至對許多經歷有其難言之隱。因此，訪談者必須有高度的同理心，可以從表面的言詞中體會出對方內心更深層的想法；甚至要能透析人性，才能從轉述的故事中，猜想、模擬當時的時空背景與人際互動過程。

理論的素養當然十分關鍵。訪談者必須對相關學理有廣泛且相當「內化」的理解，以支持訪談時的多元角度及問答深度。易言之，相較於一般人，一位研究學者在針對相同主題訪談相同對象時，其訪談的進行內容及結果必然大不相同。研究學

　　者的訪談品質如果較高，或更能掌握問題的核心，主要應該是藉助於其「理論背景」的指引與支持。亦即，在訪談過程中，訪談者心中必須不斷地進行「資料與理論的對話」，讓聽到的資料所引發的悸動，喚起腦海裡現有知識存量中隱約的關聯，同時也經由對理論的觀照，將線性、平面、混雜的資料，賦予鮮活而立體的生命。此一過程在質性研究中，一再地反覆進行，也是質性研究最令人興奮的部分，曾從事深度質性研究的人，必然有此同感。

　　理論背景指引並支持了訪談者對資料的認知、選擇與詮釋，然而也極可能局限了觀察與思考的角度，因此如何適時適度打破理論架構對思想所造成的限制，避免成為自己「思想的囚犯」，也是一大挑戰。其他研究方法當然也有類似的處境，但質性研究在整個過程中，都高度依賴腦力的運作，因此，更不得不時時避免陷入「老生常談」（過度制約於現有理論）與「漫無章法」（過度脫離現有理論的啟發）這兩種極端。

　　事實上，若不考慮「流派」或投稿難易的問題，質性研究其實大可以擺脫一切理論所創造的前提，背棄所有的「典範」或「哲學觀」，以多元而自由的方式，讓心靈進行毫無拘束的探索與馳騁。此時，過去所學的種種理論學說、前輩大師開示的金言玉語，固然孕育了研究者今日的心智與視野，卻對眼前現象的觀察、解讀，甚至思想的創新，絲毫不形成任何障礙或扭曲。

　　受訪者回答的意願影響整個研究的進度與品質。從經驗得知，「會問」是「願答」的重要先決條件。若能快速從受訪者的回答中，找出有待詮釋的矛盾，提出深刻的問題，甚至受訪者未曾想過，但又隱約覺得應該重新省思的疑問，則訪問才容易順利進行。易言之，要問到重點，「搔到癢處」，才能引出對方較深層的思考與回答，思考力的水準與品質，也因而影響了訪談結果的品質。

思考力的作用

質性研究提升了思考力，思考力也決定了質性研究的水準。除此之外，由此而培養的思考力，對讀書也有幫助。因為所謂讀書，其實也就是與作者在進行一場深度的對話。有了思考力，可以更能體會作者的思想脈絡，可以看出作者文字背後的架構，可以推論作者言之未出的思想精華。因此質性研究的訓練過程，也是培養讀書與學習能力的過程。

質性研究所培養的思考力，更是主持個案教學成敗的關鍵。事實上，互動式個案教學的思辯過程，十分近似於一個小型的質性研究。因此，個案教學有助於提升師生雙方進行質性研究的能力，而質性研究所培養的思考力，則是教師在個案教學中，不可或缺的。換言之，個案教學過程中，教師必須不斷地仔細聆聽，再從所聽到的內容中，賦予意義，提出可以促使學生更深入思考的問題。完全沒有質性研究經驗的教師，若欲有效進行此一高度細緻的心智活動，其實也不容易。

質性研究之優點甚多，然而在學術界並不普遍。本書中也已明白指出，這是因為質性研究進行不易，而且研究方法與品質評定皆缺乏全球一致的標準。不過，如果只是為了發表、升等之類的實際考量，而錯失了質性研究中，充滿知識喜悅與自我成長的一面，委實可惜。

蕭教授在質性研究方面曾接受完整的學術訓練，多年來又從事許多深入的詮釋型研究，而且研究成果也頗受國際肯定，加以這本《不用數字的研究》中的每一篇都是他的經驗與體會的智慧結晶，因此，我深切希望因為這本書的出版，能帶動華人世界質性研究的風氣，也提高大家質性研究的水準。

司徒達賢
國立政治大學企業管理系教授

推薦序——
比數字更有趣的研究
有血有肉的質性研究

　　剛從蕭教授手中接到這本書時，覺得書名實在有趣；沒想到一開卷後，居然欲罷不能，被蕭教授流暢的文筆與清晰的說理能力深深吸引。書中所討論關於研究哲學的諸多議題，更讓自己產生極大的反省。承蒙蕭教授抬愛邀請寫序，便藉此篇幅將心中的感動與感想與讀者分享。

　　理工背景出身的我，於十六年前開始涉入管理學術研究活動後，便常自問：社會科學所處理的研究問題，經常會牽涉到許多包含人的行為等，無法用實驗控制的外在變數，將如何進行科學研究呢？經過一番文獻探討後，才了解，其實方法論決定了研究的「科學性」，再拜讀過孔恩（Thomas Kuhn）的《科學革命的結構》一書後，更了解到不同的理論（及其使用的方法論）之間，其實是不相容的（incommensurable）。研究典範的建立，本身便是一個社會建構（social construction）過程。換句話說，具有相同理論與方法信仰的知識社群愈大，其形成具影響力的典範的可能性愈大。

　　在管理研究的範疇裡，以統計分析或數學模型為基礎的研究（以下化約地簡稱為量化研究），因為其知識產生與傳遞的「效率」較高，所以容易成為知識市場上的「主流設計」（dominant design）。但，主流設計未必代表較佳的知識品質。就如同當年蘋果電腦（Apple Computer）的技術明顯優於IBM的個人電腦（PC: Personal Computer）。但是，IBM開放系統的策略，使得相容電腦不僅在價格上快速普及化，相容軟體的發展更提高了消費者的採用意願（這又稱為網路效應），使蘋果電腦因而式微。

　　多數的管理學者一定同意，量化研究雖然在方法論上有其嚴謹性、可複製性、

可否證性，但是，有多少組織層次的迴歸分析結果，可以解釋超過50%的資料變異性？有多少嚴謹的數學模型，可以在接近實務與合理的假設下，得到穩定的均衡解？顧問界通常流行一句話：「One size does not fit all!」亦即管理法則不能一體適用。果眞如此，則透過資料分析上的規則性（regularity），是否眞能讓我們對於組織現象的異質性（heterogeneity）有更多的了解呢？

　　當量化研究，或實證主義導向的研究，成爲管理學術的「主流設計」後，便也直接影響了學者的養成過程與知識創造的內涵。一方面，爲競逐發表的速度，資料的有無與品質往往決定了研究題目的可行性，從而降低了研究者對理論探索的企圖心。「小題大作」就成爲增加研究產出的重要策略了。另一方面，數量方法的日新月異，更使得許多研究專精於嚴謹的數量分析，但卻局限了對學理深層反思的貢獻。爲了確保學術研究能夠產生起碼的實務貢獻，國內許多管理期刊都會要求作者在論文中提供管理意涵。然而，累積我過去參與期刊編輯與審稿的經驗，絕大多數被接受的屬於嚴謹分析類的文章，所能提供的管理意涵，若非想當然耳的推論，便是不脫統計語言的論述，對理論的貢獻難免有限。

　　完全不同於量化或實證主義導向的研究哲學，質性研究認爲社會科學研究的目的，並不在發現客觀的眞假與對錯，而著重於社會現象發生原因的解釋。透過長時間的觀察訪談，以及研究者反覆「正、反、合」的思辯過程，建立起對表面現象的深層詮釋。因此，對質性研究者而言，社會現象即使存在著表面的規律性，卻不是研究的重點，社會體系內攸關群體的互動與行爲的建構過程，才應該是研究的焦點。因此，對於社會現象的解析，量化研究論文顯得「冷靜」，質性研究論文則需「有血有肉」。

　　相對於量化研究的產出效率與普及度，採用質性研究方法的論文，不僅需要相當長時間的執行（三年完成一個研究計畫是常見的），研究者的思辯與文字能力的養成，更需要許多經驗性的知識與指導。因此，研究社群人數的相對減少，使得主

流期刊對於質性研究論文所能提供的適當評審能力更顯有限，造成了質性研究論文被接受的比率偏低。此一現實，對於即使有意願加入質性研究行列的新生代，便成了無形的「路障」。從研究生態發展的角度觀察，質性研究方法的發展與擴散，就像是電腦產業裡的蘋果電腦，雖然產品質優，卻因擴散的效率性與網路效應，而局限於一隅。

　　儘管如此，量化研究的諸多限制與缺失，逐漸讓學術界注意到質性研究的「美」。在粗略檢查組織管理界五大領導期刊後，發現近五年裡出版質性或個案研究的比例，已經超過百分之二十。我相信，隨著對質性研究的了解愈多，研究方法的互動愈頻繁，出現研究綜效的機會愈大。管理學術界有句名言：「一個好的理論是最實務的。」（There is nothing so practical as a good theory.）質性研究對詮釋實務現象所要求的真實度、合理度與批判度，絕對可以協助發展出反映實務的好理論；而量化研究對解析預測實務現象所要求的信度、效度，或可回饋提供質性研究者更深層的思辯空間。

　　此外，個人認為質性研究的方法論與辯證思維，對於個案教學的發展極有助益。傳統的管理教學，集中於傳授有絕對對錯的規範性知識。但是，在實務運用上，即使是這些已經通過研究嚴謹度考驗的結論，仍必須加諸許多脈絡因素（contextual factors）的考量，方能成為決策的智慧，若直接套用這些規範性知識，極可能產生完全相反的結果。相對於管理科學的教學導向，個案教學則認為決策智慧（decision wisdom）是無法（用演講方式）傳授的，學習者唯有透過討論式學習過程，方能養成獨立思考與決策擔當的能力。個案教學的教育哲學，顯然與質性研究的研究哲學，有異曲同工之妙。

　　這本書雖名為《不用數字的研究》，但在蕭教授深入淺出的導引下，讓我們認識到質性研究其實是「比數字更有趣的研究」。對於有興趣於質性研究的學子，本書絕對可以有效地消除您學習中的障礙。事實上，這本書可說是蕭教授帶博士生學

習質性研究方法的「祕笈」，我們除了感謝他願意分享給潛在的「學徒」，更希望
這本書的出現，能像iPod帶領蘋果電腦突破PC時代的疆界局限一般，引領管理學
界對於質性研究投予更多的關注。

李吉仁
國立臺灣大學國際企業學系教授

作者序——
深度思考力
研究，不一定要用數字

由長期角度來看，決定社會興衰的，是人的思維模式，也就是看一個社會中的菁英有沒有嚴謹的思考力，以解讀及因應各種社會現象。

——諾貝爾經濟學獎得主　道格拉斯・諾斯（Douglas North）

質性研究，培育思考力

這本書介紹如何以「蘇格拉底」式的方法來鍛鍊深度的思考力。特別是如果你正在攻讀，或正準備要攻讀博碩士學位，具有很強的業界背景，不想做純統計的研究，請繼續往下看。如果你屬於另一群讀者，例如：業界主管、政治領袖、法官律師、媒體記者，想了解有什麼方法論可以讓推理更細膩、思考更縝密、決策更周詳，本書中也能找到不少靈感。

為什麼聰明的領袖往往會做出很不聰明的決策。企業主管常常捶胸頓足，因為團隊推出的企劃案都胎死腹中，讓公司虧了不少錢，他們感嘆要是早有人點出這些問題，就不會造成這些損失了。政府部門常推出一些政策，結果不但沒有造福民眾，良法美意反而招來民怨。法官在判案時，面臨似是而非的狀況，為了正義之名，卻常做出不合時宜的判決。

一個很有趣的現象正在悄悄醞釀。企業界對員工的要求原本著重在專業力與執行力。例如，企業會依據求職者的專長（像是會不會寫軟體程式）與做事的積極性來評估是否錄用此人，並決定給薪的標準。專業力與執行力愈強，薪資也就拿得愈多。現在，如日本知名管理顧問大前研一所預言，思考力將首度取代專業力與執行力，成為企業擇才的第一要項。會不會批判式思考，將決定一個人的成就與格局。

　　2006 年，也就是本書第一版剛問世，中國大陸、台灣、香港、新加坡等大學掀起了一陣案例熱潮，送商學院教授到哈佛商學院取經「個案教學法」。學校鼓勵上課用個案、教授寫個案、學生論文也要做個案。但是，採用個案教學真的就能培養出具思考力的學生嗎？這一點是值得深思的。個案就像故事一樣，有些故事讀了後令人產生洞悉力；有的故事則平凡無奇，讀了還會讓學生喪失思考力。重點是，到底案例是如何寫？又是如何教？

　　我們漸漸了解到，要做好「個案教學」，就必須先學會如何做「個案研究」。過去，我們熟悉的是歸納與演繹的邏輯思考。但是，批判性的思考必須超越歸納與演繹，更強調辯證邏輯。我們可以大膽地說，這種辯證邏輯就是培育批判性思考力的基本功。沒學會辯證邏輯就去學個案或教個案，可能都會如霧裡看花，最後雖能學會武功招式，卻會忽略內力的養成。因此，用個案教獨立思考將會是緣木求魚。學生所學到的只是更多的故事，不是深度的思考。這種批判式思考的內功，必須透過質性研究的培育。

　　2016 年，管理學系以外的世界也受到了刺激。社會、人類、心理、設計、傳播、教育等科系的學者，也開始深思如何從質性研究來深化自己的作品。傳統上，人文學系的個案多重於描述，少於推理和啟示，而這正是管理學的強項。因為企業一定會追問：知道這個案例後，我們該採用什麼方式創新呢？自 2006 年起，經過十年後，《中山管理評論》首開先河，打破疆界，成立「跨領域質性研究」專刊，讓各人文領域的學者有了交流的園地。2017 年 9 月，台灣管理學會（TAOM: Taiwan Academy of Management）旗下的《組織與管理》，也接著推出以原創為主的質性研究特刊。我們才發現，質性研究學者之間的跨域交流，比起在同領域與同儕競爭，可以激盪出更多的火花。

學術研究之「稗類」

近年來，國際管理學術界的風向球改變了。以前在管理領域的研究多是量化學派（或稱實證學派）的天下，強調研究中要有變數、要有數據、要有統計，否則不能算是嚴謹的作品。以前在主流學術中，只要被貼上質性研究的標籤，就很可能被歸類爲研究「稗類」。「稗」（音拜）意思是次等的米；用於詞藻，形容劣等的東西；意喻知識，比喻爲上不了檯面的學問，像稗官野史。「稗類」一詞也正好可以說明質性研究法在管理學術領域中的邊陲地位。一般學者的錯誤印象是，相較於量化、實證性的研究，質性研究是次一等、是上不了檯面的、是不嚴謹的方法論，是「敗」類。

質性研究眞的是次等的研究方法嗎？這種「稗類」共識已由早期的省思，漸漸成爲近期壓倒性的反擊，像是美國管理學界在 2004 年後大力提倡，使質性研究進入管理學界之中流，雖仍非主流。學者開始省思，當今實證式研究被操作得過度簡化，與企業實務脫節。這個風潮並非全盤否定量化研究，學者所擔憂的是量化研究的限制。然而，雖然有些質性研究者振振有詞地針砭實證研究之失，撻伐量化研究像是象牙塔中無意義的數字遊戲，但這並不能遮掩許多質性研究其實也是濫竽充數，說著冗長的故事，卻提不出半點理論上的貢獻。

這裡至少存在三個問題。首先，我們仍不清楚量化（實證）研究與質性（詮譯）研究有什麼差別？質性研究如何可以培育出思考力？其二，我們不全然理解質性研究是如何展開、如何執行與如何評估。一般錯誤的印象是：實證研究可以循著一定的步驟收集與分析資料，比較客觀嚴謹；而質性研究的個人主觀性強，漫無章法，比較不嚴謹。當我們遇上一篇自稱是質性研究的作品，卻也很少人知道如何判斷此作是眞品或是贗品。其三，我們缺乏一個共識性的準繩來評鑑一份質性研究的良莠。在實證研究中，常規是以信度（reliability）與效度（validity）來判斷研究的嚴謹度。但是，以信度與效度來臧否質性研究，卻是不恰當的，就像嘗試以「公

尺」來衡量水的容積一樣。

　　在這個時刻去學習「質性研究」，是否存在特殊的意義呢？答案是肯定的，而且時機是恰當的。質性研究不只是寫個案，更是在培養辯證思維能力。政治大學司徒達賢教授便點出，台灣的管理學術研究，雖然大都以統計方法進行，但這種科學性的研究方法卻未必是研究社會科學的唯一途徑。司徒老師提醒，以量取勝的研究心態，將使研究者耗費大量的時間在收集樣本數（問卷），而不是思考問題本質與構思創新的解決方案。令人更憂心的是，許多博士班學生為配合這種學術發表的「遊戲規則」，將心力花在取樣本、玩變數中，不僅不能提升管理研究的素質，對社會與企業也將產生負面的影響。相對地，個案研究的重點在觀察與分析現實中的問題，反而比較能提出結合實務的理論。

　　雖然我萬分同意司徒老師的觀點，也覺得個案研究很重要。但我仍不禁擔心，大家對個案研究的理解是否一致。

　　一味以寬廣的標準來看個案研究，也說不過去。許多案例研究只是找三、五位經理人，各採訪一小時，綜合歸納三人的說詞，個案研究就出爐了。也有人採訪三十多人，但論文中只是將公司歷年事件列出來，然後談談每個人的經歷，再找一個理論套一套，如此也稱為質性研究。很抱歉，這些都不能算是質性研究，頂多是雜誌式的意見報導，還算不上研究。這的確是從事質性研究學者要虛心接受的批評。

觀念、招式、風格

　　我常收到許多詢問。有學生問：「為什麼做質性研究必須了解哲學？」也有人問：「為什麼在質性研究中不用發展驗證假說（hypothesis）？」更有人問：「我不喜歡數字，那做質性研究會不會比較容易取得博士學位？」問題琳瑯滿目，有些問題我記不得是怎麼問的，有些答覆我也忘了當時是怎麼說的。但肯定的是，研究

生對質性研究法中的專業詞彙理解甚少，像是理論抽樣、理論飽和、正反合、浮睿明等。

　　在本書第五版時，我做了結構性的調整，將書分爲四個部分：觀念篇、招式篇、風格篇、完結篇。我倒不是想寫一本「烹飪手冊」，市面上已經很多這樣的書，而是期待形成一套更具系統性的知識體系。

　　在觀念篇，我準備五個章節，介紹質性研究的基本觀念。質性研究與思考力有何關係（第一章）？質性與量化研究有何差異（第二章）？爲何學習質性研究必須要先練基本功，學好歸納、推理、辯證三大技巧（第三章）？質性研究具有哪些特質？如何評估質性研究的品質（第四章）？學術研究背後有哪些門派（第五章）？本篇會逐一解答這些問題，以建立讀者的基礎知識。

　　招式篇解釋論文寫作的方法。一篇質性研究論文約分爲六個章節，因此我就以此架構來逐一說明。這將分爲兩個部分來說明：論文之前段構成（第七章，前三招）說明研究的設計與布局要如何展開；論文之後段構成（第八章，後三招）則是說明案例要如何呈現，以及要如何思考學術與實務的貢獻。先介紹一份論文需要經歷的旅程，再將六個章節分別整理爲六大招式，讓讀者方便理解。第一招是雕塑浮睿明，解釋如何寫緒論。第二招是思辯正反合，解釋如何寫文獻回顧。第三招是專業陌生人，解釋如何寫研究方法。第四招是脈絡以敘事，解釋如何撰寫研究發現。第五招是捭闔提論述，解釋如何寫討論。第六招是雋永求經典，解釋如何寫結論。讀完這一篇，應該對論文每一章節要處理哪些重要事項，會一清二楚。

　　在風格篇介紹具代表性的案例，都是取自國際優質期刊，作者也都是學壇領袖。之所以會想分析辯證風格是受到《質性研究典範錄》這本書所啓發的。編者找了七篇代表性作品，記錄原作者創作的心路歷程與研究時所遭遇到的挑戰，再找領域專家點評。但是，坦白說，我覺得這本書並沒有點評到重點。編者整理得沒頭沒尾，專家點評得不痛不癢。我認爲，分析一部作品應該要讓讀者知道一份論文的優

缺點，以及如何臨摹到自己的論文中。

　　於是，我挑了九篇作風迥異的文章，作者各自也都筆法獨特。每篇會導讀重點，再分別就真實度（案例豐富性）、可信度（推理品質）、批判度（文章亮點）加以評論。雖然會給予稱讚，但也會銳利地點出缺失，提醒讀者不要重蹈覆轍。〈好萊塢找創意〉介紹如何運用「對偶互動」的方式來分析創意潛力（第十章）。〈快樂的電子郵件〉介紹如何運用「層次變化」的方式來分析電子郵件的愛恨情仇（第十一章）。〈擾人的例規〉介紹如何運用「對比反差」的方式來分析科技導入失敗的原因（第十二章）。〈劍橋大學的晚餐〉介紹如何運用「解讀意涵」的方式來分析儀式如何維繫機構之千年不墜（第十三章）。〈決策失速陷阱〉介紹如何以「因果循環」的手法來分析決策的迷思（第十四章）。〈愛迪生計中計〉介紹如何以「策略回應」的手法來理解弱勢者如何回應機構（第十五章）。〈時時留意鏡中人〉介紹如何運用「調適歷程」的方式來分析組織轉型（第十六章）。〈潛移默化微變革〉介紹如何運用「階段演化」的方式來分析「微變革」，是一份很有深度的案例（第十七章）。〈溫柔成為危險的控制〉探討英國美體小舖的領導問題，為了鼓勵感性的管理，結果卻造成「隱形宰制」（第十八章）。

　　在完結篇，〈學術這一行〉（第十九章），我概要介紹質性研究的時代背景，同時邀請讀者省思當前我們所面對的困境與挑戰。就像危機與轉機總是像雙胞胎一樣，形影不離；困境與創新也是。理解時代中根深蒂固的問題，我們才能思考自己（與未來子孫）要面對的未來。現在雖然不是最好時代，但卻是值得期望的時代。

　　最後，我要感謝在此寫作過程中給予我指導與鼓勵的師長、同事與同學。雖無法一一列舉，但我非常感激這些有緣人直接或間接的協助。恩師愛德華茲（Chris Edwards）教授任教於英國克林菲爾大學（Cranfield University）管理學院資管系主任，是帶我入門的人。記得多年前，每次與他見面，內心都是忐忑不安，總是不知他會問什麼問題。他可以把你由懂問到不懂，再由不懂問到懂懂；還有凡事都要歸

納三個心得（Three Lessons Learned），當時很討厭，現在卻受益良多。

此外，英國華威克大學（University of Warwick）奧默羅德（Richard Ormerod）教授是我後期的指導老師。他是英國國會資訊系統顧問，很感謝他願意花時間帶我進入企業，讓我有機會學習如何在高階主管前從容不迫，並很有禮貌地問出批判性問題。英國華威克大學麥基（John McGee）教授是另一位指導老師，他之前是牛津管理學院院長。若不是他，我就無法常去牛津與歐陸菁英進行一次又一次的辯證交流。亞頓（Philip Yetton）教授任教於新威爾斯大學澳洲管理研究所（Australian Graduate School of Management），是良師（我的口試委員），也是益友。在他身上學到，理論建構的嚴謹與否，不是來自努力，而是源於自我期許。佩迪谷（Andrew Pettigrew）教授原本是英國華威克商學院教授，主持創意與策略變革研究中心，是我當研究員時的老闆；現在於牛津大學（Oxford University）任教。每次見面，他就問我學了辯證後，對人生有什麼影響；動不動就叫我「Think deep, and deeper」。對他而言，思考是無底洞。雖然每次想到他就會作噩夢，但很有砥礪效果。

一晃眼，我回台灣已十多年，因此整理第五版對我個人來說，也是具有歷史意義。過去陪伴的青澀學生，現在開始陪伴我，是令人感到幸福的。最早畢業的博士生，現在已經是獨當一面的學者了，文筆婉約的陳蕙芬現任教於臺北教育大學；寫作如風的歐素華，現任教於東吳大學。其他博士生都還在「陪伴」著我。我更感幸運，這幾年來加入團隊的碩士生都很優秀，給我很多啓發，印象特別深刻有劉宛婷、顏嘉妤、王培勛、陳韻如、陳慧君、楊純芳、陳穎蓉、鄭家宜、陳筱涵、周玥彤、林晏如、黃郁瑄、賈斯嘉、施妠裹、黃品傑、林慧綺等。每次田野調查，看似我在研究上照顧他們，其實都是他們在照顧我的健康（因過敏體質帶來的不適）。心中感激的不只是他們的陪伴，更是他們的貼心。看到他們畢業後的成就，更感到開心。

然而，這一切，若不是團隊的研究媽媽（Research Mum）林華玫以及我的妻子

（兼她們的師母）莊淑娟在背後默默地照顧著，我看我們一群人絕對做不好研究，也絕沒好日子過的，這本書更肯定寫不出來。讓我率團隊夥伴，一起感激這兩位「研究之母」。

蕭瑞麟

第一版，完成於肯特崗（新加坡國立大學），2006 年 5 月 30 日

第二版，準備於木柵（政治大學），完成於倫敦，2009 年 1 月 30 日

第三版，準備於倫敦、青森、柏林，完成於木柵（政治大學），2017 年 1 月 20 日

第四版，準備於哥本哈根，完成於南崁，2017 年 8 月 8 日

第五版，完成於倫敦帝國學院（Imperial College）白之城校區，2020年8月24日

CONTENTS
目錄

觀念篇

Chapter 01

脈絡：質性是一種思維

—— Qualitative is a Way of Thinking

科學家牛頓說：「如果我曾經能夠比別人看得更遠，

或看得更深，那是因為我站在巨人的肩膀上。」

基本元素——故事

質性研究的基本元素，簡單地說，就是「寫故事」，以故事讓人看見。以個案說故事，是質性研究的主要表現手法，說穿了就是在寫一本故事書，有深刻含義的故事書。人生如戲，而此如戲的人生正是社會科學學者想研究的主題。如莎士比亞所言：「世間宛如一個大舞台，置身其中的男男女女都是舞台中的演員。他們穿梭於每一劇的場景中，有時一個人還必須同時扮演許多角色…。」[1]在此如戲的人生中，研究者可能無法像觀察自然現象一樣，找出「不變的規律」，但卻能將人生的愛恨情仇以文字去烘托、用情節去展現、憑個案去記錄，讓觀眾體會出戲中的人生道理，找出社會脈絡中的韻律。質性研究希望讓觀眾「看見」劇情，「看見」劇本中的角色，然後闡釋一個深遠的道理。

質性的故事需要詳盡的調查工作，資料收集通常要經歷一段時間，針對某一組織中的特定團體進行觀察。脈絡是分析故事的要素，推理是歸納配上演繹。理論基礎是決定質性研究優劣的關鍵，但不是照套。理論提供一個切入角度，有了好角度才能讓人重新解讀個案[2]。個案中記載什麼並不是最重要的；重要的是個案分析能為我們帶來什麼啟示。透過某個視角來看現象，如何能解讀出新的含義，使人有恍然大悟之喜。

有了故事，質性研究還可以放入時間軸，由當下往後看，透過歷史過程去觀察現象的演變。分析歷史過程需要更多耐心。知道過去可以讓人了解未來風險，這我們明白。但追蹤歷史軌跡來建構理論，可就得費一番思索。在歷程分析中，研究者需回溯時光，將事件有條理地歸納，找出事件之間的關聯，理出其中脈絡，找出特定的行為模式，並且有意義地解讀。透過歷史，可以知道過去事件如何逐漸演化成為今日的問題，我們才能透視問題的本質。如果研究者不認識問題的過去，便將很難理解問題於現在所代表的意義。不了解問題現在的意涵，就無法預想未來可能衍

生的挑戰。如此，就不可能了解「眞相」。

　　沒有歷史，我們所看到的，只是現象定格在某一個時刻的呈現，是孤立的。透過歷史，我們才能看到千絲萬縷的線索。在不同時空點看同一件事，會觀察到不同的問題，產生不同的價值判斷。例如，過去社會因時空背景而實施奴隸制度；但奴隸制度卻難以見容於現代社會。觀察一件事情時間的長短，將決定你對一個現象認識的深淺。有歷史內涵的故事，會讓我們看到現象背後輾轉曲折的來歷。

質性研究，是一種思維

　　不管是運用案例，或是以歷程來進行質性研究，背後都必須要有一套思考模式支持，也就是辯證。辯證思考不是一個問題對準一個解答，而是反覆地思索可能的解讀，評估各方的優缺點，藉而找出更深的議題，獲得深刻的解讀。

　　讓我們用一個例子來說明辯證思考的運用。探索頻道（Discovery Channel）曾播出一個很有趣的節目，談的是：忽必烈爲何攻打不下日本？十三世紀是元朝的鼎盛時期，蒙古軍驍勇善戰，攻無不克。不但入主中原，而且遠征歐洲，可是唯一還沒拿下的就是扶桑國：日本。忽必烈認爲這是他在歷史上留名的好機會，於是募軍十萬並建船百艘，在一年內成軍，由祈都大統帥領軍，發兵日本。擁有絕對優勢的蒙古軍，卻在日本大敗，全軍覆沒，只剩下幾位將領返回中原。這次戰役在歷史上留下一個令人費盡思索的謎題，也呈現一系列的辯證對話（參考圖1-1）。

　　爲解開此謎，一位日本科學家展開他的辯證之旅。首先，他研究兵器。他驚訝地發現蒙古軍不但弓做得比日本好，射程更遠。蒙古軍的騎術與戰鬥技巧都遠勝日本武士。當時蒙古軍已有火炮與炸彈，實在不可能會輸。

　　一幅日本古畫裡透露了線索。畫中描述日本軍偷襲蒙古軍大獲全勝。這位科學家推理，可能是蒙古軍遠征至日本，水土不服之際，日本武士就乘夜襲擊。他推

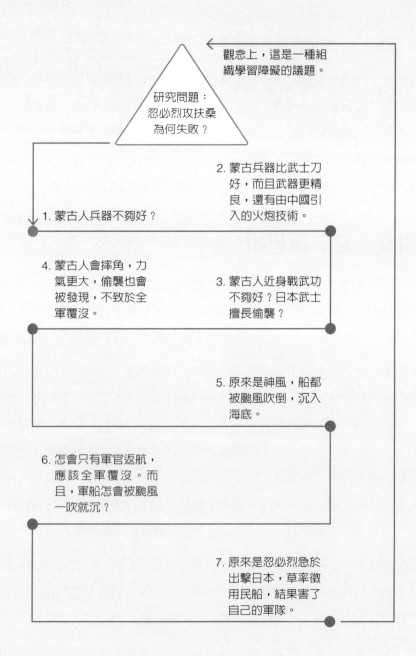

圖 1-1　忽必烈攻扶桑的辯證過程

測，蒙古軍一定不擅長近距離作戰，所以吃了敗仗。但這也說不過去，蒙古軍兵力之大，不是日本武士可輕易「偷」襲的。更何況，驚動一條船，其他的船馬上會支援，絕不可能全軍覆沒。蒙古人擅長摔角，近身戰日本武士是占不了優勢的。

這位科學家把調查焦點轉向氣候。當他調史料來看時，發現當時有武士頌揚「神風」之助，而大敗蒙古軍。所以他一方面與氣象局合作，調查當時是否有颱風來襲；另一方面由衛星資料尋找當時留下的殘骸。

後來果然找到錨，也在深海找到破碎的船身。他發現錨全是朝著陸岸的方向排開，顯示當時必然有很大的外力將船往陸上方向襲來。氣候資料也證實，當時的確發生日本有史以來最大的颱風。再檢視船身破裂處，也確定不是被武器所摧毀。大部分研究團隊的成員正想結案時，這位日本教授又提出一個問題。

如果是颱風打垮蒙古軍，那為何存活的都是將領與尉官，而幾乎沒有士兵？這位日本教授的下一個調查重點是船身。他把船分為軍官組與士兵組，逐一比較船身損壞的狀況。研究小組驚訝發現，士兵組的船有一共同特徵——吃水較淺，而且船身的「龍骨」（支撐船桅的底盤）都被破壞。軍官組的船吃水深，龍骨都沒壞，只是船桅斷裂而已。請教造船專家之後得知，龍骨是海洋航行的安全基石。海洋之巨浪比河川之波濤洶湧數倍，龍骨沒建好，船當然就容易沉。

研究小組發現，其實蒙古軍很幸運，如此粗製濫造的船以及不安全的龍骨，在海洋航行竟然能撐到日本而安然無事，已是奇蹟。就算打得下日本，蒙古軍回程時能安全抵達的機率微乎其微。所以，有沒有颱風，蒙古軍都會全軍覆沒。「龍骨」不精良才是蒙古軍大敗的真正原因。

正當研究小組要收工時，這位日本教授又問，那為什麼有這麼多艘船的龍骨都不合安全標準呢？更讓他好奇的是，為何大部分士兵的船都吃水很淺。於是日本教授背起行囊，遠赴中國，到歷史圖書館調查。幾個月後，他得到一個跌破眼鏡的發

現。運載這些士兵的原來都是漁船，不是戰艦。當時忽必烈求勝心切，所以下令迅速造艦，只給一年的時間，否則就處決承辦官員以示警惕。大臣不敢觸怒龍顏，只好硬著頭皮造船。造一百艘船，以精良的工匠投入，至少要五年的時間。

為了保命，大臣強征民工，強占民船，希望在年底前交差保住一命。可是這些大外行卻不知，民船行於河川，建造時的安全標準、吃水量、用的材料當然不需要提升到軍用規格，可是決不可航行海洋。而且漢人民工被強征，心不甘情不願，又要為異族效命，當然隨便做做，只求活命；建造龍骨的材料及工藝自然非常粗糙。

再一次的辯證結果，研究者得出驚人的結論：打敗蒙古軍，使精良的數萬將士魂斷異鄉的並不是日本武士，也不是颱風，也不是龍骨，原來是忽必烈本人。不過，話說為何忽必烈一定要攻下日本，取得歷史名望。據說是因為妃子無意的一句話，讓他想要超越先王成吉思汗的功績。看來，真相雖只有一個，但真話卻不只有一種。

這就是精彩的辯證思維，一種「正、反、合」（thesis, antithesis and synthesis）的思考模式。透過正、反之間的反覆推理，得出一個超越正、反的觀點，也就是「合」的觀點。學會這套辯證思考方式，才算是學得質性研究的精髓。

觀念、招式、風格

質性研究，也稱之為定性研究，是以文字為基礎，但不限於文字的研究方法，著重在解讀文字或數字背後的意義，由這些意義來推理出重要的原則。相對地，量化方法，或稱為定量方法，則著重以數據來驗證某種假設或定律。驗證是否對與錯是重點，目的在破除管理現象的迷思。前者需要證據來說明，後者需要數據來證明。一項合格質性研究最後的產出應該是提出有趣的質疑，整理出有質感的發現，點出擲地有聲的洞見。

我常收到許多詢問。有學生問：「為什麼做質性研究必須了解哲學？」也有人

問：「爲什麼在質性研究中不用發展驗證假說（hypothesis）？」更有人問：「我不喜歡數字，那做質性研究會不會比較容易取得博士學位？」問題琳瑯滿目，有些問題我記不得是怎麼問的，有些答覆我也忘記當時是怎麼說的。但肯定的是，研究生對質性研究法中的專業詞彙理解甚少，像是理論取樣、理論飽和、正反合、浮睿明等。

改版時，我做了結構性的調整，更有系統地說明方法論，並解釋如何執行質性研究。這次第五版內容我增加更多例子，提供更詳盡的解讀，希望將質性研究介紹得更爲詳盡，也讓本書思路更加成熟。本書分爲三大部分：觀念、招式、風格。第一部分介紹質性研究的基本觀念、專有名詞與評量標準。第二部分重新整合原有內容，介紹論文的起源與架構，特別討論田野調查的方法。第三部分提供九個案例，呈現九種不同的辯證風格，讓讀者欣賞不同類型的優質作品。

第一部分先著手解釋質性研究相關的重要觀念（第二至五章）。第二章介紹質性研究與量化研究的差異。我們會理解到，其實研究方法並沒有好與壞之分，各有利弊。對初學者而言，質性研究的特質約可分爲兩類，以事件脈絡來說故事，提煉出一套道理；或者是以時間脈絡來講故事，點出一些原則。

第三章解釋質性研究所需要的基本功：歸納、推理及辯證；這三項基本功就像是練瑜珈之前需要先拉筋一樣；學習質性研究也需要「拉筋」——需要拉拉腦筋。對過去一直受填鴨教育成長的學生，剛開始學習這三項基本功會有些不適應。但等到（腦袋的）筋骨放鬆了，很快就能享受到思考的樂趣，感受到以研究發現新事物的喜悅。

第四章說明質性研究的六種特質與三項鑑定標準。「眞的」質性研究到底長什麼樣。了解這六項特質就可以理解質性作品最後產出的特質，也可以了解質性研究所追求的目標。當然，有些質性研究是以實證學派（第四章詳述）的思維來進行，

不見得適用這六項特質；但這六項特質可以作爲參考點，讓我們理解質性研究想要達到的境界。此外，評估質性研究需要三項原則：案例求眞實、推理求可信以及洞見求批判。這與量化研究以信度與效度爲標準的衡量方式是截然不同的。

第五章解釋研究的學術門派。分析這些門派看似無用，其實很重要。這些門派可以豐富我們對各家哲學思想的理解，也可以藉此認識一些專有名詞，像是本體論、知識論、方法論、典範轉移等。如此在進行研究時便可以知道各家的優缺點，並可取長而補短。我們也就會知道各家門派對於研究有哪些終極關懷。當然，你若是研究生，各門派間的恩恩怨怨也會讓你理解學術界（特別是在管理學門）紛亂的現況。

第二部分陸續介紹論文的起源、論文的構成以及田野調查的技巧。首先，第六章介紹論文的起源。很多到研究所就讀的學生往往不理解爲什麼要寫論文，多數人草草了之，很多人走捷徑，只有少數人扎扎實實地完成。也因爲這種狀況，竟然有學校要廢除撰寫論文的制度。然而，這是因噎廢食的思考。本章簡要回顧碩博士學位發展的過程，解釋學術論文存在的必要性，以及對社會的關鍵影響。

第七、八章說明論文的構成，分爲前段與後段，前段說明研究設計與布局，後段探討案例呈現方式以及提出啓發的作法，逐一介紹質性研究的六大招式。我倒不是想寫一本「烹飪手冊」，畢竟市面上已經很多，而是期待形成一套更具系統性的知識體系。這是在大陸進行交流時，不斷有老師與學生提出的要求，希望我能濃縮成幾項招式，讓初學者可以練套路。起初我覺得不妥，擔心這會簡化質性研究的內涵。後來，我卻覺得這主意挺好的，畢竟初學者要克服的就是最初的恐懼；而練招式會讓初學者有遵循的依歸。所以，我就將質性研究整理六大招式，剛好分別對應到論文的六個章節。讀完這一章，應該對論文每一章節要處理的事項一清二楚。

第一招是雕塑浮睿明，談的是如何布局一篇文章的辯證；第二招是思辯正反

合，解釋如何以辯證的方式歸納現有的文獻；第三招是專業陌生人，解釋如何進行資料收集與分析；第四招是脈絡以敘事，分析如何說出有脈絡的故事；第五招是捭闔（音：擺合）提論述，理解如何提出一項研究的論述；第六招是經典求雋永，解釋如何總結研究的洞見。讀者當知，套路只是一開始的臨摹，還是需要一邊學習，一邊琢磨出如何應用到實戰之中。

　　第九章將「專業陌生人」主題獨立出來，進一步分享一些田野調查時需要用到的技巧。資料沒有收集好、收集對，後面的分析就會完全失去意義。然而，初學者到現場往往不知道如何採訪、如何設計問題、如何預防被受訪者蒙騙、如何整理採訪稿。雖然沒有辦法詳盡地介紹各種資料收集的方法，但是我們會從實戰歸納一些簡易的法則，讓初學者上場之前可以做好準備。

　　第三部分以案例點出截然不同的辯證風格，有單一案例，有多案例比較，也有歷史性案例，隨時間演化來分析資料。我希望由案例點出各式的辯證風格，讓初學者可以作為臨摹的參考。質性研究一般比較難懂，特別是閱讀原文時。這是因為讀者尚未學習過辯證思維。我將每篇作品用科普手法整理一遍，讓讀者能很快知道一篇質性文章是如何設計出「浮睿明」（framing）的架構[3]、歸納文獻的辯證、安排田野調查、展示研究發現、點出智慧的洞見。

　　我認為要掌握質性研究精髓最好的方法就是去欣賞各種辯證風格，不只是閱讀案例。若拿武術來比喻，少林派注重拳腳硬功夫，武當派則強於太極軟功夫，這是兩種不同的武術風格。若是拿音樂來比喻，巴哈強於宮廷樂器，音樂曲風多莊嚴優雅；莫札特則是才華洋溢，曲風多輕快活潑、渾然天成，這是兩種不同的作曲風格。若是拿時尚來比喻，Prada的設計呈現當代雅痞風尚；Gucci的設計強調華麗風格；Hermes的設計呈現貴族氣質；Armani的設計讓斯文更優雅、美麗更脫俗；LouisVuitton的設計讓人鶴立雞群，成為眾人的焦點。同樣地，辯證也有不同的邏輯推理風格。了解不同風格，我們將能活用辯證方式，使邏輯思維更加豐富。

　　在風格篇介紹九個具代表性的案例，都是取自國際優質期刊，作者也都是學壇領袖。之所以會想分析辯證風格，是受到《質性研究典範錄》這本書所啓發的[4]。編者精選七篇代表性作品，記錄原作者創作的心路歷程與研究時所遭遇到的挑戰，再找領域專家點評。但坦白說，我覺得這本書並沒有點評到重點。編者整理的沒頭沒尾，專家點評的不痛不癢。我認爲，分析一部作品應該要讓讀者知道一份論文的優缺點，以及如何臨摹到自己的論文。

　　於是，我挑選九篇作風迥異的文章，各作者也都筆法獨特。每篇會導讀重點，再分別就分析眞實度（案例豐富性）、可信度（推理品質）、批判度（文章亮點）評論。雖然會給予稱讚，但也會點出缺失，提醒讀者不要重蹈覆轍。這些所挑選的文章，除了介紹值得認識的作者外，更點出每一篇的思考風格。這些風格包括：對偶互動（第十章），分析美國好萊塢電影製作人如何挑選創意的劇本；層次變化（第十一章），分析電子郵件帶給現代企業的福氣與禍害；對比反差（第十二章），分析醫院導入科技爲何呈現兩種截然不同的成果；解讀意涵（第十三章），分析劍橋大學的學院晚餐儀式，揭開儀式中所隱含的意義，理解儀式如何維繫機構的百年運作而不墜。

　　此外，也有作品是拉長時間軸來分析組織動態。因果循環（第十四章），分析互聯網公司爲什麼跑得愈快、死得愈快，藉由分析惡性循環的系統動態來理解決策的迷思；策略回應（第十五章），分析創新者遇到機構阻力時，如何能夠化阻力爲助力；調適歷程（第十六章），分析組織如何與外部環境互動而生一系列的變革；階段演化（第十七章），分析科技如何在潛移默化中悄悄地改變；隱形宰制（第十八章），分析英國美體小舖的感性管理模式，並以批判的角度點出溫柔管理背後的危險動機。這九篇案例代表九種辯證風格，讓讀者可以理解如何打出九種不同的拳法，或自行混合發展出更豐富的武功。初學者可以臨摹這些辯證風格，讓研究有優雅的參考點。

最後，第十九章總結一下學術界目前遭遇的挑戰，回顧一下頂尖大學政策所帶來的正反面影響，介紹質性研究的時代背景，邀請讀者省思當前的困境與挑戰，以及探索未來對學術研究可以有怎樣的期望。就像危機與轉機總是像雙胞胎一樣，形影不離；困境與創新也是。理解時代中根深蒂固的問題，我們才能思考自己（與未來子孫）要面對的未來。現在雖然不是最好年代，卻是最值得期望的時代。

站在巨人的肩膀上

質性研究法是一門詮釋的工作，我們可以透過文字、數字、圖表去詮釋事件、形成對問題的理解。要做好詮釋，就必須解釋是由哪一種角度、什麼樣的假設來分析這件事，以使真相浮現出來。質性研究的重點在了解人的主觀想法與行為模式，因此觀察的角度很重要。「角度」對的話，可以使觀察更敏銳，提出根本的問題，直指問題的核心。

質性研究通常必須透過個案來呈現。一份好的個案其實就如一部好的文學作品，以科學的方法呈現。在個案中，研究者要呈現的就是一個鮮明的故事，去說明在某一情景、某些人、在某一時間點所互動而產生的事件。然後透過個案了解問題的內涵，使人看到原來看不到的複雜動態。好的質性研究也如一部歷史書，分析問題是如何產生與演化。如此，研究者方可知往、析今、鑑來。分析歷程，了解事情的來龍去脈，並觀察過去與現在事件跨越時空的關聯，研究者方可理解一個現象的全貌。

牛頓說，如果我曾經能夠比別人看得更遠，或看得更深，那是因為我站在巨人的肩膀上。對質性研究來說，站在巨人的肩膀上，就是學會站在更高的格局，以全新的角度來解讀一切現象。

Chapter 02

差異:
質性與量化的不相容
——Incongruence between Qualitative
and Quantitative Research

沒有所謂科學或不科學的方法,方法存在的主要目的是拓展心靈的極限,而非將心靈之門閉塞。

——諾貝爾物理學獎得主伯西・布立基曼(Percy Bridgman)

尋找再尋找

　　到底是量化研究好，還是質性研究好？不斷有研究生問我這個問題。主張量化的人認為，量化研究（quantitative research）比較科學，可以按表操課準時畢業；質性研究（qualitative research）則過於主觀，光說故事卻提不出可以複製的公式或是假說，難以讓人信服。提倡質性研究的人卻認為，量化研究將管理現象簡化，花兩到四年期間驗證四至六個變數，簡直拿學術開玩笑，以科學為藉口在玩「變數遊戲」，產出一堆與實務脫節的研究結果。案例研究則可以銜接真實的管理問題，分析具體的證據，提出洞見。

　　也許，這兩邊的人都對，也都錯了。用對方法，嚴謹執行，不管量化或質性研究都可以有洞見。反之，用錯方法，土法煉鋼地進行研究，不管量化或質性研究都難以有真知灼見。量化研究方法有很多參考書籍，按圖索驥便可以學會操作方法，也可判斷研究的嚴謹度。可是，質性研究的參考書籍往往寫得不清不楚，方法之多讓人無所適從。也因此，許多人不是被質性研究嚇跑，不然就是憑印象去進行質性研究，做出令人不解的分析與推論。

　　那，為什麼要做質性研究呢？一般人對研究的印象是：要有模式，要收集數據，然後要透過嚴謹的計算與推理，得出一個最佳解或驗證一個公式。例如，一位數學家為了解如何讓乘客更有效率地上飛機，收集各種飛機乘客排序的樣本，設計出一個數學模式，然後把資料送入電腦，分析出上飛機會卡位的部分，然後再模擬各種登上飛機的方式。譬如，看是讓前排先進順，還是後排先進好。在一般人的印象中，工程或自然科學中，有數據才算客觀，有模式才算科學，要跑統計才算嚴謹。

　　可是，在社會科學中，這樣的方法適用嗎？試想，如果蓋一間房子以一百個人要蓋三年，請問三百個人要蓋幾年？用嚴謹的科學方法會算出蓋一間房子需要一年

的結論。可是如果用社會科學的方式來分析，如此蓋一間房子可能需要三年、九年或三十年，端看是誰來蓋、用什麼方法。社會中充滿假象，人常常被操控於某種機制之中而不自知。世界也充斥著詭辯者與容易受騙的大眾。社會科學處理的是一個爾虞我詐的現實世界。因此，在社會科學中的「科學」，目標在透視社會假象，尋找問題發生的源頭，問對問題，由尋找、再尋找（search and re-search）的追蹤精神，對假象進行不斷的辯證，使真相得以還原。

　　人類因對事物好奇與不了解，所以要持續尋找，直到找到令人滿意的答案為止。這種不斷尋找的過程就是「研究」。研究就是針對疑惑，取得資料、分析資料，藉以了解真相、產生知識。例如，我們可以透過實驗去了解樹葉在陽光下會產生什麼樣的反應（獲得資料），由此知道植物是如何發生光合作用（了解真相），因而了解葉綠素的原理（產生知識）。

　　透過各種不同的研究方法，我們可以探索未知的問題。累積許久之後，我們逐漸建立一套系統性知識，例如植物學、生物學、電子學等。這套建構系統知識的流程就稱為「科學方法」，可是這些取材自然科學領域的研究方法一旦應用到社會科學領域時，就不一定行得通。在人類社會中，「真相」有時像車子的照後鏡一樣，要反過來看，才看得到真相。例如，有些都市街頭到處都張貼著「節約用水、人人有責」，原來是當地缺水已久。在印度新德里坐計程車時，遇到紅燈時會看到交通號誌燈上打出大大「RELAX」（放輕鬆）的字樣。當綠燈一亮，全部的車輛就擠成一團，誰也不讓，造成交通大亂，真是令人無法放鬆。

　　我們的生活周圍充滿標語，隱含許多重要訊息，反映出社會中的「真理」。我們必須解讀這些符號，才能體會其中真意。研究者要分析這類社會現象，就比較難以運用自然科學的作法，只以數字去測量、用公式去推導。相對地，研究者必須利用文字語言、現場觀察、密集參與的方法，才能更貼近現象。這種必須靠文字與敏銳思辯的研究方法，就是我們要討論的質性研究法。我們不該比較量化與質性研究

方法兩者之間何者優，而是要了解兩種研究方法運用不得當的話，會有哪些缺點。

我們先理解量化研究的陷阱，再來看質性研究的問題。

量化的陷阱

量化研究如果方法運用不得當，會掉入怎樣的邏輯陷阱呢？量化研究採用的是統計方式，分析大量的樣本以驗證某一項定律。透過反覆檢驗，量化研究最終目的在建立放諸四海皆準的定律。什麼是「放諸四海皆準」的定律？牛頓力學定律就是一個例子（但在外太空可能就不一定準了）。量化研究著重於龐大資料的比較與統計，使廣泛而普遍性的結果可以簡潔地呈現。相對的，質性研究是透過個案分析，以文字為主描繪出實況細節，將讀者帶入情境、體會問題，然後對所觀察的社會現象加以反思，從中產生知識。質性研究不會宣稱產出「放諸四海皆準」的定律，而是在特定脈絡下觀察到的規律（context-dependent patterns）以及獨到的解讀。

典型的量化研究是這樣進行的。首先，研究者先建構一組理論，通常以假說（hypothese）表現。先整理過去文獻中曾經對某一主題討論過的因果變項，然後歸納文獻、建立假說、形成理論模型。米契爾（Will Mitchell）教授是在策略管理領域極受敬重的大師，發表過上百篇量化學術論文。我在新加坡有幸訪問他如何進行並發表量化研究。他的武功祕笈可以歸納成五個步驟：

一、**清楚地定義研究問題**：例如，你想研究的主題可能是「導入數位學習系統與教學成效的關係」[1]。

二、**根據現有文獻建立假設理論**：研究者首先必須根據過去的文獻建立一系列的假說，讓我們以韋伯斯特與黑克立（Webster and Hackley, 1997）的研究為例，說明如何針對「科技媒介學習」（Technology-mediated Learning）發展出因果關聯的假說。先舉其中兩個假說為例：

Hypothesis 1: The reliability of the technology used in distance learning should relate positively to learning outcomes.（假說一：遠距教學所使用科技的穩定度與學習效果成正比）

Hypothesis 2: The quality of the technology used in distance learning should relate positively to learning outcomes.（假說二：遠距教學所使用科技的品質與學習效果成正比）

這些假說雖然很「科學」，但對這種陳述模式有些人也許會覺得怪怪的。一位來自業界主管就疑惑地說：「這不是常識嗎？要是電腦一直當機，品質又不好，學習效果當然會大打折扣。為什麼需要大費周章地去檢驗這些『定律』呢？」

三、**建構因果關聯架構圖（不是因果關係）**：研究者可以依此建立一系列因果關聯式的假說，形成一組理論。在這組理論中，研究者可以依照過去累積的知識而列出所有可能的變項，並且建構這些變項所要衡量的結果。在此例中，該研究要了解有哪些變項會影響遠距教學的效果與學生的學習品質。

四、**界定研究對象然後發出大量問卷**：如果幸運的話，發出一千份問卷，大概可以回收四百份左右，運氣不好的話你就必須打電話到每一家公司去催收問卷。等到問卷收齊之後，接下來就是把問卷的答案放到統計軟體中分析。通常由此你可看出哪幾個「變項」與所要觀察的「結果」有比較強的因果關聯性。因為很重要，所以讓我再說一次：是因果關聯（correlation），不是因果關係（causation）。例如，在此「遠距教學」的研究中就針對247位學生的問卷調查進行分析，找出哪幾個「變項」與「教學的效果和學生的學習品質」有因果關聯。

五、**檢驗因果定律**：以統計的結果逐一檢驗所提出的因果關聯性。此時，研究者便可根據統計運算中所得出的數據，決定「接受」因果關聯比較強的假說，或「拒絕」因果關聯比較弱的假說。最後，說明這些被「驗證」過的假說。如此，研究論文就出爐了。

　　米契爾進一步指出，一個完美的量化研究設計必須將假說建構得天衣無縫。他提出三項祕訣。祕訣之一：建構的假說必須符合因果關聯邏輯，例如：「如果 X 愈多的話，Y 就會愈多」，並且在敘述假說時必須言簡意賅。同時，所建構的假說必須明確，例如要說：「X 愈大則 Y 愈大」，而非只是「X 與 Y 相關」。再者，在建構假說時必須指出因果關聯的方向性，例如：「Y 條件下的 X，會大於在 Z 條件下的 X」，而不要寫成「X 在 Y 條件下和 Z 條件下會有所不同」。此外，在建構理論時要盡量避免使用虛無假說。祕訣之二：所有的假說都必須相互有關，而且一篇論文中不要提出太多的假說。祕訣之三：在假說中所提及的相關名詞都必須事先定義，而且這些定義必須和過去研究所提出過的定義相連結。

　　這種建構假設的方法對量化學者來說，是很「正常」、很「科學」的。甚至許多研究者認為，如果沒有假說、變項與樣本，就不算科學研究方法。但是，如果我們更審慎地思考量化研究背後的假設，就會對這一套方法有更多反思。這種量化研究法的確很「科學」，因為它有步驟可循，有既定的工具可以用來分析資料，也可判定研究者有沒有按規定進行研究。此類量化研究也似乎排除可能的人為干擾，將變項、結果都盡量控制得很「客觀」。

　　或許，分析自然科學問題時是可以如此客觀的。但在社會科學中，這種研究方法就顯得有點不足。社會科學家認為運用量化研究法在探索人文的問題時，至少有以下三大陷阱：

陷阱一：可信度，令人質疑

　　量化研究企圖將社會現象以客觀的數學關係表達，先天上卻有兩個難以克服的問題。首先，研究中的變項真的是可以衡量的嗎？數字會誤導人。人文科學中，有些概念很難科學化、客觀地去「衡量」。例如，若你想知道蘋果有多重、是什麼顏色，你去衡量一百次，或許這一百次的誤差不會太大。但是，如果你想知道的是：

蘋果好不好吃，那麼你問一百個人，可能就有一百零一種答案。有人認爲青森蘋果最好吃；有的人認爲蘋果酸一點比較健康；有人認爲蘋果甜酸不重要，因爲他天生就怕蘋果；有人更瘋狂地愛好蘋果（不論酸甜），因爲蘋果曾經帶給他美好的回憶。我們要體認，人文的觀念，如愛、恨、情、仇、文化、政治、變革等，本身就是主觀的，忽視其主觀的本質，一味以檢驗答案爲主，可能是緣木求魚。

量化研究法的資料收集過程很容易流於草率與敷衍了事。常常在學術會議上聽到研究者誇耀自己回收數百份以上問卷，因此自認其研究可信度很高。但是，我們很難確認是否檢查到是「誰」在塡問卷。產業界的朋友經常收到一大堆問卷，由於工作太忙，沒時間回覆這些問卷，又往往礙於人情必須塡寫這些作業，所以就找祕書代答。祕書也就依自己當時的情緒揮筆作答，當然就是胡湊一些資料塡上問卷。我們不禁要懷疑這樣的研究可信度有多大？即使有人親自採訪，逼受訪人一題題作答，有時礙於保密因素，或礙於面子問題，他們是不能實話實說的，所以就塡出一堆皆大歡喜的「資料」，讓研究者交差了事。數月後收到其研究報告，看到分析結果，當然雙方也就心照不宣，莞爾一笑。

陷阱二：因果關聯性，過度簡化

量化研究法另一個讓人難以信服之處，在於它過於簡化問題。人文的問題往往錯綜複雜，很難以直線式的因果關係來分析。量化研究容易產生結論，卻要犧牲對問題本質的深入分析。直線式的因果關聯很容易過度簡化問題內涵。研究者無法知道塡問卷的人是不是在「說謊」。塡問卷的人可能無意說謊，只因他對問題了解不夠深入；他也可能故意說謊，否則他的職位將會不保；他更可能不得已說謊，因爲要保護公司；他也可能被騙，以爲自己沒有說謊。

社會中有許多文化衝突、政治鬥爭，這些都不一定能直接觀察到。只透過幾張問卷，是很難弄清楚這些複雜關係。每個人的心門之後，都有一些難以告人的祕

密。真相,是在你嘗試了解心門之後的感受與困擾才能得知,不能單純依賴問卷。

陷阱三:線性邏輯,見樹不見林

我想很少人會天真地認為有一良藥可治百病。既然如此,我們為何認為世界上會有放諸四海而皆可以通用的法則呢?任何知識都要通權達變,因人、因事、因地、因時而修正運用方法。幾條簡單的因果關聯定律並無法幫我們理解複雜的社會現象。例如,有項研究指出「老師如果採取互動式教學法,學習成效就會增加」[2]。這條定律也許在美國是行得通的,但在亞洲就不一定了。

在新加坡國立大學就讀的同學中,有些來自泰國的學生就希望老師上課不要問他們問題,以免令他們難堪。有些來自大陸的學生希望講義多一點,老師上課最好要從頭一直講到尾,如此感覺學費才划得來。有些印度學生喜歡發言,講個不停,卻不知所云。有些美國與加拿大來的交換學生則希望上課時多一點互動。有些丹麥學生則覺得老師代表權威,他們寧可多吸收點專業意見而不要互動,認為上課互動只是聽別的學生談一些拾人牙慧的意見,徒然浪費時間而已。

社會問題也多如此這般,有著各種不同的看法和觀點。我們又如何能找到放諸四海而皆準的理論呢?當然,量化研究通常也會說明其樣本可推論的局限範圍,只是意義並不相同。在人文的世界中不容易有放諸四海而皆準的定律。除了以上三項大問題外,有愈來愈多的學者對量化研究法提出更多的質疑。量化研究法目前依然是學術界(管理學域)的主流,所以仍無視於這樣的質疑。如果你決定捨量化而選質性研究,你也別太高興,因為質性研究並沒有比較容易;相反的,挑戰更多。質性研究有爭議極高的兩種作法。先介紹第一種,這類質性研究其實擁有「量化的靈魂」。

歸納假說 —— 驗證型的質性研究

　　許多量化學者喜歡驗證型質性研究。以案例去建構原則性假說。例如，羅伯特・伯格曼（Robert Burgelman）探討英代爾如何選擇退出記憶晶片市場的過程，便是一代表性作品[3]。他透過公司檔案、私人面談、問卷及現場觀察的方式收集資料，並提出一系列「策略性撤出」（strategic exit）的假說。這些資料包含文字，也包括量化的數據，如歷年營收統計。

　　另一位是著名學者凱瑟琳・艾森哈特（Kathleen Eisenhardt），她是史丹佛大學教授，擅長以多案例比較法去建立定律，深受量化學者追捧[4]。艾教授將這類質性研究法分為八個步驟：研究問題、個案選擇、資料收集、進入現場、資料分析、形成假說、文獻回顧、理論飽和，以下簡要介紹（參見圖2-1）[5]。

步驟一：研究問題

　　研究者首先要定出初步的「研究問題」（research question）。雖然在這個階段通常所定出的研究問題是較為粗略的，但先設定一個初始問題可以讓研究者隨著對資料的日漸熟悉，發展出更精確的研究問題。定出一個研究問題其實只是為了找到一個「參考點」，研究者要不斷地反思、調整，才能讓研究主題明朗化。有了初步問題，研究者也才能知道要選什麼個案、收集什麼資料。接著，研究者根據相關文獻定出構念（construct），也就是構成觀念的元素。構念與變數不同，構念是為說明而解釋，變數是為測量而檢驗（雖然很多學者都混為一談）。這些構念可以成為研究者在分析個案時的重要指標，幫研究者鎖定資料收集的重點。

步驟二：個案選擇

　　在個案研究中，個案選擇是取決於理論的相關度，而非統計上的樣本數。在

圖 2-1　驗證型的質性研究：執行步驟

量化研究中，為了驗證理論，研究者必須由抽取一定數量的樣本來類比母群體（population），以達到信度（validity）與效度（reliability）的要求。然而，在質性研究中，個案的選擇是為了「解釋」某一社會現象。個案選擇所考慮的是理論取樣（theoretical sampling）的代表性，而非統計抽樣（statistical sampling）。有時為使研究更具張力，研究者也可能選取兩種極端的個案以進行比較。例如，你可以選一個成功與一個失敗的個案來進行對比，以了解策略變革的理論。艾教授認為，選擇4到10個案例來跨案分析較為理想。低於4個可能太少，不易產生樣貌，缺乏效度；多於10個又嫌太多，不好處理。當然，這只是「實證主義」的想法，不能代表質性研究者發言。

步驟三：資料收集

　　就像自然科學的實驗一樣，研究者要在進行實地訪談之前，也要先選擇好要使用的儀器與訂出採訪通信協定（interview protocol），如此到了現場後才不會驚慌失措，不知該問哪些問題，又該先處理哪些議題。訂出這些規範後有兩大好處：其一，如果你不是一個人在進行這項研究，那麼這些規範將可以讓所有的研究者都有一個共同的認知基礎。大家可以分頭進行訪問，不用擔心收集資料時東缺西缺，與理論脫節。其二，如果你要同時訪問多家公司，這些規範可以讓所收集的資料更具一致性。

步驟四：進入現場

　　個案研究的現場訪問工作又叫田野調查（fieldwork）。在質性研究中資料的收集及分析是一個不斷循環的迴路。所以，研究者常是一邊收集資料，同時要一邊分析資料。研究者不太可能一次就取得所有的資料。進入現場後，研究者要積極地把探訪及觀察到的資料整理成田野筆記。在整理筆記的過程中，研究者也同時展開資料分析。

　　撰寫田野筆記時通常要注意兩件事。第一，研究者要盡量把所見所聞忠實地記錄下來，先不要主觀地去省略某些觀察到的事件。「筆記」到用時方恨少，你永遠不知道哪些資料可能會成為未來的重要線索。第二，在筆記中，要分開注解自己的觀察與評論。不要把收集到的資料與自己的意見混在一起。這個案例與前幾個案例有何不同？不斷地調整訪談問題，便能將資料與理論漸漸整合起來。

步驟五：資料分析

　　由現場回來後有兩件重要工作：一是去分析個案內的資料，二則是去分析跨個案的資料。這時你的工作就是要把資料變成個案，要決定哪些資料該放進個案，哪些資料必須放棄。接著，研究者嘗試找出資料中共通的樣貌。在進行跨個案分析時，嘗試著以構念整理出表格來分析個案，找出相同或相異之處。研究者也必須由

不同的資料來源來分析個案,依照訪談資料、檔案及觀察等來源分類。跨案分析的重點是找出個案間是否存在有趣的關聯。

步驟六:形成假說

經由前述步驟,整理與現象相關的構念,找出構念間的關係,讓構念與資料進行對話,以形成假說。這個過程和量化研究是相似的。研究者要發展出構念,並且歸納原則,不同的是這個過程並不像量化研究一樣事先設定,而是從資料收集、分析的過程中浮現出來的。這些假說也需要驗證,但不是以大樣本進行驗證,而是以案例作為發展假說的基礎。

例如:艾教授分析策略決策的政治議題發現:文獻原先的假說是「政治性結盟的成員是穩定的」;經過案例驗證,發現原來這是建立在團隊剛成立的條件上;若再觀察其他案例,則會發現「隨著結盟時間增長,成員的穩定度會逐漸提高」的假說。這類質性研究的慣用作法是找出原先假說,然後以多案例發展出新假說,新舊之間的差異就是理論發展的基礎。然而,對質性研究學者來說,這樣的理論發展方式還是太過於簡化。

步驟七:文獻回顧

學術論文要能夠找到理論發展的定位,因此要熟悉相關文獻。在文獻回顧過程中找出意見相同的文獻,可以佐證研究的內部信度(internal validity),而找到意見不一致的文獻則可拓展可推論程度(generalizability)。例如,李奧納多巴頓(Leonardo-Barton)分析十件技術創新個案,嘗試理解組織內的技術轉移過程。她發現,科技與組織在創新過程中是會相互調適,持續演化。這與教育學的理論有異曲同工之妙,更強化所提出理論的可信度[6]。另一例,艾教授發現,權力的集中將惡化組織內政治問題,這與前人的研究大相徑庭。許多學者認為,權力分散才會造

成政治問題。這個衝突的觀點令人體會到，其實兩種極端的權力分布都會使組織造成緊張的氛圍，帶來挫折感，導致主管自私自利，最終造成人人自危，政治問題因此就浮上檯面[7]。如此，不同意見的文獻可讓推論更為周延。

步驟八：理論飽和

什麼時候可以結束個案，不用再分析資料，也不必再到田野。其實這個看法見人見智。在質性研究中一個約定俗成的看法是，等到「理論飽和」（theoretical saturation）時就可以退出現場。但什麼是理論飽和呢？簡單地說，在理論飽和時，你收集再多的資料也不會對發現有更多的幫助，也就是由資料學到的東西已經不多，論點相對成熟，需要改變的幅度也不大。理論飽和不是收集很多資料，多到書架都滿出來。理論有沒有飽和，是必須由專業角度判斷其成熟度，不是研究者自己一廂情願的認為。

見所未見——詮釋型的質性研究

可是，為何有人不滿艾教授這類型的質性研究呢？要回答此問題，我們必須先理解一個研究方法上的辯論：到底是構念（construct）重要，還是故事（story）重要？

這個學術爭論是起於 1991 年戴教授（Gibb Dyer）討伐艾教授（Kathleen Eisenhardt）[8]。艾教授那套個案研究法成了許多後進學者競相仿效的範本。只要聲稱是個案研究，就不可免俗地要參考她所提出的研究方法。艾教授這套方法是比較著重驗證。她提倡要選4至10個案例，透過文獻整理出構念，利用這些構念去分析個案，再建構理論。但是，來自社會科學背景的戴教授認為，這種作法不但不能幫助我們看到真實的社會情境，反而會阻礙我們發掘真相。他認為，與其分

析4到10個案例，每個案情都只能淺而論之，研究者反而應把焦點放在一個深入的案例（故事），而不是一大堆構念。深入的故事情節才能不脫離社會情境，做出以偏概全的結論。

　　戴教授擔心，這種實證式研究違悖質性研究的精神。以構念來歸類質性資料，會把所觀察的現象簡化，質性研究中所強調的實境經驗及啟發創見也就不見了。這樣一來，質性研究就顯得膚淺。戴教授認為理想中的質性研究應考慮五項原則。

原則一：案例，在精不在多

　　案例多通常代表不深入。太多個案反而會使內涵變膚淺，無法反映真實現象，所建構的理論自然也就會受到質疑。質性研究也不一定需要跨案比較，特別是以構念、驗證為主的跨案研究。質性研究的重點應是描述出精采的故事情節，豐富的問題動態，讓讀者能夠體會到問題核心，產生洞見，對現象有新的體悟。

原則二：問題，重新認識

　　大多數質性研究的目的不在解決問題，而是在重新認識問題。許多社會問題是千變萬化的。不充分去了解問題，就妄下結論並產生行動，後果往往不堪設想。解決問題之前，必須先了解問題。最好的方法就是運用不同的角度，由不同層面去詮釋問題內涵，以了解現象的含義，產生洞悉力。

原則三：角度，決定解析度

　　質性研究強調，社會科學中知識不一定客觀；「真理」會因觀點不同，而有不同的解讀。質性研究和沖洗照片一樣，需要透過一個個深入的採訪，才能將底片一步步地沖洗，然後將影像層層地呈現，讓色彩逐漸鮮明。質性研究假設這個世界不可能有絕對的、單一的詮釋。因此，研究者唯一能做的就是以一顆開放的心，不斷透過各種管道、各種資料、不同人的說法，去審視問題的本質。

原則四：推理，融入辯證

　　質性研究不是一種因果關聯式的推理邏輯，而是一種過程式的邏輯。因果關聯式的邏輯強調的是，若改變數X會如何影響變數Y；歷程式的邏輯是嘗試了解構念X與構念Y之間不易直接觀察到的複雜過程。這便需要辯證思考。辯證式的邏輯強調的是找出兩個以上的對立觀點，然後透過衝突觀點的交互思辯，提出另一種綜合式的觀點，讓看問題的格局更高（參見第三章）。因果關聯式邏輯強調變數的測量，構念的驗證；辯證式邏輯則強調於特定觀點的詮釋。對質性研究而言，「構念」不是用來測量或驗證，而是用來說明與闡釋。構念是觀念的結構，將抽象的觀念具象化，變成可以分析的元素。

原則五：研究，見所未見

　　質性研究最終目的是對社會現象做詳盡的描述，勾勒出事件脈絡，讓我們能夠看到社會現象中的「深層結構」（deep structure），近而理解問題全貌[9]。戴教授認為，這需要考慮三個層次。

　　第一，使原來沒注意到的事，被注意到。例如，你想研究科技導入的問題。大多數人都知道複雜的技術問題是導入科技的一大難題，你的研究卻讓人注意到，導入科技更難的其實是結構轉型問題，或是組織文化產生的抗拒。第二，使原來已被注意到的，重新被認識。例如，「導入資訊科技應該與組織成員事先進行充分的溝通，以減少其抗拒」，這是一般共識。因此，民主式的領導風格與參與式的決策程序，比較能促成系統的成功導入。但你的研究卻指出，有時，繼位的主管要採取集權模式，讓員工還來不及消極時，迅速地導入新系統[10]。第三，使看不見的東西，被看見（making invisible things visible）。目標是將一些無形的宰制，如文化的制約或政治的控制，呈現出來，讓人恍然大悟，使人豁然開朗。

誰對誰錯？

戴教授與艾教授雙方的論爭，點出當今對質性研究的誤解。常見批評是，只以單一個案就建立理論是不夠嚴謹的，試想量化研究好歹也有幾百個樣本。所以，艾教授才會提倡以多一些案例來提升可信度。另一方面，戴教授認為單一案例的質性研究比驗證型質性研究好，因為單一案例才能提供豐富的描述，詳加交代過程，使人有深刻啟發。

其實，這不是孰好孰壞的問題，而是誤會。誤會是在於，多數人不了解研究背後的「靈魂」（假設）。艾教授所提倡的方法，是以質性資料去驗證假說，擁有的是量化的靈魂，也就是實證主義。戴教授所提倡的，是以質性資料去說明，擁有的是的質性（解讀）的靈魂，也就是詮釋主義（詳見第五章解釋）。對後者而言，建構理論不是去驗證公式，而是根據現象歸納出令人啟發的故事，藉而發展出新理論。也因此有人認為，艾教授是在武當派中開設少林分公司，然後又去少林派中開辦武當辦公室。

因此，去比較兩種方法的優劣意義並不大。質性研究是一種科學方法，毋庸質疑，我們擔心的只是偏見。正如諾貝爾物理學獎得主伯西‧布立基曼（Percy Bridgman）所言，其實沒有所謂科學或不科學的方法，方法存在的主要目的是拓展心靈的極限，而非將心靈之門閉塞。詮釋型的質性研究只是提供另一種拓展心靈的門徑。它所關心的是意義而非測量，是說明而非證明，是解讀而非解答，是辯證而非驗證。

Chapter 03

基本功：
歸納、推理、辯證

——Basics of Qualitative Research

我並非事事否定，只是凡事質疑[1]。

——英國詩人拜倫

　　許多初學者以為，進入質性研究最快的方法就是學習工具，像是運用表格或是採用電腦分析軟體[2]。這樣的想法不能說是錯的，卻也不全然正確。質性研究的基本功就是邏輯思考能力，必須學會歸納、推理、辯證三項技巧。研究者必須運用這三種技巧，才能分析問題中牽涉的複雜關係。練基本功剛開始不易見到成效，所以很多初學者就過早放棄。其實，跟練瑜珈拉筋一樣，要經過一段時間才會見到成效。然而，歸納、推理、辯證是什麼樣的能力；我們又要如何鍛鍊這種思考能力，是質性研究的起點。

歸納思考 —— 整理三點心得

　　我們先來說明歸納。在培育研究生時，我都會要求他們不管是看文獻、上課、採訪或實習後，要準備歸納三個心得。我常會動冷不防地就問：「你今天學到哪三個 Lessons ？」這種心得歸納又叫做「Three lessons learned」，是我在英國受訓時每日的例行作業。心得，心之所得也。這跟背書不一樣，背書只是把原文硬記下來；心得則要消化、吸收後再重新統整。

　　為何是三點，而不是兩點或四點呢？道理其實很簡單。「三」是奇妙的數字，你看，「天、地、人」就是三；「大、中、小」也是三；「聖父、聖子、聖靈」也是三。進行歸納時，一點太少，兩點顯得沒學問，四點以上初學者不容易記。所以「三」是中庸之道。如果你是高段班，要歸納幾點都不是問題。看一本書能學到三點，終生受用。上完一堂課能歸納出三點，就沒白花時間。我們看到的物件、經歷過的事件，都會有感覺，當你有感而發時，你已經在運用歸納能力。

　　練習歸納有兩大好處。第一，常練習歸納會鍛鍊出敏銳度。不是每個人天生就可以出口成章。要有思想，就不能說出和別人一樣的話，或抄襲前人的智慧。要有思想，你要試著原創。練習歸納便可提升原創能力，說出有亮點的話。第二，常練

習歸納會提升反思力，認知自己是如何「認知」，也就是去反省自己在學習過程是如何學，學習的過程中做對什麼、做錯什麼。會反思，就能了解自己常做錯什麼，也就能辨別似是而非的問題。

　　初學者多不知怎樣由一片慌亂的資料中，整理出三個有用的心得。其實不難，要從錯綜複雜的資訊中歸納出心得，基本上可以遵循三個步驟，整理出自己的心得（參見圖3-1）。

步驟一：先找出三點（1、2、3）

　　第一個步驟是先找出三點，不用管這三點是好或是壞，只要能夠對一個主題理

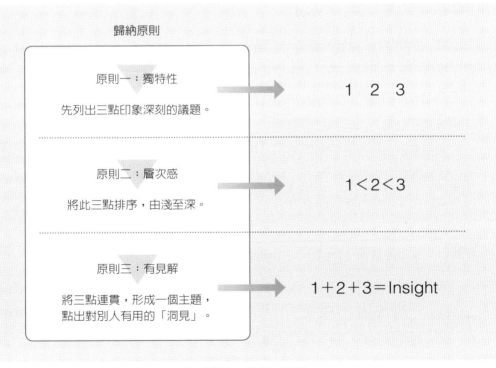

圖 3-1　歸納思考的三原則

出脈絡即可。例如，有一次學校邀請一位來自文創產業的來賓，是一位博士生。她研究一群設計師，喜歡用竹子來創作。從她豐富的簡報中可以歸納出三個方向。

第一，她曾經在一間與竹子相關的工藝研究所待過，研究台灣的竹子如何被用來製造爲日本劍道用的木劍，後來又沒落。她認識一群熱愛竹子的設計師，很順利地抓住這個時機，展開她的研究。第二，她花很多時間跟這些設計師在一起，了解台灣竹子的諸多特性，也觀察到這些設計師如何將竹子融入到他們的作品中。她跟著這些設計師到很多國際性展覽，也看到這些設計師得獎。第三，她收集許多資料，多到不知道怎麼樣整理，令她困擾萬分，也讓她的論文寫不出來。就這樣三點很快就出來了。每個人的整理方法不盡相同，但凡事都可以歸納爲三點。

步驟二：建立層次感（1＜2＜3）

第二步是爲三個心得設定一個主題，盡量貼切每一點的內涵，然後再根據它的難度做排序，呈現層次感。第一個心得應該是比較入門的，第三個心得應該是最難的。例如，我們可把第一點設定爲「洞竹機先」，因爲這位學者是因爲遇到竹子而找到研究的機會。第二點可叫做「知竹常樂」，因爲她非常了解這個竹子，而且很多的喜樂都跟這些設計師緊緊相扣。第三點可設定爲「罄竹難書」，因爲透過竹子收集來的資料，在分析上遇到了很大的困難，難把它寫成論文。這樣的設計雖然跟原意有點出入，卻有雙關語之效果。

步驟三：找出連貫性（1＋2＋3＝Insight）

第三，從這三個心得中，找出一個共同的主題貫穿全文，然後總結出一個洞見（Insight）。很明顯，三個例子中的心得都跟竹子有關，所以下標也需跟竹子相連在一起。我突然想起以前一位日本劍道老師。他姓「竹內」，單名一個「悟」。可是加起來就頗有哲學的味道，竹內悟，不就是竹林裡見先機而啓開悟。這樣的洞見

雖然有一點違和，但也不失幽默感。

　　訓練歸納最終目的是建立起自己的知識體系。大部分研究生所遇到的困難是：唸太多書，修太多課；結果唸完書、修完課之後卻一無所知，全部忘光。這是因為在書本或在課堂上學到的東西，無法與自己過去經驗連結在一起。當資訊過載，或者知識過於複雜，學生很容易就會忘記所學。如果常常練習歸納，就可以化繁為簡，把別人的想法內化為自己的知識。慢慢地，學生就會建立自己的知識體系。累積一陣子，就會有足夠的知識庫存。那樣，在理解新事物的時候，速度就會變快。

推理思考──找出血吸蟲

　　推理是質性研究要訓練的第二項思考技巧。如果歸納是收斂，推理就是擴散，由一項證據推導出一連串的可能性，也就是由一葉而知秋。讓我們用一個醫學的例子來說明推理過程。探索頻道有一個報導是這樣的：約翰一家人住在美國加州，他常運動，也一向都健康。一日，約翰在接送小孩途中，突然開始感覺昏眩。當遇到紅燈時，他兩眼注視著紅燈，卻看到多層影子。起初，約翰不以為意，以為是工作太累引起頭痛、暈眩。後來，約翰休息一陣子，病情卻愈來愈嚴重。有一天，約翰突然無法站立，手也抖到不能拿東西。

　　約翰意識到事態嚴重，趕緊到附近醫院掛急診，檢查身體到底出了什麼狀況。值班醫師判定是耳朵前庭與半規管的問題，於是開了一些消炎與鎮定的藥，要約翰在醫院休息幾天。於是，約翰由急診室進入耳鼻喉科病房。

　　治療一週後，約翰以為會恢復正常，但病情卻加重，也開始產生間歇性癲癇，全身痙攣、繼而昏迷。院方覺得不太對勁，以為是中風，便將約翰送往大型教學醫院診斷，主治大夫是班醫師。分析約翰的過去醫療過程後，班醫師排除前庭半規管問題，轉向診察腦部。約翰先接受基礎檢查，像是抽血、照X光、掃描心電圖。班

醫師分析這些資料後，排除高血壓、糖尿病等病因。

　　班醫師決定讓約翰做一次電腦斷層掃描。一掃瞄，果真不妙。班醫師從電腦斷層影像中發現約翰腦中有一塊陰影。根據經驗，班醫師初步判斷應該是腦部腫瘤。他將這個厄運告訴約翰的太太。班醫師無法判定這個腦瘤是良性或惡性，也不知道是不是腦癌。他決定進行切片檢查。班醫師在約翰腦部開一個小洞，以內視鏡方式取出腦瘤樣本送檢驗。一日後，實驗室傳來令人驚訝的發現。原來約翰腦中的陰影並不是腫瘤，而是一種不明的寄生蟲。這完全出乎班醫師的預期，一般來說寄生蟲只會在腸子或肝臟等部位活動，不會在腦部。

　　班醫師必須確認寄生蟲種類。但檢驗室從美國境內資料庫比對樣本，仍無法判斷寄生蟲類別。他懷疑寄生蟲可能來自異國。由於情況緊急，班醫師即刻訪談約翰的家人，設法了解這條不知名寄生蟲的來源以及感染途徑。班醫師詢問約翰五年內的旅遊行程。剛開始，約翰的太太不記得全家這五年內離開過美國，也都在待伊利諾州，沒出過遠門。班醫師又追問近十年內全家有沒有去過落後國家。這時，約翰的太太才回憶起六年前，家族曾經一起去過非洲某國家渡假。他們全家還在渡假旅館附近小湖游過泳。

　　班醫師擴大時間與地點詢問，找到突破性線索，將寄生蟲樣本送到國家病理檢驗室，將搜尋範圍鎖定在非洲寄生蟲。終於，班醫師找到這條寄生蟲，名叫「血吸蟲」，原本是寄生在蝸牛身上的幼蟲，潛伏期長達二十年。約翰在湖裡游泳時，血吸蟲誤將他視為宿主，由皮膚入侵，分泌化學物穿透約翰的毛根，然後到了他的肝臟，在那下蛋。所以這六年來，約翰的血液中其實早已充滿血吸蟲的卵，長大的血吸蟲也都會透過腸子中排出體外。約翰運氣一直不錯，所以與血吸蟲共生六年，相安無事。一次偶然的機會中，約翰血液逆流，就將血吸蟲的卵送到腦部。血吸蟲於是就在約翰的腦子中漸漸成長。血吸蟲老化死亡時會釋放一種毒素，對腦部神經造成傷害，使約翰全身抽搐，導致癲癇。

知道病因後，班醫師馬上進行手術，清除約翰腦部的寄生蟲。然後，約翰也用藥物清除體內大量繁殖的血吸蟲。當然，那次同行25位家族成員中，18人血液中都有蟲卵。這些年來，血吸蟲一直是約翰的家族成員。約翰的頭痛、昏眩不是因為耳朵的問題，他的癲癇也不是腦部腫瘤所引起。醫生由腫瘤切片找到寄生蟲，了解約翰的旅遊行程後，找到真正的病因。

這個推理過程中，問題由眼睛轉向耳朵，耳朵轉向眼睛，眼睛轉向中風，中風轉向腦部腫瘤，再由腦部腫瘤轉向寄生蟲。醫生必須了解人體系統，分析生活、病理，以全面觀點分析才能找到根本問題。這個推理過程很像福爾摩斯偵探片，由手掌可以看出對方是醫生，由腳傷看出對方是阿富汗退役軍官。

推理時，常見有四種陷阱：

一、**普遍性的陷阱[3]**：我們會以為，之前不斷發生的事情，未來也會繼續發生。例如，有一隻公鵝剛剛被農夫帶到農場。公鵝剛開始很害羞，也很害怕，心裡想著，為什麼自己會來到這個地方。接下來幾個月，農夫每天都會按時帶著鐵桶過來，將飼料放在籠前。幾個月以後，公鵝的心裡踏實多了，牠歸納出一個結論：每次農夫拿著鐵桶走過來的時候，一定有好東西吃。可是，聖誕節前夕，這個理論就突然不管用了，農夫拿來的是一把刀。我們傾向由個別的觀察推理出普遍性的結果。這樣推理顯然是危險的。過去的成功，不能保證未來持續的勝利。

二、**社會認同陷阱**：一家公司推出「設計思考」課程，學費要價新台幣三十萬元。這堂課是史丹佛大學學生的必修課程，連台灣十所大學都將設計思考引進正式學程，而且各大公司也都積極參與。所以，設計思考是頂尖的創新方法，不可不學。這種思考陷阱存在於盲目的認同，當別人都採用，就一定是好的。然而，我們卻很少去思考，這樣的課程到底是怎麼上的：什麼樣的師資才能有資格上課；上這門課需要搭配哪些其他的知識；上完課之後要結合怎樣的應用方式才會有效。我們

要反思，忽略這些配套措施，光是上一門課怎麼可能會有速成的效果。

三、**聯結偏見陷阱**：一件好事，不一定會保證另一件好事的發生。例如，黛兒在美國名商學院深造博士學位，她一口氣修了 150 個學分，所以她有豐富的管理知識，一定會找到名校的教職，獲取高薪，還可以放寒暑假。從此，她便可過著幸福快樂的生活。如果我們仔細一想，這樣的推理有很大的問題。在美國名校完成學位，修讀很多學分，不一定會具備豐富的管理知識，因為這牽涉到經驗問題。有博士學位也不代表一定會找到教職，因為那還牽涉到發表的策略。更何況，學術界雖然有寒暑假，但是學者並不一定能夠放假，因為放假的時候都必須要全心投入研究。就算取得教職，也跟幸福快樂的生活不一定有關係，很可能從此以後就墮入學術發表的地獄。

四、**聯結性謬誤陷阱**：有因果關聯並不代表有因果關係。例如，為了爭取頂尖大學，某大學校長決定要推動全校博士班全面英文化教學。未來只收全職學生，給予獎學金每月新台幣一萬元，所以學生一定可以專心於研究。學校也打算高薪聘請美國老師來演講與授課（每人約新台幣 100 萬）。如此，博士班就會國際化，學校也就能成為頂尖大學。這樣的推理雖然看起來合情合理，卻一點都沒道理。

用英文教學不等於國際化，國際化是一種眼界，是對跨國文化的尊重，是能夠反省不同文化之間的偏見。老師用英文教學很可能只是專業知識的傳授，與具備國際視野不一定有關係。學生因為英文程度有限，所能吸收的知識也可能被打折扣。每個月只給學生一萬元，不見得夠，而且也不代表學生就可以專心地研究。錢不夠的學生，會去打工；不缺錢的學生，會被其他事情吸引。出錢找外國老師來教學，不代表學生就可以學會研究。很多外國老師程度不見得會比台灣的老師好；很厲害的老師所上課的內容，學生不一定聽得懂。我們很容易被關聯性誤導，讓常識主導我們的認知，使直觀思考飄過界而掉入陷阱。

辯證思考 —— 正反合的對話

最後，質性研究要由個案證據中進行辯證思考。辯證的觀念可源自希臘哲學家蘇格拉底，雖非他所創，但他是箇中高手。蘇格拉底認為，研究者要透過不斷地對話，才能產生深度思考，釐清似是而非的概念。在《理想國》一書中，蘇格拉底便展示辯證的作法，他與人討論何為勇敢，將暴虎馮河、爭強好鬥之勇等情況一一排除，慢慢界定出「勇敢」的概念。在進行辯證時，需要用到歸納與推理。更重要的是，必須把這兩種思考技巧放入一個更大的邏輯框架中，產生正、反、合的辯證思維[4]。

蘇格拉底是如何運用辯證來思考的呢？首先，針對一個現象，提出問題，例如我們想要研究：如何提升管理學院的國際學術地位？接著，先產生一個正向命題。例如，一家管理學院認為要衝業績，必須先添加發表論文數量，所以要找會發表的外籍教授來當院長，這是「正」（thesis）的命題。有了正向命題，就可以找到反向命題。同例，會發表的學者當院長並不見得能促使整個學院的教授都會發表，因為會發表只是他個人的能力，不能與他隸屬的團體畫上等號。況且，每門學科差異甚大，發表狀況不同，會發表國際行銷類論文的，不一定懂創新管理類的論文；會研究的學者，也不一定是可處理行政的專才，這是「反」（anti-thesis）的命題。

在正反交互辯論之下，我們要試著跳脫而提出第三種「合」的觀點。這種合的觀點並不是折衷正與反的觀點，而是要跳脫正反觀點，找到一條新出路。同例，也許我們會發現，學術發表必須看有沒有適當的環境條件，如果學院中沒有合宜的獎勵措施，又沒有協助學者精進的機制，那麼請任何名牌教授來當院長也沒用。可是，這並非「合」的觀點。這些只是必要條件，具備這些條件也不保證每個教授一夜之間就成為學術明星；這只能算是「折衷觀點」。

如此，幾番討論之後，我們可能會質疑學術發表的根本意義：為什麼教授要發

表？許多企業人士批判，管理學院的研究說穿了只不過是以看似精美的統計數字，去證明一些常識而已。這些發表眞的對學術或產業有意義嗎？我們需要思考的是，管理學院需要發表的應該是哪一型的研究，對學術與企業才會有眞正的助益。一味追求發表卻忘記教育本質，大力推動學術發表不就成爲飲鴆止渴。一路想下去，引進外來和尙原來是表層議題，深層議題是「共犯機制」導致沉默串謀，使得學術發表走向歧途，如此「合」（synthesis）的觀點就可能會跳出來了。

辯證不是辯論。辯論需與人交鋒，但不一定會思考，有時還會淪爲詭辯。辯證是讓你不斷審視對事物的理解與假設，挑戰既有偏見與似是而非的說法。辯證思考需循環正反合三步驟反覆地進行。任何一件事都會有一個「正」的觀點。「正」不是指正確，而是指一個特定的立場。例如，有人說奇異公司前執行長傑克·威爾許（Jack Welsh）是一位英明的領袖，因爲他任內提升公司市值，業界更讚許他的領導魄力。這是一個「正」的觀點，如果我們是從資產價值與領袖知名度來看。可是，也有人認爲，威爾許是作秀專家，把棘手的事留給後人，自己挑有成果的來做。每年不分青紅皂白，刻意開除百分之二被認爲表現「不良」員工；還要高階領導人鬥爭，以決定自己要傳位給誰。這不就是以創新之名而造成內鬥之實，這是「反」的觀點。

當然這些觀點不見得有絕對的對與錯。從正反的角度反覆對話，從而找到一個「合」的角度以超越原有的觀點，而不只是駁倒對方，才是辯證的精神。例如，由「時勢造英雄」的角度來看，我們或許可以理解奇異當時爲什麼提拔威爾許這類領導者來接手。當年威爾許做對的事，到另一時代可能就全「錯」了。錯的是人事與時空的不契合，而不是威爾許本人，這可能是一個「合」的觀點。

「合」不是把正的觀點與反的觀點加起來除以二，而是要超越。這種正反合的思辯過程並不是一蹴可幾的，找到一種「合」的角度不是像組合家具一樣，按操作手冊做就可以找到。這種思辯過程更像一個反覆的思考提升過程。辯證的過程可總

結為六個步驟，如圖 3-2 所示。

　　第一，我們先鎖定一個社會現象，然後根據現象中的實務問題去定義出可以研究的問題。第二，根據這個問題提出正方觀點，通常是指主流的觀點。第三，根據研究問題提出反方觀點，也就是不認同主流的觀點，然後讓正反觀點往返對話。第四，當找到正反的觀點後，就可以來回批判，但是要注意要排除折衷觀點，也就是只妥協於正反兩方的論述。第五，找出正反觀點的缺失與迷思，理解兩方面可能有的優點以及潛在的缺點。第六，運用一個理論角度來審視此研究問題，提出超越正反觀點的構想。如同科學家用不同的顯微鏡來觀察微生物的行為，質性研究者則利

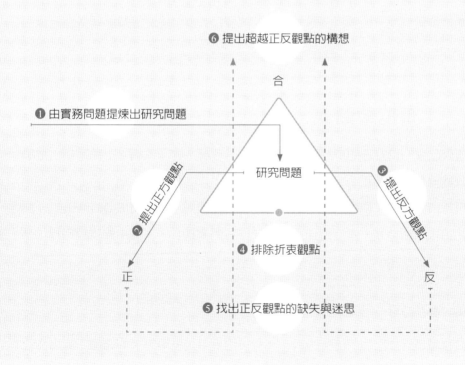

圖 3-2　辯證思考的過程

用不同的理論來分析社會現象。例如，若用「資源論」（Resource-Based View）來分析問題，分析重點便會放在組織所特有的策略性資源，如聯邦快遞之資源是其綿密的運籌網，以及所帶出的即時反應能力[5]。能否由資源論找到新的分析角度，成為找到「合」方觀點的關鍵。

　　找到一個合的觀點時，也可能又被推翻，於是這個合的觀點又成為正或反的觀點，成為持續辯證的新基礎。你也許會問：這樣下去，何時才能做完論文？在質性研究領域中，一份質性研究論文能否合格，不是看資料多不多，而是看辯證邏輯成不成熟。以經驗值推斷，碩士生泡進去一個主題約八至十二個月，便可以發展出相對成熟的正反合。博士生則要三年左右才能發展出令人讚賞的正反合。博碩士生無需對這種研究方法卻步。話說回來，要練得深度思考怎可能不付出一些代價。現代教育機構培育研究生，大多只讓學生花三、四個月去寫論文，思辯品質當然難以到位。

案例——布拉朵商人

　　我們來欣賞一篇有趣的辯證作品。為了容易理解，容我改編一下此案例。這篇文章是以經濟角度為「正」，技術角度為「反」，以文化角度作為「合」。案例剖析一個電子市集在義大利導入失敗的原因[6]。這篇文章曾獲選《MIS Quarterly》（資管領域的頂級學術期刊）年度最佳文章，值得我們來鑑賞一下其中的辯證過程（參見圖3-3）。

電子市集，勢在必行

　　義大利領導當今服飾的流行時尚，其背後的推手是歷史悠久的紡織工業。布拉朵（Prato）工業區則是紡織工業的核心，座落於義大利中北部，位於托斯卡尼省

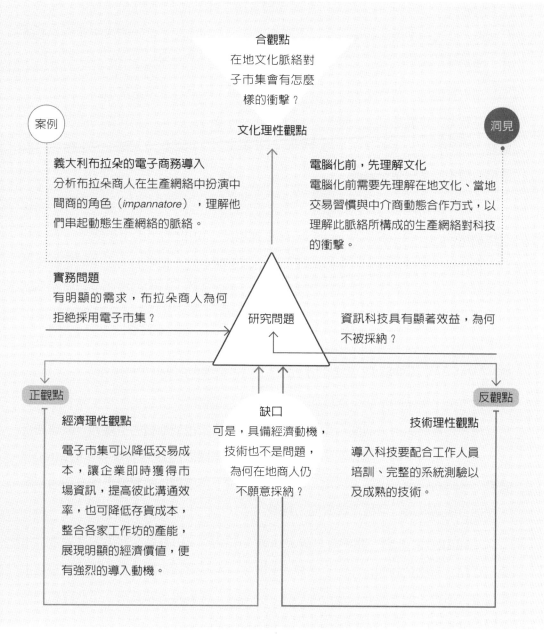

圖 3-3　「布拉朵商人」的辯證設計

（Tuscany），屬於北義大利區，距離佛羅倫斯（Florence）西北二十英里。根據史料記載，布拉朵地區的紡織工業要追溯到十三、十四世紀，當時的農家靠著羊毛紡織工業來貼補家用。

到十五世紀，布拉朵地區發展出小紡織工廠，各自負責生產鏈中的一個部分，可能是裁剪，可能是刷毛，或是染色等工作。專業分工帶來生產彈性的優勢，所以廠商之間的合作愈來愈密切，構成緊密的生產網絡。在網絡中，每一家工作坊只專注價值鏈中的某一生產環節。

這個生產網絡之所以運作順暢，靠的是一群布拉朵商人。這些商人在生產網絡中扮演中間商（義大利文叫impannatore）的角色，由他們串起生產網絡。布拉朵商人整合接單與發包工作，對市場趨勢擁有敏銳洞察力，把動態的生產網絡整合得很有效率。布拉朵商人與工作坊之間很少簽訂正式契約，靠的是彼此信賴與充分溝通。近代，布拉朵工業區將目標鎖定中高檔時裝市場。為加快新產品開發速度，工業區積極採用新技術以提高生產能力，像是導入電腦輔助設計系統以及生產系統CAD／CAM（Computer-Aided Design／Computer-Aided Manufacturing）。

布拉朵工業區的動態生產模式，要求公司之間交換大量的生產和交易資訊。如何管理好這些資訊對公司間合作至關重要。為提升布拉朵地區的生產力，歐盟結合義大利地方政府、財政部以及佛羅倫斯商業公會等機構在1983年成立「SPRINT聯合會」，為布拉朵工業區導入電子市集平台。電子市集可以讓買方與賣方透過電腦快速進行產品收集、價格比較與交易轉帳。

「SPRINT」計畫一開始就具備成功導入所需的一切要素。首先，這套電子市集正好配合布拉朵動態合作的生產模式。其次，系統實施得到多方面支持，包括工業協會、商會、地方政府以及金融機構。再者，工業區熟悉新技術。這些有利條件使得「SPRINT」的前景一片光明。

　　然而，事情發展總是出人意表。電子市集的初期使用者曾經高達 440 家，但在短短一年之內，竟然只剩下 70 家，整個計畫在 1994 年 10 月宣告終止。就產業運作模式與經濟利益而言，布拉朵絕對有導入電子市集的必要。為何在如此有利的條件下，系統導入仍然失敗呢？

正反觀點：是經濟，還是技術問題

　　從「經濟」的角度來分析，電子市集在布拉朵工業區應該有存在的價值。電子市集不僅可以降低交易成本，讓企業即時獲得市場資訊，提高彼此溝通效率，也可降低存貨成本，整合各家工作坊的產能。電子市集更能活絡市場交易，採購到最便宜的原料，也可快速出清存貨。這些都是明顯的經濟效益。更何況，這裡從來沒發生工會罷工或示威遊行事件。

　　由「技術」的角度來分析，會不會是布拉朵地區的工作人員缺乏電腦技能而導致系統導入失敗。可是，這並不合理，布拉朵地區早就導入過自動化生產系統，員工多熟悉電腦操作。電子市集所採用的系統都是經過測試，是成熟的網路通訊技術。推動小組更挨家挨戶地登門輔導，免費提供電腦設備與教育訓練。所以，怪罪布拉朵員工電腦能力不足，也說不過去。

合觀點：不了解文化，先別電腦化

　　若是以「文化」的角度來分析這個案例，我們會發現，阻礙導入的關鍵原因竟是當地的文化。這份論文點出五項文化脈絡。

　　第一，**關係網絡內嵌當地文化**：布拉朵工作坊之間存在著唇齒相連的關係。社會關係維繫生產網絡的穩定，讓布拉朵商人形成生命共同體。在當地文化中，「社會關係」經常超過「經濟關係」，成為合作的關鍵要素。這與華人「靠關係、拉關係、找關係」的文化很相似。就如同「見面三分情」，布拉朵商人習慣面對面互

動，從而發展長期的關係。電子市集的介入將取代人與人之間的溝通，將商業往來鎖定在企業與企業的層面上。這似乎違背布拉朵商人做生意的關係脈絡，也降低他們採用這項系統的動機。

第二，交易靠信任的基礎：布拉朵的紡織工廠多出自於同一家族或同一公司的雇員，各自發展而形成目前的生產網絡，有著共同奮鬥的情感。整個工業區就像是個大家庭。在布拉朵，人際關係並不限定在經濟活動，還滲透到社會生活中，例如是老同學或教友。這樣的信任關係，只要一通電話就可以決定一筆交易，雙方無需制定契約，也節省搜尋及交易成本。電子市集必須建立在機構信任（institutional trust）的基礎，所以法律、保險、銀行等第三方機構可以取代關係信任機制（relationship-based trust）。布拉朵商人顯然無法信任電子市集，因為機構信任在當地並不健全。

第三，走動活絡情報：布拉朵商人認為，面對面的感情交流是維持關係不可或缺的方式。每到傍晚時分，布拉朵人就會散步到市鎮廣場（義大利文叫 lo struscio）。表面上，這樣做是為了呼吸新鮮空氣，是飯後的放鬆運動。底子裡，這種每天例行的廣場漫步，還有一個心照不宣的目的，就是製造面對面交流的機會。透過聊天來交換各類小道新聞、產業狀況，增進人與人的相互了解。他們也輪流舉辦「家族聚會」，吃吃飯、喝喝酒、聊聊天、互通有無。許多交易就在歡樂的氣氛下完成。不但培養了感情，也談成了交易。這遠比電子市集來得有趣，也有效。

第四，信譽與面子的考量：布拉朵商人重視面子，生怕被人知道自己的缺點。電子市集雖可以協助銷售多餘的庫存，但布拉朵商人卻擔心會洩漏自己在銷售能力或管理能力上的不足。雖然是匿名，但大家都會知道是誰有多餘的庫存。一旦這些訊息在電子市集上被公開，不但面子掛不住，還可能影響到個人信譽。電子市集反而幫了倒忙。

第五，**地下經濟憂慮**：布拉朵的地下經濟是很普遍的。工業區內公司大多是家族型企業，經營非常靈活，相互支援、彼此借料、超時家庭代工，又需藉各種方式節稅，譬如隱瞞部分收入來降低帳面上利潤。節稅有利於工作坊快速累積資本，提高競爭能力。但引入電子市集將導致經營資訊透明化，使地下經濟曝光，讓當地商人卻步不前。

深思需要辯證

布拉朵商人案例點出，不考慮文化影響而導入電子市集，會使所有努力前功盡棄。影響科技導入成功與否的深層結構，是獨特的在地文化。以交易爲主的市場經濟模式靠的是機構信任機制，布拉朵商人卻比較倚賴關係信任機制。布拉朵商人間的友誼及信任，不是電子市集上的價差所能取代。科技始終來自於人性的潛在文化行爲。布拉朵故事給我們的啓示是：隱藏在電子市集軟體下面是一套獨特的交易文化，是導入科技時不容忽視的關鍵。

透過經濟（正）、技術（反）、文化（合）的辯證，這篇作品讓我們理解如何以理論來轉換思考角度，開闊了視野，也深邃洞悉力。質性研究的精神就在換角度思考，進行辯證，讓人看到以往沒看到的內涵，因而產生創見。即使你和別人用的是同一個理論，由於觀察角度不同，詮釋自然不同，而創見也就不同。當有所疑時，觀察，問一些問題。當無所疑時，換一個角度，再重新觀察，並問更多的問題。這便是質性研究追根究柢的精神。

誠如英國詩人拜倫所言：「我並非事事否定，只是凡事質疑。」面對社會現象時，批判既有的假設，追根究柢、鍥而不捨地找尋證據，這就是辯證思考的基礎。少了辯證的過程，寫出的案例就難以落地有聲，思考的內涵也就不夠深。

Chapter 04

鑑定：六特質、三原則

── Identifying Qualitative Principles

凡事能以數字計算的，不一定能算數（有用）。凡事能算數的（具影響力的），卻不一定能以數字計算。

── William Bruce Cameron

　　一份詮釋型的質性研究其實就是一篇精采的故事、一齣動人的戲劇。它的重點不在「測量」，如衝突有多高；而是著眼於「理解」，如衝突是如何產生與演化的。個案必須透過某一個視角觀點審視問題；所要建構出的理論，必須透過此故事來凸顯詮釋問題的能力，令人看完能得到雋永的啓發，有深省的開悟。以下將分兩個部分來介紹質性研究的六項特質及三個鑑定品質的標準。

質性研究的六項特質

　　怎樣的研究才是「眞的」質性研究呢？就詮釋的角度來看，質性研究必須具備六項特質，也就是六項共識。我們先介紹質性研究的六項特質。這是由美國紐約大學海茲・克萊恩（Heinz Klein）以及紐西蘭的奧克蘭大學麥可・麥爾滋（Michael Myers）兩位教授所提出的構想[1]。我們可以運用這六項特質來檢驗一篇文章，評斷是否爲「眞的」質性研究，而不是實證主義的質性研究。爲了讓讀者容易理解，我將這些特質重新改寫（參見表4-1）。

特質一：眞相，在脈絡中

　　詮釋學是質性研究的基本假設，早期應用於語言學，目標在由個體意義及個體之間的關聯，去追溯整體的意義。這就好像在翻譯一句外國語，翻譯者要詮釋的不只是每一個字個別的定義，更要理解字的組合順序會呈現什麼意涵，字裡行間是否又透露出什麼弦外之音。在這個詮釋過程中，理解個體的定義，才能烘托出整體的意義。

　　例如，我們要了解一句英文：「That is a piece of cake」（那是一塊蛋糕）。如果照字面翻譯，我們會知道這句話說的是有關蛋糕的情境。可能是媽媽在做蛋糕，小孩在一旁看了直流口水；也可能有人過生日，準備以蛋糕慶祝一番。如果我們發

表 4-1　質性研究六項特質

特質		說明
特質一	眞相，在脈絡中	脈絡中找眞相：一份質性研究必須放到一個歷史、文化脈絡中來看才會有意義；讓案例解釋一個小事件爲何會漸漸演變而浮現成當今難以解決的問題。
特質二	相對，不是絕對	眞相是相對，不是絕對：研究者與被研究者互動，研究者會改變被研究者的想法；被研究者也會反過來影響研究者的觀感。一份質性研究必須考慮這個糾結的相對性。
特質三	推理，不是套用	理論是用來推理，不可硬套：理論是用來探索，爲了找尋更多的未知，而不是用來套的；巧用理論可以讓人換個角度看現象，看到過去沒看過的風景。
特質四	辯證，不是驗證	辯論是開啓對話，驗證是定是非：不是辯論，不是鬥爭，是兩人辛苦地以語言正反切磋砥礪。找出理論與資料之間的衝突矛盾，不斷地修正，跳出設限的思維框架。
特質五	多方說明，不是證明	證據要多方參考，不只是檢驗對錯：研究者必須解讀參與者不同的意見，即使暫時無法找到定論，也不算浪費，因爲這個思考過程會讓人探索更深層的脈絡，理解眞相的各種可能。
特質六	非否定，但需質疑	非事事否定，但凡事質疑：世界充滿著權力結構，各方利益造成資源衝突。研究者必須解釋各類參與者的偏見，並且找出不同的詮釋，來了解當前的問題。

現，這句話在此情境中和蛋糕根本沒有關係，那我們可揣測，這句話也許另有所指。蛋糕可能只是象徵性的含義（按：That is a piece of cake 又可譯爲很簡單、小意思、不足掛齒）。在詮釋一件事時，我們一定要不斷地在個別意義上（如蛋糕），與整體意義之間（整個句子的意義是：小事一件）反覆觀照，才能對整件事有徹底的了解。機械系統中，個體組成整體；但在社會系統中，個體牽動整體。

一份「眞的」質性研究，首先要看內涵是不是具有這種詮釋學精神。如果一份研究只是把所觀察到的照本宣科地報導，那麼這份研究的解讀多半是偏頗的；可能只是看到蛋糕，而不知蛋糕的另一層意義。優質的質性研究要看的，就是研究者到底有沒有此種「見山不是山」的功力。一份質性研究必須放到歷史、文化脈絡中來看才會有意義；以案例解釋，一個小事件爲何會漸漸演變成難以解決的問題。

特質二：相對，不是絕對

社會科學中，資料不是像石頭一樣躺在地上等你來撿。資料是藏在社會互動之中，這包含研究者與被研究對象之間的互動，也包括了研究對象和研究者之間的互動。這其中有兩個問題，第一是被研究者會主動做出詮釋；第二是研究者自己也會將自己的主觀帶進詮釋，挑自己想看（或不想看）的事件進行觀察。當這兩種主觀匯集時，研究者就面臨「交互主觀性」問題（intersubjectivity）。在調查過程中，研究者要不斷地反省，是否自己被受訪者牽著鼻子走；或者，研究者要反思，自己是否被先入爲主的假設所蒙蔽。研究者要交代他們是如何與受訪者互動，又是如何解決交互主觀的問題。

社會科學的眞相是相對的，相對於研究者與被研究者之間。研究者是詮釋的人，他們的詮釋會被理論所影響，被周遭的人所影響，最後改造所處的環境。研究者也是分析的人，他們的行動反過來會被自己所改造的環境所改變。研究者與被研究者互動，研究者會改變被研究者的想法；被研究者也會反過來影響研究者的觀感。一份質性研究必須考慮這個糾結的相對性。雖然我們要探索一個「眞相」，但是聽到的「眞話」會有很多種。

特質三：推理，不是套用

不能套用理論，要以理論當作探照燈，以理論作爲顯微鏡。質性研究的重點在

以一個合適的視角去說明。這個理論角度是什麼？如何能幫我們看到平常看不到的細節？理論視角選對的話，就如以稜鏡反映出白光的折射，呈現出平時肉眼不易看到的七彩光影。有合適的理論視角，個案就不會再是單調的陳述，也不再是膚淺的報導，而有精采的內容與令人感動的智慧。找到一個合適的角度去詮釋問題，是質性研究的挑戰。讀者閱讀一份質性研究時，要欣賞的就是這個角度，欣賞一個角度是如何選出來的，使看不見的現象化為看得到的創見。

量化研究中，建立理論是為驗證理論的對錯。質性研究中，理論是用來探索，為找尋更多的未知。理論不是用來套的，是需要借助設計巧思，讓理論帶我們航向更有趣的未知；透過理論讓我們換個角度看現象，試試能否看到過去沒看過的風景。如多焦點鏡片，可以讓人看遠、看中或是看近。

特質四：辯證，不是驗證

質性研究需要不斷地與自己對話，與理論對話，與資料對話。研究者會先抱著一個先導的觀念進入現場去分析問題。隨著資料量增加，研究者會發現所要找的問題改變了。原先不起眼的問題後來反而成為重要的線索。

例如，原本你要分析一家公司的知識轉移問題，了解這家公司如何轉移「最佳實務」，造成競爭力的提升。後來發現，最佳實務似乎是錯誤的觀念。透過現場了解，公司內根本難以轉移任何知識。原來，知識是一個不斷再生的過程，而非轉移的過程。要達到這樣的領悟，研究者必須不時問自己，原先的分析角度與收集到的資料有何衝突？在不斷對話過程中，研究者才能適時修正探索方向。

辯證不是辯論，不是鬥爭，是兩種思考角度辛苦地正反切磋砥礪，找出理論與資料之間的衝突矛盾，不斷地修正，跳出設限的框架。當所選的理論與資料有效地對話時，便可提出合宜的詮釋，呈現亮點。這其中包含三個步驟（參考圖4-1）：

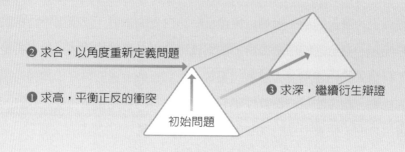

❷ 求合，以角度重新定義問題

❶ 求高，平衡正反的衝突

❸ 求深，繼續衍生辯證

初始問題

圖 4-1   以辯證讓思考逐漸深刻

第一，思考要有高度的話，必須要平衡正反觀點之間的衝突；第二，要找到合方的觀點，也就是超越正反方的觀點，就必須要找到一個適合的角度（理論），讓我們可以重新定義問題；第三，思考要有深度的話，就必須要繼續衍生辯證的對話，也就是展開下一個正反合的思考。

特質五：多方說明，不是證明

在社會情境中，問題總是發生於人與人的互動中。只有一個人，很難有政治問題。唯有多人在共同處理問題時，才會有許多政治衝突。質性研究者在分析一件事時，需要考量到多方的意見與想法，才不致以偏概全。例如：研究資訊系統外包問題，起碼必須探訪公司的資訊人員、使用者以及外包商，了解他們對此外包案有什麼衝突的看法。

質性研究關心的是社會化過程中，人際間所建構出的意涵。所以，我們要探討一項專案為何失敗，就不會只聽信組織成員的片面之詞，而需了解各方受訪者對問題有什麼不同的解釋。最終目的還是在豐富研究者對問題的理解。研究者並不一定要刻意比較衝突性觀點，了解多方詮釋是要對問題有更深入的理解。你的解釋必須

要參酌各方解讀，即使最終沒有辦法找到定論，你的時間也不會浪費掉，因為這個過程會讓你探索更深入的脈絡。

特質六：非否定，但需質疑

前面幾項特質都著重於了解田野資料，並思考如何以這些資料分析社會現象。特質六則是要求研究者跳出資料之外，質疑所觀察的現象。搭配所收集的資料，研究者是否能看穿某些被蒙蔽的社會現象，解讀出現象背後有什麼含義。每件事都有正反兩面，質疑就是理解每個優點背後的缺點，找出每個危機背後的轉機。世上沒有絕對的好或壞，都是取決於所觀察的角度。凡事質疑，就可以事事皆宜，超越正反的看法。每個社會背後都隱藏複雜的權力結構、利益衝突，質性研究的分析需要解讀各方不同的偏見，以展新的詮釋手法來理解當前的問題。

鑑定三標準

質性研究不可以用信度（reliability）與效度（validity）來評鑑，而必須用真實度（authenticity）、可信度（plausibility）、批判度（criticality）[2]。質性研究是以文字來修辭，以豐富的文采令人反思習以為常的價值觀，是一連串的說服過程。但如何才能令人信服呢？我們需要一個和實證研究完全不同的評量尺度。

實證研究講究的是信度與效度。「信度」是指測量結果的一致性、穩定性及可靠性。譬如一把捲尺昨天量一個人的身高是一百七十公分，今天再量卻變成一百六十五公分，一個人斷不可能一天矮了五公分，顯然這把尺可能受熱脹冷縮的影響很厲害，也就是「信度」不高。「效度」則是測量工具是否可以測出研究者想要了解的某種特質？能夠測出的程度為何？譬如，我們有一把刻度很精確，不會熱脹冷縮，也就是「信度」很高的尺，但如果用這把尺來測量一群人，以判斷誰輕誰

重，就可能不大準確，不很「有效」。因為尺並不擅於測量「體重」這個特質。

　　質性研究的評量標準完全不一樣。首先要講究「真實度」，要將現場栩栩如生地勾畫出來。其次是「可信度」，要說明推理的過程，解釋才會合理。最後是「批判度」，要說明結論如何能令人恍然大悟，並挑戰讀者原來的偏見。

標準一：真實度

　　好的質性研究要求個案內容需「真實」（be authentic），有三項考量：要有真實感、要看出真相、要懂言外之意。第一，透過案例，研究者要讓讀者有重返現場的感覺，不能只是重述受訪者的偏見。如果讀者看完個案，覺得不用去現場也可猜得到結局，真實度自然不夠。要有真實度，就像影像解析度要高，色彩要豐富，作者必須以豐富的證據來描述現象。真實度需驗證受訪者所提供的證據是否正確，所描述的是否道聽塗說。一個有真實感的個案倒不一定要推出獨家報導，道出驚爆內幕；但研究者要比在現場的人更懂這個議題，像是熟知組織成員間的暗語或交換的行話，而不只是走馬看花式的報導事件。真實意味著描述出個案中栩栩如生的情節，敘述美時不用半個「美」字，但令人感受到美好；說愁時，不用一個「愁」字，但令人心中感到惆悵，這是最高境界。

　　第二，要有真實度，需看出真相。進行田野調查時，組織成員多半只知道真相的一部分，因此若一不小心，研究者往往會被誤導。所以，看穿真相有時需要由不同角度去調查。心理學上有一個視覺誤差實驗，圖像正面看上去是一隻青蛙，但是若觀者頭向左轉動90度，會發現其實是馬的頭顱。此外，當一家企業公關部宣稱，執行長是女性，對員工很溫柔，常常擁抱員工以示激勵，整個公司都像一家人溫馨和睦，企業的男性員工也都表示同意。可是，如果有機會在休息時間聽到企業女性員工聊天，卻會赫然發現，員工都很害怕這位主管的溫柔，因為大家都認為這是她「甄嬛傳」式的心計[3]。要看穿真相，需要由不同角度切入。

　　第三，要有眞實度，需解讀言外之意、弦外之音，特別是解釋符號中的意涵。人類社會發展出豐富的文化，以符號表現，也將文化隱藏於符號之中，儀式之內。例如：若是不知英國的階級制度，就不會知道劍橋大學的教育制度。如果有人說自己是劍橋大學畢業，遇到眞正的劍橋大學畢業生時，那肯定接下來是一場文化檢驗的對話。對方會問你是哪一個「學院」畢業的。每一個學院都有代表學院的家徽，或是紋章（coat of arms）。菲茨威廉學院（Fitzwilliam College）上頭是四頭獅子；國王學院只有一頭獅子，加上三朵玫瑰；耶穌學院是三隻黑色公雞（原本是五個耶穌印記，後來因爲反叛軍使用類似的符號作爲旗幟，所以就借用一位主教的紋章重新設計，結果就是三隻紅冠的黑公雞頭了）；聖約翰學院是兩隻公羊；彭布羅克學院（Pembroke College）則是七隻紅色小鳥。

　　劍橋特殊的階級文化顯示於精緻輝煌的晚餐。每日固定儀式由學院的學究（Masters）搖鐘後，唸一些拉丁祈禱文，院士、老師與貴賓在高位桌（High Table），學生在低位桌（Low Table）開始用餐。學生穿著黑袍用餐就像哈利波特的電影場景一般。劍橋大學商學院兩位教授就分析劍橋晚餐的儀式與其中的符號，讓我們理解劍橋大學如何能維持此制度百年而不墜，這些晚餐儀式又如何教化學生儀態行爲，以進入英國上層菁英社會[4]。

　　質性研究法要有眞實度，必須披露複雜的關係，解讀符號與儀式，洞察到人在不同情景中的行爲。

標準二：可信度

　　第二個尺度是可信度（be plausible），這是要求作者要提出合理的交代。研究者不可寫一些陳腔濫調，也不要將個案渲染到語不驚人死不休。質性研究要具備可信度，分析需善用理論、情節需合情合理、推論要有道理。

第一，善用理論，設計分析架構。一個可信的個案要能順理成章，不是拿一個理論直接套用。研究者要善用某個理論來設計出分析架構，以增加可信度，說明推論過程。讀者才知道如何與你在同一個基準點上討論這個問題。要按排理出牌，讀者才能信得過你。這就如《文心雕龍》所提倡：「情者文之經，辭者文之緯。經正而後緯成，理定而後辭暢。」有「理」為基礎，文章才會順暢，令人感到可信。當鑑定一份質性研究可不可信時，要看的是個案中是否根據推理提供足夠的證據。透過精心設計的分析架構，引導個案情節環環相扣以呈現推理，支持論點。

第二，情節需合情合理。個案詮釋不能太突兀，前後不連貫，情節不合情理。故事要按照一定的邏輯陳述，才會令人覺得可信。例如，若有人說：「他很胖，所以令人討厭；她頭髮很長，所以男性都喜歡她。」這種推理是大有問題，是不合理的，是不可信的。一份可信度高的研究在文章布局上要有連貫性，情節敘述需配合某一理論架構進行詮釋（而不是套用），呈現一貫性的脈絡，才會有核心的思想而不會離題。否則，一下談頭痛，一下談腳傷，一下又談情緒，結論卻是心臟病，這樣難以連貫的文章，就會使人無所適從。

第三，推論要有延展性，才會有道理。有了推理過程，最後要推論（generalization），也就是看完案例後讀者可以得到哪些啓發。例如：看完〈賣火柴的小女孩〉的故事後，要如何推論？在此寓言中，可憐的小女孩在冰天雪地中，燃起人生最後的幾根火柴，想起自己的親人。在夢幻中，溫馨親人的擁抱成為小女孩臨終前的最後慰藉。這個故事能給我們什麼啓示呢？管理學院的研究生可能會分析，這小女孩的產品定位有問題，幹嘛在冰天雪地中去賣火柴？該賣點別的產品才對。社會學的學生可能會針砭社會福利制度之不彰，為什麼社會如此冷漠，讓一個小女孩凍死在路邊？

一個故事可以有很多啓發性結論，只要合理便能可信。質性研究者不會只去看「為何小女孩的火柴賣不出去？」這個故事的啓發可能是描繪出「貧窮」的社會現

象，特別是這個故事發生在倫敦，影射英國階級社會的貧富懸殊，是「朱門酒肉臭，路有凍死骨」的寫照。貧困家庭常因無力撫養小孩，任其流落街頭。〈賣火柴的小女孩〉所要詮釋的是──貧困下的無助以及悲慘中的溫馨。這個故事讓我們看到另一種「貧困」的呈現，看到貧富階層落差中的淒涼本質。

以此類推，〈賣火柴的小女孩〉的故事可推論出「貧困」的內涵；〈三隻小豬〉可推論出「未雨先綢繆」的智慧；〈小紅帽〉可推論出「處變不驚」的道理；〈國王的新衣〉可推論出「沉默串謀」的深省；〈狼來了〉可推論出「誠實與信任」的警惕。一個故事由不同的角度來解讀，啟示又自當不同。例如，〈三隻小豬〉的故事若由狼的角度來看，而不是由小豬的角度來看，推論就會大異其趣。

例如，若是要研究三維印表機，分析這項新技術要如何創新？我們可以由先導知識（prior knowledge）來推理，分析這項技術若是與不同行業的領域知識結合，會有怎樣的應用創新（參見圖4-2）。史考特·席恩（Scott Shane）分析不同的行

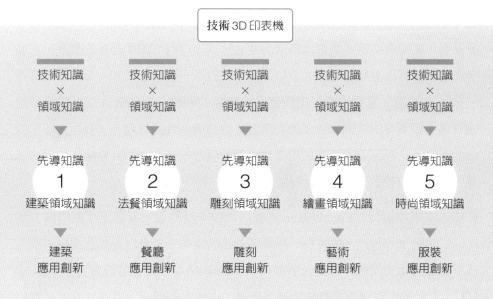

圖 4-2　分析架構需呈現推理過程

業，像是建築、雕刻、餐廳、繪畫、時尚等，透過觀察三維印表機如何結合不同領域的先導知識而發展出應用創新，理解「一源多用」（一項資源多種應用）的可能性，同時又可以理解創業家如何透過不同領域知識發掘創業時機[5]。以「先導知識」的視角來推理，我們可以分析一項科技如何融合領域知識，進而得到「創新來自創舊」的洞見。一項資源用在不同的場域時，引入新的「先導知識」可使資源產生許多新的應用；先導知識愈豐富，來自舊的創新則愈加豐富。

標準三：批判度

質性研究需具備批判性（be critical），要告訴讀者結論如何能讓人恍然大悟。批判就是要求研究者反思，能提出大哉之問，點出有什麼議題需要由根本面去省思。例如，如果研究知識轉移：有人認為知識可以如物件一般傳遞，因此傳遞得愈多愈快，知識轉移的成果愈好。去挑戰此想法，你可能會分析知識是如何內化於工作實務中，反思知識是否真的可以轉移。如此批判「知識是物件」的假設，換由「知識內嵌於實務」的角度，去發展知識轉移理論[6]。

要批判，研究者必須挑戰習以為常的觀念，質疑現有文獻中存在的假設，以精采的個案引領讀者去看到新想法。文以述志，志就是一種核心思想。每篇文章都應該有一個核心思想，呈現研究者對特定社會現象的關懷。好的質性文章經過辯證後，應會產生獨到看法。例如，《老人與海》中凸顯人性的尊嚴；《動物農莊》探討宰制的陰謀，凸顯絕對的權勢如何帶來絕對的腐敗；《浮士德》點出人性中墮落的誘惑。有獨到的看法，論文才會有生命。

例如，雷諾‧伯特（Ronald Burt）便批判競爭優勢論，而提出「結構洞」論（sturctura holes theory）。他認為一家企業真正的優勢不是來自差異化策略，或是建立打擊對手的相對優勢，而是人脈網絡[7]。人際網絡之中存在著社會資本（social capital），也就是人脈存摺；有強連結（死黨），也有弱連結（泛泛之交）。網絡

之中存在著資訊不對稱，也因此在人脈網絡結構中就會產生「結構洞」。在網絡中能夠橋接這些「結構洞」的人，就能將一個領域的知識運用到另一個領域的問題，而發掘創新的機會。所以組織的競爭優勢不是來自對手，而是來自朋友，以策略性地槓動強弱連結。這樣的看法便是一種批判的洞見。

　　質性研究法是一種詮釋的科學，目的是分析社會現象，解讀其中隱藏的意涵。鑑定一份質性研究的品質，可以由眞實度、可信度、批判度三個層面著手。文章具備眞實感，讀者對現象會熟悉又驚奇，感到和他們切身工作相關。文章陳述合情合理，以特定理論視角去分析資料，就令人可信，便可吸引讀者期待呼之欲出新的發現。結論深具批判，才會震撼讀者的心靈，讓庸識轉化爲洞見。

　　不過，這些標準都不及研究者對自我的期許。一份質性研究的品質其實是反映出研究者對自己作品設定的標準。理想上，我們都希望做出具有影響力研究，而具有影響力的研究不一定單靠數字。凡事能以數字計算的，不一定能算數（有用）。凡事能算數的（具影響力的），卻不一定能以數字計算[8]。眞實度、可信度、批判度三個標準，目的是要引導我們做出具有影響力的研究，而且不一定要用數字。

Chapter 05

門派：
有人的地方，就有江湖

—— Paradigms of Research

讀博碩士的目的就是要學習開悟。心靈要開悟，我們就必須放棄機構所定義的眞理、正義與自由；而必須要改成以理性去尋找眞理、正義與自由。

—— 改編自德國哲學家康德

哲學（philosophy）這個字是由「熱愛」（philo）以及智慧（sophy）組成的。所以，哲學就是愛智，愛智的人通常很好奇，總喜愛問為什麼。不同的哲學思維可以讓凡事好奇者透過不同角度去問「為什麼」。一件看來很普通的問題，透過不同哲學視角，可能就會觸發人類智慧的波濤大浪。嚴格說來，所有的哲學都是一種偏見的折射，都有一套自圓其說的方法。本章將深入淺出地介紹幾個社會科學的幾個哲學相關名詞。先談典範（paradigm），再解釋學術兩大門派：實證主義與詮釋主義；然後介紹幾個小門派；最後，再由管理學界來解析派系風雲。每個門派有自己的信仰，也就是自己的哲學觀（philosophical paradigms），每個哲學觀都有自己的本體論（ontology）、認識論（epistemology）以及方法論（methodology）。

典範轉移——都是太陽惹的禍

Paradigm 不是一個容易翻譯的英文字。在中文要找到相對應的字不容易。在湯馬士・孔恩（Thomas Kuhn，著名的科學歷史學家）的名著《科學革命的結構》翻譯版中，將 Paradigm 解釋為「典範」[1]。孔恩認為，典範指的是某科學社群所形成對某議題的假設與洞見。例如，在管理學領域中就細分行銷、財務、科技、生產與組織等「科學社群」。每個科學社群都會有特定的研究議題，對每個議題都有特定的主流想法。孔恩觀察到，經過長期研究後，科學家會形成對該問題的特定看法，漸漸對此議題形成強烈的共識，難以撼動，於是就產生了「典範」。

例如，中世紀時科學家關心的議題為：「地球與太陽有何關係？」十七世紀的科學家因受到宗教的影響，普遍認為地球是宇宙的中心，太陽是繞地球運轉的。這樣的想法成為當時科學家的思維典範。孔恩解釋，一旦多數科學家都接受某個思維，就會成為典範；或者說，當科學家都接受了某種強烈的認同後，就會形成某種典範，成為該社群的「常態科學」（normal science）。也就是說，這個知識已被科學家公認、推崇，視為理所當然。

　　除非，有另一群科學家發現這個典範有問題，提出異常看法（anomalies），即例外狀態。於是，一場科學危機就應運而生。可是，這類危機可能很快就會被主流典範鎮壓下去。最後，大家還是認同主流典範的說法。例如，義大利科學家伽利略便因為提出「太陽中心論」而在當代社會引起一片譁然，但不久他就被軟禁了。太陽中心論認為，太陽是宇宙的中心，所有的行星都是環繞太陽而運轉，而非地球。這種論點威脅到教宗神權，因神權是建立在地球中心論的基礎上。政治，有時會掩蓋科學的真相。

　　不過，有時候非主流想法不易被撲滅；於是，一場科學革命就爆發了。新的典範強烈抗爭，試圖取代主流典範。這不只是提出更強而有力的證據，而是要推翻過去的想法，這需要歷經多場政治鬥爭。最後，非主流科學家獲勝，相信太陽是中心，而地球是繞太陽旋轉的。於是，邊陲想法成為主流典範，轉身變成常態科學。原本的主流被推翻，改朝換代之後變成「末流」，打入冷宮。孔恩長期觀察科學知識發展史，歸納出科學革命的結構。科學知識的建立並不是按照線性的發展軌道，而是由期間性的革命與鬥爭，在經歷衝突性轉型後，產生知識的典範轉移（參見圖5-1）。

　　我認為，「典範」不容易懂，另一種比較容易懂的說法可能是「門派」。說穿了，典範就是一個科學社群的信仰，而科學社群就像武俠小說中的門派。每一個門派的典範，就是該門派的獨門心法，展現該門派信仰的主義，由此心法發展出各式武功。例如，少林派的心法著重易其筋骨，強於拳腳功夫。武當派的心法偏於調氣，修練內功，以借力使力見長。

　　思維的學派也有點像宗教。宗教所隱含的是對不同「信仰」的堅持。以基督教與佛教為例，雖然這兩個宗教對追求「善」的宗旨是一致的，但對生與死的想法卻大相逕庭。依照我採訪後的淺薄認識，基督教的生死觀比較像是直線式。基督徒認

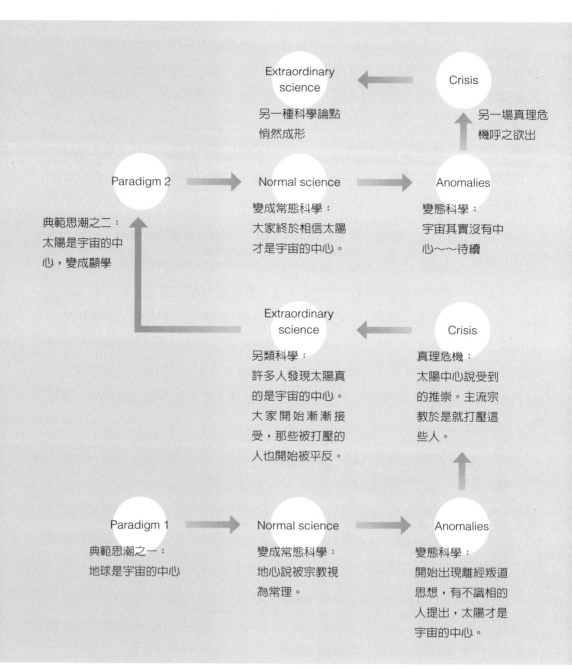

圖 5-1   典範的轉移過程

為人只有一生，由生到死所有的善行與惡行都會被上帝記錄。死亡後，人將到一個聖地接受審判。行善者上天堂，從此過著幸福快樂的生活；行惡者則下地獄，接受永世的煎熬。

佛教的生死觀是輪迴的。佛教徒最高層次的修行是超脫輪迴，立地成佛，永離苦海。在此哲學觀中，生命是一連串生死輪迴的過程。每一次死亡後，你也會依生前善惡因果而進入輪迴中。善者進入善道，修行最好的人可以上天成仙，或回到塵世為好命的人。行惡者必須依罪行輕重進入惡道，可能輪迴為牛羊狗蛇或螞蟻蒼蠅之類，返回世間還債。等到下一世，也許再度輪迴為人，但轉世到貧賤之家，一生受苦難。

各學派的思維都只是一種看法，不論是少林或武當，基督或佛教，都是一種典範。兩種思維典範不一定能見容於對方。也因此，當一個人接受某種思維典範時，也許就很難去接受其他不同的信仰，我們稱此為思維的「不可共稱性」（incommensurability），也就是雞的話鴨子很難聽懂（雞同鴨講）。

主義是什麼 —— 本體論、認識論及方法論

在社會科學中，學派可細分為不同的「主義」。各主義之中都擁抱某些思維假設。許多初學者大多照手冊操作，不了解他們所從事的研究事實上是根據某種主義衍生出來的，也就不了解自己的研究到底受到哪些學派所影響。不知思維來處，就很難做出嚴謹的研究。一個主義通常有三項基本假設：本體論、認識論以及方法論。這三項名詞是很令人頭痛的，特別是對亞洲學生，因為我們往往缺乏了解這些詞彙的文化背景[2]。讓我們嘗試以科普語言來理解這三個拗口的詞彙。

思維假設一：本體論

本體論指的是最根本的精神，就是去了解：什麼是眞的（what is real）？在分析社會科學現象時，很重要的一個問題就是去理解什麼是眞實（reality）。對身處社會之中，要體認到什麼才是「眞的」並不是一件容易的事。人一生下來，感官就被周遭的環境以及周圍人所影響。這種影響是潛移默化的。許多事務被我們認爲理所當然。當我們接受這些「理所當然」的現象後，也就漸漸忽視現象的「本體」。

有一個洞穴神話的故事可幫助我們了解爲何人類難以看見「本體」，或是社會中的「眞相」[3]。故事是這樣的：有一群人長期住在洞穴中，一生下來就背向洞口，坐在地上，手腳都被綁著。他們一輩子只能看見洞穴的岩壁。由於他們背後有火，所以這群洞穴人看到壁上有許多「神影」晃動，其實那只是他們自己的影子。這些神影就慢慢被洞穴人視爲崇拜的對象，他們也發展出各種崇拜的儀式來敬拜這些神影。

對他們而言，生下來手腳就被綁起來是很正常的，那是他們所認識的眞相；壁上的神影也是很眞實的，因爲那是他們所相信的本體。在洞穴人心中，對神影的崇拜是理所當然，而且不容質疑。崇拜神影是因爲那是歷代傳下來的規矩，他們有責任代代延續下去。長久以往，這群洞穴人就接受此現象，認爲被綁就是眞相，神影就是本體。

當我們建立對本體的認知，也就強迫自己，或被強迫而不自知，相信或不相信什麼是「眞」的。不去省思本體，容易形成盲目。檢視本體論的目的，即在提醒研究者去反省自身可能的盲目。當採用某種研究方法時，例如統計方法，背後的假設是什麼？在此假設之下，研究者認爲什麼才是眞的？例如一顆蘋果是紅色，這是眞的，那這顆蘋果嚐起來很酸，也是眞的嗎？還是那種酸的感覺只是一種內心的狀態？

印尼的礦工每天到火山口去採硫磺，吸著毒氣，每天來回花八小時，肩

挑80公斤，賺取約新台幣160元的薪資。這對「一般人」來說不可思議，對印尼礦工卻是每日習以爲常的「眞實」。柬埔寨人資源有限，覺得蜘蛛、蟑螂、小蛇是最可口的營養來源。這對「一般人」來說不可思議，對柬埔寨居民卻是每日習以爲常的「眞實」。越南中部廣治省的家庭誕生畸形兒不是希罕的事（全省約有7,200名畸形兒；1,300個家庭中有3個畸形或殘障兒），他們不知道爲什麼，但小孩生出來成爲智障、殘障、畸形成爲普遍現象，見怪不怪。原因其實是美軍於越戰時用「橘劑」噴灑森林，一種含強毒戴奧辛的落葉劑，造成河川、土地的汙染。這對「一般人」來說不可思議，對越南人卻是每日習以爲常的「眞實」苦痛[4]。

　　了解在研究者的內心深處認定什麼是眞的，是反思本體論的重心。研究者必須說明自己是來自哪一個「門派」，同時也宣告自己可能會有的偏見。

思維假設二：認識論

　　本體論之後是「認識論」。當研究者知道自己偏見的來處後，下一步就是了解自己是如何「認定知識」的。也就是說，研究者是由哪裡取得知識、形成知識的。有些研究者認爲知識必須透過有系統的觀察，眼見爲憑，才能產生歷久不衰的定律。這是一種認定知識的方式。有些研究者則認爲知識是無法被客觀檢驗，要將知識形成「定律」更是緣木求魚。這一派研究者認爲知識本身就是主觀的，唯有透過親自參與現象，去詮釋其中的人「主觀的」在想什麼、做什麼，如此所建立的知識才是有價值的。這又是另一種認定知識之論。在隨後各種主義的分析時，我們會做更詳盡的說明。

思維假設三：方法論

　　當研究者採用某一種「認」定知「識」之「論」時，這個認知會影響他所使用的研究方法，也就是「方法論」。當研究者相信的是「定律」型的知識，他可能就

會採取統計方法去驗證因果關係。若研究者認定「詮釋」型的知識，他可能就會以實地勘查的作法進行研究。研究就是一項透過各種主義以追求眞理的活動。本體論、認識論與方法論，就是讓我們分析某一種思維主義的三個重要層面。接下來，我們要來介紹六種主義，各隱含什麼樣的本體論、認識論以及方法論。

這六種常見的主義，包括實證主義（Positivism）、批判理性主義（Critical Rationalism）、詮釋主義（Interpretivism）、結構融合主義（Structuration Theory）、眞實主義（Realism）以及批判主義（Critical Theory）[5]。爲了讓初學者不致混淆，我分成主流與非主流。主流有兩大門派：實證主義及詮釋主義。實證主義的雙胞胎兄弟是批判理性主義，會一起介紹。其他三個主義是非主流派別，仍在邊陲地位的哲學觀，放在一起介紹。

實證主義──一定要被證明

實證主義源起於十四世紀。之前人類對「科學」的看法大多是迷信、道聽塗說。例如很多人相信疾病，如黑死病，是上帝對人類的懲罰。於是，有許多人相信可以用超自然力量使疾病痊癒。在那個時代背景下，提倡實證主義旨在排除盲目的迷信，鼓勵人們以實際的觀察與經驗去從事科學的研究，有系統地建立知識。實證主義的研究者期望以理性的查證，而非靠憑空想像的論述，來作爲知識建立的基礎。

早期實證主義的英文是Empiricism（譯爲經驗主義），原指的是以客觀的經驗爲主，去從事科學研究，而觀察與測量則是主要的研究方式。到1920年，維也納的學者漸漸發展出邏輯實證學派（Logical Positivism）。這時 Empiricism 已漸被改稱成 Positivism。雖然在運用中文時我們仍慣用「實證主義」。

這種以「實」際驗「證」的方法，在十七世紀時漸漸演變成爲對「測量」的狂

熱。雖然當時沒有電腦作為工具，但研究者仍可以憑著數學計算，把觀察到的結果儘量準確地衡量出來。就如當時的科學家伽利略的名言：「我們要想辦法測量那些可以測量的東西，至於那些無法測量的，也要想辦法加以測量。」這個測量的觀念一直延續至今，便成為實證主義研究者所奉行的圭臬。

實證主義的研究必須符合兩大規則。其一，研究者必須針對可以被測量之物，或社會現象，進行直接觀察與客觀的測量。例如「神明」這個觀念是無法被「直接觀察」也無法被「客觀測量」的，所以「神明」這件事無法被研究。任何無法被直接觀察與客觀測量的研究，就不能稱為「科學」，也因此就不值得被研究。

在實證主義的哲學觀中，萬事萬物都有規律。自然科學或社會科學的問題，都應該能以數學或因果邏輯的方式去呈現與測量，研究者應抱著超脫物外之心去觀察這些事物，不可以親身「參與」，以免汙染現場的證據。實證主義認為，不能被觀察的現象就不應該受到研究者關心，因為那是不科學的。唯有可被客觀測量與試驗的定律才算是真科學。對實證主義而言，能被直接觀察及測量，能以邏輯或數學公式呈現而被驗證無誤的知識，才算是「真」的知識。

在此哲學觀下，知識的產生必須透過建立假說，然後檢驗這些假說以便建立法則，並確定這些法則的通用性，這是實證主義的認識論。檢驗的方法常以統計方法進行，這是方法論。所以我們可以體會到，實證主義與「量化研究」並不一定等同：就像「質性研究」不一定等同詮釋主義。需注意，採用這種思維去做案例研究，雖然用的是質性的資料，但也是實證主義，而不是詮釋主義。實證學派的研究方法是先設定因果假設，想辦法證明如此的因果是存在的。不過，這種線性式邏輯不見得完全正確。在社會情境中，問題很難簡約為前因與後果的變數，因果關聯（correlation）也不代表因果關係（causation）。

實證主義在內涵上有些許的變化。不變的是測量與觀察的精神，改變的是研

究者開始強調如何將「定律」以邏輯的方式呈現。例如，因果關係便是一種定律：如果 X 值愈大，則Y值傾向愈大。當研究者先將所要觀察的問題以因果關聯（correlation）公式呈現出來，再設法驗證這些公式。實證主義有兩件任務：其一，透過測量與統計，驗證哪些因果公式是正確的（True / Positive），哪些因果公式是有問題的（False / Negative）。其二，他們必須將研究方法標準化，讓其他研究者可以依樣畫葫蘆，照做一遍後也能得出同樣的結果，以便驗證此研究的可信度。若一百位研究者都照做一遍之後，研究結果仍相同，我們就有信心說這個研究是可靠的。

這就是後來研究者將實證主義稱之為 Positivism 的原因，因為這樣的研究大多在逐一證明每一條因果公式是否為「對」（Positive）的。實證主義認為，如果研究者用很多資料去驗證一項定律，結果是Positive，那麼這項定律應該就是「真理」。

這個原理由反面來看，就是「批判理性主義」，兩者是雙胞胎兄弟，其基本假設與實證主義相同。批判理性主義是以卡爾·帕普（Karl Popper）為主所發展出的一個學派，比較不常用。這個主義強調的不是去驗證因果定律是否為「真」（即 verifications），而在確定某一因果定律是否已經無法被驗證為「誤」（即否證，falsification或refutation）。意思是，當研究者已上窮碧落下黃泉地尋遍各種方法，再也不能證明某一因果定律是錯誤的時候，那就有信心認定此因果定律為真。

詮釋主義不能證明的，要說明

另一個主流學派是詮釋主義，源自對基督教《聖經》的訓詁之學，它原來是一門針對宗教經典進行核對與詮釋的學問，英文又稱為 Hermeneutics。早期的聖經因為歷經不同傳教士的翻譯，加上各代君主為鞏固個人勢力，而將原典之意篡改得面

目全非。因此，後代傳教士透過史學與訓詁的方法，重新去「詮釋」聖經，以還原典的意義。由於每位傳教士詮釋的方式各有不同，詮釋的結果也就五花八門。

詮釋學後來被廣泛地運用於社會科學，例如以民族圖誌學（ethnography）研究原住民生活與文化。研究者利用故事情節讓社會現象縮影重現，使沒有去過原始部落的讀者也能知道該部落生活的狀態，像是在寫傳記。不過，民族圖誌學這種方法比較偏重描述與解釋，但是詮釋的成分比較少。詮釋學強調以「故事」捕捉現象的原貌，以使其中人的感受與經驗重現，讀者從而體會到現象的真實情境。

詮釋學派認為世上沒有絕對的客觀與理性，真相多是經過人群主觀互動而產生的結果。人一生下來就被許多主觀的觀念影響，與其驗證那些理性的定律，不如深入人的內心，去描述他們所經驗的問題與行為。例如，愛與恨等觀念是無法被客觀地測量。這些難以量化的概念，是社會科學的專長。詮釋主義的本體論就是建立在這種主觀的體會上。

什麼是「真」的？對詮釋主義而言，「真相」是從人與人之間的互動中建構出來的，只能由人際間傳達的意涵來尋找。例如，科技失敗可能不只是因導入方法有問題，而是和使用者對科技的「恐懼感」有關[6]。不去理解恐懼之由來，就不可能得知科技失敗的真正原因。詮釋主義的認識論是，知識建立在人與人互動的社會化過程中，研究者必須深入人們的生活和作息，了解人們明的或暗的語氣，並且體會人們的憎恨、不滿、妒嫉、羨慕、背叛、欺騙、掩飾等行為。深入了解人，才能產生真正的知識。

詮釋主義所談的「經驗」與實證主義所提倡的「經驗」是不同的。實證主義強調的經驗是指以客觀的立場來分析現象。研究者是觀眾，是不可以跳下去演戲的，不可以參與所觀察的現象之中，以免破壞現象。然而，對詮釋主義而言，真相是幽渺地藏於人們的心靈中。詮釋主義所指的「經驗」，是強調研究者要透過參與，而

不只是當一個觀衆，去深刻描述出人們的經驗，讓眞相浮現。

也因此，詮釋主義常用的方法論是個案研究法，以細膩的手法去記錄事情的本質與情節的脈絡。有人稱這種作法爲深厚記述法（thick description），流行的話語稱之爲「厚數據」，因爲一個研究做下來可能要收集上百份文件，寫下數十本研究日記，整理出上百份採訪稿。寫出的初步報告通常是厚厚的一疊，方能記載現象的精粹[7]。

詮釋主義的質性研究也隱含挑戰。首先，記錄被研究者的主觀經驗就很不容易。被研究者往往不易將事情眞相全盤托出，有時更基於各種因素必須有意無意地說點謊。研究者若無福爾摩斯偵探般的精神，往往只能觀察到現象的皮毛，而很難窺出其中之奧妙。其次，這種研究往往曠日費時，若無恆心毅力實在很難持之以恆。一旦想投機取巧而草率完成研究結果，往往只是暴露自己的無知。

再者，有時研究者自我主觀意識太強，反而讓自己看不見現象中呈現的問題，而只看自己想看到的問題。初學者往往收集一大堆資料，採訪一大堆人後，發現寫出的論文和雜誌報導差不多。研究者容易罹患「資料厭食症」，面對一堆資料，看了就想吐，又必須不斷收集資料，然而資料愈多就愈不知由何下手。最後，研究者必須常親身參與社會現象，體會被研究者的心情與苦處，但也往往因爲太了解現象而被同化[8]。於是，研究者由觀察者變成同情者，原本應以同理心去觀察，卻被同化，失去研究者應具備的批判性。研究者也可能因懂太多之後，而說不出來、寫不出來，最後成爲「此中有眞意，欲辯已忘言」。這也是質性研究者可能經歷的夢魘。

非主流學派

另外還有三個非主流的門派：眞實主義、批判主義與結構融合主義。這三個哲學觀並不相互排斥。

非主流一：眞實主義

眞實主義和政治學的現實主義是不同的。眞實主義中一個重要觀念是「底層結構」，但與結構融合主義的「結構」又大異其趣，等一下再說明。眞實主義是英國牛津學者羅以・巴斯卡（Roy Bhaskar）整理出的構想[9]。他認爲，社會現象是由一連串的事件所組成，事件與事件之間雖有關聯，但其因果關係可分爲三個層次的領域：經驗領域（domain of empirical）、眞確領域（domain of actual）、眞實領域（domain of real）。

在第一個層次中，研究者看到一連串事件，稱爲經驗領域。這一層面中看到的是表象，不是眞相。例如，常有人說新加坡只有一季而已，因爲四季如夏。新加坡氣候一直很熱這項觀察，便是經驗領域。或是，兒子的相貌長得與父親很像；相貌相仿是我們觀察到在經驗領域的表象。如果我們要探索爲什麼新加坡四季都很熱，爲何父子相貌相仿，研究者便需進入第二層面：眞確領域。

眞確領域是表象所呈現的樣貌（pattern）。新加坡四季都很熱，背後的原因是位於赤道，所以四季都很炎熱；但別的地區可能四季如冬，像北極；或是四季分明，像日本；這是季節的脈絡。此外，由父子相貌相仿我們可以發現「虎父無犬子」、「龍生龍、鳳生鳳」這樣的血緣脈絡。當我們觀察到季節與血緣的脈絡時，便進入到眞確領域。

但進入眞確領域仍不是眞相。眞實主義者認爲，眞相隱於第三層面的眞實領域之中。知識必須在此眞實領域中建立，方可成爲眞科學。在眞實領域中，要透過脈

絡進一步找到底層機制（underlying mechanism）。例如，要了解地球上為何有四季，就必須了解地球、月球與太陽之間的運轉結構，這是新加坡氣候為什麼很熱，為何地球產生四季的底層機制。

此外，追問為什麼父子的長相習性會相近，就必須透過人類的基因來分析。所以，基因結構就是「虎父無犬子」現象的底層機制。找出底層機制，才算是進入真實領域。同理，要了解為何會有地震，就必須了解地球板塊擠壓碰撞的脈絡。要了解板塊為何會擠壓碰撞，就要理解地殼及地層移動的機制。

對真實主義來說，真相有三層因果關係。在第一層中，表相是事件本身，像是氣候好熱、虎父無犬子、地震。在第二層中，現象是樣貌，像是四季變化、血緣關係、地板移動等脈絡。但真相是隱藏在第三層中，必須找到事件與脈絡背後的底層機制，像是行星運行的結構、基因結構、地殼移動結構。在管理學中，真實主義的作品仍不多見，雖然這個哲學觀寓意深遠，值得我們深思。

非主流二：結構融合主義

結構融合主義是另一個興起的哲學觀，但不可和結構主義（Structuralism）混為一談[10]。這個門派強調研究不可只是驗證變數，或觀察人的主觀經驗，更要分析人是如何與所處的「結構」互動，因而產生行動。結構之所以會與人融合，是因為知識是藉由人際之間，和人與結構之間的複雜互動而產生[11]。

例如，在亞洲要導入電子商務不僅是科技與人的問題，更是與環境面的結構性限制有密切關係。以印度為例，新德里的基礎建設不齊全，電力一日斷三次，小都市更普遍缺電。這些硬體的基礎「結構」影響電子商務的運行。此外，印度政府稅務之複雜更令人頭痛，稅率每二至三個月一小調整，每年又一大調整。各州稅法不同，每一筆生意總要被各地政府抽上好幾次稅。這些隱形的「結構」也間接影響著企業主的思路，使他們對導入電子商務卻步不前。導入後就要使交易資訊公開化，

更不易節稅。在此情況下，要研究此導入問題，就不能不去了解人與結構的互動，否則真相就難以大白。

非主流三：批判主義

批判主義的宗旨是審視我們所身處的環境中，是否有無形的意識型態宰制。這樣說很籠統，讓我們來看一個例子。有一部電影叫做《駭客任務》（*Matrix*），主角是基諾・李維，穿著全黑套裝，後仰躲子彈的帥勁更成為經典動作。這部片子談的是未來的地球已被機器人占領。為了不讓地球人反叛，機器人建立一個超大型電腦系統叫Matrix，將人類放到培育器，從出生到死亡都關在培育器中。人的腦袋被連線到Matrix電腦中的虛擬實境。

在此電腦虛擬的社會中，人無法意識到自己的軀體事實上是被關起來的。人們在電腦虛境中一樣如往常地生活著，一樣上學、上班、結婚、生小孩。人類也可以犯罪作亂，只是這一切都只是「虛擬」的。就算人類知道被控制也沒有用，因為任何反抗都只能在腦袋中化作電子訊號進行。由於人類經過數代都是如此虛擬地生活著，慢慢的就沒有人質疑自己的生活模式，大家反而習慣了。當一群碩果僅存的「真人類」嘗試進入 Matrix 電腦系統中去拯救同胞時，反被譏笑為異想天開的瘋子。

對批判主義而言，科學首要任務就是揭露各種無形的操縱，設法擺脫社會中各樣 Matrix 的宰制。批判主義要描述出無形的控制，如文化的制約、政治的控制，讓人開悟。喬治・歐威爾的小說《一九八四》，所描述的就是這樣的世界。整個社會是由一個看不見的老大哥（Big Brother）主宰。他透過媒體控制每個人的思想，不讓人民看到在「好」與「不好」之外還有邪惡的觀念，因為這些觀念可能會讓被統治的人們突然開悟而群起反抗。對批判主義的研究者而言，研究的目的是讓人們看到看不見的控制。

　　批判主義的最大挑戰就是研究者本身。研究者若觀察力不夠敏銳，筆力不夠鋒利，那作品只能隔靴搔癢。通常研究者自己也是社會中的一員，也是身處 Matrix 中的心靈囚犯。自己要如何開悟都有問題，更遑論去分析控制背後的思想因牢。就算研究者寫出如此的作品，恐怕也不一定能爲他人所接受。

派系風雲

　　質性與量化方法可以並用嗎？這個問題有兩種回答。第一種是：當然可以。你可以像艾教授一樣，以多個案例來建立假說[12]。例如，她調查三種金融機構如何投資新創事業，創投公司擅長於幫新創公司強化專利與商品化。相對的，企業創投與政府單位雖然致力於輔導新創事業，但機構本身的僵固性卻阻礙投資方的資源流動到新創事業。雖有「富爸爸」支持，新創事業卻因「富爸爸」反而使產品創新停滯不前。運用量化與質性資料，這篇論文探索投資方的機構邏輯如何影響新創事業的創新方向。

　　第二種回答是：可能很難。因爲這其中牽涉到兩種學派的信仰：對「眞實」的認知，對因果關係的假設，對嚴謹的定義以及對研究成果的期待。這無所謂對錯。也許眞的有人可以自由遊走於兩個學派之間。但試想若是基督徒想混入清眞寺，或是回教徒想混入天主教堂，那會有多困難。不過，像艾教授在少林寺（實證學派）開設武當辦事處（打著質性研究的招牌），就很受歡迎。可是，艾教授想在武當山（詮釋學派）開設少林辦事處（以質性來進行實證研究），可就難以被武當派所接受了。

　　哲學觀就如同太陽眼鏡，戴上紅色的眼鏡，你看到的事物都將是紅色的。戴上黑色眼鏡，所見之物則都成了黑的。不同顏色的眼鏡可以提供不同的角度來觀察問題；壞處則是，這些獨特角度也可能誤導研究者而產生偏見。哲學觀原是前人發展

出的智慧，期待提供研究者以更寬廣的視野去分析問題。遺憾的是，許多研究者並不理解各家學說之異，現代研究者往往只接受某一種哲學觀的訓練，例如多數博士生只會做統計驗證，也因此容易排斥其他學派。

管理學界可說就是一場「學術紙牌屋」影集[13]。這段儒林外史，是我在新加坡大學任教時，一位紐約大學來的訪問教授史蒂芬・梅吉雅思（Stephen Mezias）與我們分享的。他是位組織歷史學家，著名作品之一是《盲目的信任》（*Blind Trust*），由美國電影史來分析競爭動態[14]。我找了文獻，也問了不少人，真實性難以證實，但他的說法頗有啟發性，倒是可當作口述歷史參考。

話說第二次世界大戰由 1939 年開始，到 1945 年結束。管理學會（Academy of Management，簡稱 AOM）成立於 1936 年，至今大約八十年光陰，全球共有兩萬位會員，遍布 115 個國家。這兩件事有何關聯？

原來，早期的美國學術界是由資深教授所「統治」，升遷憑年資。也因此，若是與資深教授沒處好，升遷難以通過。這種現象似乎全球皆然。二戰後，歐洲的科學家必須另謀出路，很自然來到美國這片自由國土來發展。這些科學家擅長數學與工程，最好謀職之處是大學。發展一陣子後，大家很容易就發現，商學院薪資比較高。科學家就湧進管理學院，希望謀個好生計。

但是，新派與資深教授磨合不易，處處受制，談判不成只好另謀出路。科學家於是建立另一套升遷系統來對抗資深教授，就是發表。升遷不求人，以發表的優劣見真章。所以，開始成立學術期刊，這些科學家自然也就以自己專長的數理統計為基礎，寫出驗證變數的文章。科學家原本就接受實證主義訓練，直接轉移這套作法，人之常情。

結果，這些新派學者日益茁壯，就是現在占領管理學會的資深大老。管理學會原本只是學者聚會交流的學術團體，漸漸變成期刊發表的戰場。學術期刊的興起，

升遷遊戲規則改變，連學校排名都跟著改變。之後，管理學院留美的學生也都跟著信仰實證主義。不明就裡的亞洲各國，跟著以發表作為評量指標。幾乎，發表量成為學術唯一的評量指標。

有趣的是，由百家爭鳴後，卻一派獨大。怎麼說？表 5-1 列出管理學會的主要門派。管理學會總共 25 個門派，小的門派約有 600 人，但是扣掉交叉入派的人數，其實可能核心成員 300 人不到。最大派看起來是組織行為（OB: Organization Behavior），將近 6,000 人，以及商業政策與策略（BPS: Business Policy and Strategy），約有 4,800 人。表 5-1 列出 BPS 分布其他門派的人數。看起來，管理學會似乎就是策略與組織這兩派為領袖。

但，其實不是。真正一黨獨大的門派是實證主義。因為不管是哪一學科，多數學者都是以實證主義作為主要研究方法，甚至威脅資淺教授也要奉行實證主義。會做質性研究是詮釋學派、真實主義、批判學派等，但在發表導向的現實環境中，多數人為了養家糊口，做發表快一點的量化研究，於是當然加入實證主義學派，比較能快一點「回收成本」。所以，這裡有兩種門派。一種門派是以專業主題分類的學術社群；另一種是以研究取向分類的隱形學術社群。在 AOM，各門派中會做「真正」質性研究的學者是隱身於專業門派之中。

例如，組織溝通與資訊系統（OCIS: Organizational Communication and Information Systems）這一派看起來雖小，卻是許多質性研究學者的棲息地，一直由大家公認的教主汪達・歐里考斯基（Wanda Orlikowski）帶領著，試圖走出一條新路。她是麻省理工學院教授，文筆流利，和藹可親，頗有教宗的魅力[15]。還有，國際管理（International Management）是大派，可是質性研究學者寥寥可數，質性研究由美日法混血的瑪麗・布萊任（Mary Yoko Brannen）教授帶著幾位年輕教授奮戰[16]。

　　大約 2010 年才成立的「策略活動與實務」（SAP: Strategy Activites and Practices）人數雖少，只有約 600 位會員，其實是由各領域的質性學者整合起來成立的。檯面上是三位英國學者主導。分別是利物浦大學的茱莉雅・寶隆根（Julia Balogun）、安斯頓大學的寶拉・賈沙考斯基（Paula Jarzabkowski）以及牛津大學的理查・威丁頓（Richard Whittington）三位教授召集，爲質性研究者建立一個生存基地，希望在美國學術場子中能占有一席之地。不過，其實背後推手是脈絡學派的宗師安卓・佩迪谷（Andrew Pettigrew）。因爲這些學者都是我博班的同學、學長與老師，所以我就稍微爆料一點內幕。

　　佩迪谷是少數在美國策略界吃得開的教授，典型的英國高層人士，操著一口皇室英文腔調，原來是學社會學、人類學專業。他前後在耶魯大學、哈佛大學、倫敦商學院任教，後來被挖角，坐鎮於華威大學（Warwick University）教授，開拓了脈絡學派（以質性研究專門研究各種變革的脈絡）；後來轉去當任巴斯大學商學院院長；現在回到牛津大學安養天年，過著幸福快樂的日子。

　　他由人類學轉進商學院，自然就將質性研究方法帶進管理領域。1979 年就提倡以質性研究來分析組織文化議題[17]。他大概認爲詮釋主義、眞實主義、批判主義這類名詞聽起來太過於艱澀，所以統合而取名爲脈絡主義（contextualism）。脈絡在語言學的意思原本是叫「語境學」，也就是理解語言所呈現的意義，必須看這個字所運用的情境。後來，脈絡主義廣義被擴大爲分析一個主題的內涵、流程與情境（content, process and context）。「內涵」就是分析組織成員做什麼；「流程」就是看事情發生的經過；「情境」就是事件與整個系統的關係，及當下的狀況[18]。

　　將脈絡的觀念轉移管理學，就太好用了。若是分析變革，就要分析組織變革的內涵、流程與情境。若是研究科技創新，就分析創新的內涵、流程與情境。若是要分析企業策略，就分析策略的內涵、流程與情境。佩迪谷深具遠見，他由 1996 年

表 5-1　以美國爲主的管理學會各門派

名稱	說明	研究宗旨	會員數
Organization Behavior	組織行爲	組織層面的權勢、政治、信任、公正議題；組織網絡、社會交換理論、領導統御、工作設計等	5,974 （342）
Busines Policy and Strategy	商業政策與策略	策略規劃、決策與執行、多角化、資源配置、組合策略、競爭策略、經理人行爲、高階管理團隊等	4,749
Organization and Management Theory	組織與管理理論	組織作爲、策略選擇、資源依賴理論、組織生態學、機構理論、批判主義等	3,875 （1,301）
Human Resource Management	人力資源管理	人資管理與策略、組織與績效之對準；人資的取得、發展與維護；僱傭關係等	3,364 （222）
Entrepreneurship	創業精神	創業家的角色、行動、資源取得、機會辨識、新經濟活動、創業家的挑戰等	2,967 （1,174）
Technology and Innovation Management	科技創新管理	跨領域創新、研發過程、電子商務、創新擴散、科技發展軌跡、智慧財產管理、科技預測與政策、科技對組織的衝擊等	2,600 （1,059）
International Management	國際管理	跨文化管理、多國策略、國際競爭力、跨國管理比較等	2,460 （1,038）
Research Methods	研究方法	科學哲學、質性與量化方法、認識論、民族圖誌學、統計方法、行動研究等	2,249 （388）
Organization Development and Change	組織發展與變革	變革過程、不同型態的變革、轉型領導、員工變革調適、不同變革作法等	2,128 （260）
Management Education and Development	管理教育與發展	管理教育之研發、經理人教育、新型態的管理教育等	1,735 （257）

名稱	說明	研究宗旨	會員數
Social Issues in Management	管理的社會議題	組織倫理、關係人理論、企業慈善、社會責任、組織治理等	1,633 (385)
Managerial and Organization Cognition	管理與組織認知	社會建構、文化與認知、心智模式的呈現、決策理論、直覺式決策、組織識別與形象等	1,171 (254)
Gender and Diversity in Organization	組織中之性別與多元化	種族階級與性別之機構體系、社會族群管理問題、宗教文化議題、社會平等的結構性障礙、多元化員工的管理等	1,239 (85)
Management Consulting	管理顧問	資訊科技策略、諮詢過程、顧問之倫理議題、輔導變革、行銷顧問、顧問的角色等	1,121 (229)
Organizational Communication and Information Systems	組織溝通與資訊系統	資訊科技的溝通議題、溝通網絡、資訊科技政策、虛擬組織、資訊科技與變革、電子市集、知識工作者等	779 (96)
Strategy Activities and Practices	策略活動與實務	策略家工作實務、中階經理人或顧問的活動、策略形成、策略之微觀脈絡等	597 (255)

備註：2017年資料，括號中的人數是指與「商業政策與策略」門派的交叉會員數。例如，「策略活動與實務」這個門派會員有597人，但其中255人也加入「商業政策與策略」門派（本研究整理）。

就開始布局，到美國學術圈兩大社群——管理學會與策略管理學會（Strategic Management Society），去銷售脈絡的觀念。他提出，除了看策略的各種變數外，若是加上分析脈絡，會讓策略管理研究更爲周詳。這種說法不挑戰主流，而是順著主流走，也很受歡迎，雖然佩教授當時還是沒有艾教授受歡迎[19]。

脈絡學派的逆襲於是展開。一開始，先提倡研究策略先要由策略家（strategist）著手。說的也是，哪有人研究工具卻不研究工匠呢？於是，有人提議要分析策略家想什麼，也就是策略家的心智活動[20]。進一步，也有人建議要分析策略家做什麼，也就是策略家的工作實務[21]。脈絡學派創造出兩個有趣的名詞：策略既實務（Strategy-as-Practice）以及策略作爲（strategizing）。策略既實務，簡稱SAP，要大家分析各種策略家研擬策略的內涵或是過程。策略作爲則是鼓勵學者去分析策略規劃有哪些例規、有哪些招式[22]，也就是策略家到底在做什麼。後來，大概覺得「策略既實務」不順口又不易懂，2016年改名爲「策略活動與實務」（還是SAP: Strategy Activities and Practices）。

除了經營美國學術界，其他質性研究學者更成立歐洲組織研究學會（EGOS: European Group of Organization Studies）。這個社群沒有分門派，大多都是質性研究，量化研究進來這個會議會覺得格格不入。因爲質性研究圈子很小，很難再去分門派，所以就百家爭鳴。各種主題或門派都歡迎，只要是原創性作品即可。

談了這麼多學術門派與儒林外史，我們可以學到什麼？我認爲，至少有三點啓發。

之一，了解不同流派，會有更多的參考點。我們會知道要選擇什麼樣的研究風格，來分析所感興趣的問題。我們可以隨緣選擇自己喜歡的流派。無論你選擇哪一個派別，你都是有「選擇」的。工欲善其事，必先利其器。但器若要利，則必先思其源。理解各種哲學觀，就能了解本體論、認識論、方法論如何有效銜接一起，更

加審慎地選擇要運用哪一種研究取向。

之二，設法讓自己的研究更有意義。依我私人淺見，其實不見得每位大學教授都一定要衝發表來「做研究」。大學中的研究有許多樣貌。教授可以開發最新的課程，像是「平台商業模式」漸漸興起，可以研究如何發展這套課程；或運用新的教學方法，像是以行動研究法（action research methods）融入實作教學之中[23]。教授可以開發新案例，讓企業最新的觀念與實務帶入課堂，或反之將最新的觀念帶進企業。這些都需要研究。不管是哪一種方式，量化研究或質性研究，理論研究或實務研究，最要緊的是，身為學者，我們所研究的主題要能務實，而不是無病呻吟。

彼得・杜拉克（Peter Druker）是管理界的大師，他反對學術界「衝發表」的文化，過世前在媒體發表一段發人深省的話。他說[24]：

> 「一眼望過去，大學裡面一堆教授們都在混，實在令人驚訝。畢竟，管理學者應該是一群很聰明的專家，有充裕的時間去研究最重要的商業議題。理所當然，他們應該是最新管理觀念的創始者。但令人不解的是，他們竟然找MBA學生來做一大堆行為實驗，跑一大堆數據，可是卻很少花時間去跟職場裡面的實戰經理人請益……世界上最廢的事，就是把不應該做的事，做得非常有效率。」

之三，研習博碩士學位，是要啟蒙。我們會發現，學術界是知識的生產者，也是載體。各學派間本應相互扶持，孕育各種新觀念，產生更豐富的科學成果，而不是惡性的政治鬥爭，或文人相輕。更為嚴重是，不要以學術的外衣來自命權威，而藉此來制約他人的思想；甚至成為學術神棍。正如德國哲學家康德多年前就曾提醒我們，學術的根本精神是啟蒙。容我改編一下他的說法如下：

> 「人們常因為懶惰、懦弱，因此不願意自我思考，而寧可相信權威，想受到權威的保護。但身為研究生，就應該由自我制約之中解脫，不要受

　　權威所羈絆。研究生的責任就是表示意見，不可受權威所束縛，反而要
　　以建設性的精神挑戰權威。研究生要挑戰權威，方能啓蒙自我，也才可
　　以自由思考。當由權威的思想束縛中解脱出來，由宗教的思想限制中解
　　脱出來，由政治的思想宰制中解脱出來時，人方能啓蒙，產生眞正的知
　　識。但要小心，研究生未來成爲專家時，所表達的知識，也千萬不要成
　　爲限制他人思考的假權威。」

　　理解不同的「主義」，了解各家門派，更可以知道每個學派的優點以及各派方法論隱含的問題。知其利，知其弊，研究生學得實在，碩博士學位才拿得安穩，學術研究才做得踏實。有時，不是我們要知道什麼；而是我們「不能不知道什麼」。這樣才可以當個好的碩博士，而不會成爲烈士。再轉借一下康德的名言：讀博碩士的目的就是要學習開悟。心靈要開悟，我們就必須放棄機構所定義的眞理、正義與自由（因爲裡面充滿置入性的權威思想，不是眞理）；而必須要改成以理性去尋找眞理、正義與自由（因爲沒理性的眞理難以稱之爲眞理）[25]。

招式篇

Chapter 06

論文的起源：
內心緩而無形的成就
——Origins of Academic Thesis

我們在內心緩而無形的成就，將逐漸改變外在的具體眞實。

——普魯塔克，希臘歷史學家

許多人唸完博碩士學位，卻仍然不了解這個學位的內涵。多數人認為，研究所學位只是自我進修的管道，是生涯晉升的門票。很少有人會深究這個學位背後的意義。記得在英國研讀博士課程時，有學生在一門方法論課程中提出這個問題，請教任課老師：博士學位是如何演變出來的，又有什麼意義？這位英國教授著作等身，卻被問得啞口無言。他似乎認為，這樣基本的問題為何還需要問。博士學位不就是多學點知識，畢業後可以找個好工作嗎？

學位的起源

博碩士學位如何形成？歐洲人（或統稱西方人）是如何發展出博碩士學位？中華民族又是如何形成博碩士學位？兩個不同文化對博碩士各有什麼期望？這些問題好像沒人關心。考進研究所之後，多數學生只知道修課、實習、寫論文，卻對學位背後的歷史脈絡一無所知。我找了歷史文獻，問了一些前輩，拼湊出一個模糊的解讀，參見圖6-1。

	Bachelor	Master	Doctor / PhD
西方文明 將知識系統化，追求獨立創作	教堂時代，修道院的院士研讀經書，通各項知識。	專攻某項知識，熟能生巧，可以傳承學問。	專精某學門，可以創造知識，流於後人。歐美正名之，稱之PhD，後分科。ScD 為科學博士、DLitt 為文學博士、EdD 為教育學博士、MdD 為醫學博士、DBA 為商學博士。
東方文明 為統治者服務，述而少作	學士 起於周朝：讀書人、君子，學術，而非技術或藝術。	碩士 源於五代：品德高尚學問淵博之學者。	博士 始於戰國，秦官，通古今，皇帝資政、掌管文獻與編撰、傳授知識。通五經：易經、書經、詩經、禮經、春秋，帶著郎中（碩士）研讀。

圖 6-1　學位的起源

歐美文化的學位起源

先從歐洲傳統說起。碩博士起源於教堂，就以劍橋的教堂來說吧。修士在教堂的工作，就是禮拜上帝，修身養性。教堂中有許多宗教儀式，還有許多宗教相關知識，像是理解聖經中的涵義。時間一久，就會整理出分門別類的知識，像是如何準備蠟燭、擺設祭壇、維修燭台等技能。修士剛進來的時候，什麼都要學，所以樣樣要通，叫作通才（universalist），這個字後來就變成大學（university）；學生四年時間要廣泛涉獵，統統都會一點，由此找到自己希望深入的領域。學生稱爲學士（bachelor）。Bachelor英文原意是單身漢，因爲早期在教堂的修士是不能結婚的。以劍橋爲例，劍橋後來由修道院變成學院，修士轉爲老師。由1209年建校，一直到1846年劍橋老師才可以正大光明地娶老婆。

經過兩、三年，通才熟能生巧，開始對某一個科目精通，像是修士漸漸對蠟燭形成一套應用的作法，從儀式開始的應用，到結束後的維修，精通各項實務。這樣就被大家公認爲大師（master），也就是後來的「碩士」，指專精某種知識的達人，日本又稱爲職人。專於一科，也可以精於兩科，但還是碩士。

不過，能夠專精於一個科目，又能夠對該科目歸納出一套原則，能夠鉅細靡遺地描述現象，形成一套抽象的理論，整理出一套知識體系，可以更有效地傳授知識，大家就尊稱他爲博士（doctor）。Doctor原本是拉丁文的動詞，意思是教學。博士這個名稱其實有點誤導。所謂博學之士不是唸很多文獻，變成人腦百科全書，而是專精於一科，能推導出理論，進而可觸類旁通、舉一反三，還知道怎樣可以有效傳遞知識、啓發別人。

這套博碩士教育被制度化，據推測應該在劍橋以及牛津。原本都是教堂，後來漸漸變成學院，對外招生以取得財務支援。原本是內部的教育制度，變成對外授予學位的職業。各學院設計自己的徽章，有自己的畢業服裝，各顯本事以招收最好

的學生。學位正式制度化之後，就形成當代歐美教育的體系。有趣的是，原本歐洲是以蘇格拉底式思辯見長，詮釋型研究還算是主流，但到了美國，商學院卻全面地被實證主義所占領。質性研究竟然變成稗類，成為非主流，而且是不入流的旁門左道。這是令人遺憾的發展走向。

中華文化的學位起源

在中華文化的教育體系，基本上到18世紀之後就展開全面西化的進程，似乎忘記其實在自己文化中早有一套學術體系。在中國歷史，起於周朝，讀書人以研讀學術為主，而不是技術和藝術，稱之為學士，乃飽學之士。當皇帝要聊些文學，或思考點國家大事，就會召喚學士入宮討論，有點像是伴讀。「碩士」一詞則源自於五代，原指品德高尚、學問淵博的人。學士與碩士之間並無很直接的關係。

博士始於戰國時代的秦朝官位，職務是整理文獻與編撰經書。除了整理與傳授知識外，博士還要負責擔任皇帝的諮詢顧問。博士學位到漢代開始制度化，大約在西元前87年，漢武帝劉徹想要建立自己的文官班底，於是董仲舒就建議興建太學，找最好的師資，培育人才，以擴張自己的實力，對抗當時不配合的權貴勢力。除了太學，下面還設立專業學校，取名為鴻都門學、官邸學以及成均館。後來，韓國將成均館之名拿回去用，仿效中國成立太學。在漢武帝的時候，博士大約只有五十多人。過了80年後，到漢平帝，博士已經有數千人。

由於秦朝時學術制度比較亂，占夢、算命、卜卦的人也會自稱博士。董仲舒於是統一制度，唯有研讀易經、書經、詩經、禮經、春秋等五經才列入博士研究課程。在漢朝，博士生會分配助理跟著學習，稱之為「郎中」，類似學士、碩士一貫班。相對時期，希臘哲學家柏拉圖開設西方第一家學校，約在西元前387年，名稱就叫做Academy，這個詞後來廣泛被成為學會或學院。柏拉圖設計的博士課程著重於數理，像是幾何、數學、哲學與天文。孔子則約在西元前522年正式招生，但

沒有掛牌學院；那時他大約三十歲，博士班的設計主要是文學院類的課程，像是易經、禮經、書經、詩經及樂經，而且上課沒準備講義。好不容易弟子們才彙整成《論語》這樣一本書。孔子的個性與柏拉圖的師父蘇格拉底一樣；蘇格拉底是在約西元前450年非正式招生。課程只有哲學，都是現場討論課，練習思辯，課堂則在廣場前的噴泉旁。

如今，我們熟悉的是西方的畢業服，都是以修道院的衣服為藍本所設計的。比起來，漢朝的博士冕服要氣派多了。冕服上身是黑色，下身是紅色，代表潛龍勿用。衣袖上繡有龍鳳、日月星辰、風火山林、水草、米、斧等象徵符號。蔽膝上還有一條紅龍（在褲裙的前方）。可見當時對博士的期望是要上知天文、下知地理、文武雙全、仁民愛物。

這樣看起來，歐洲傳統下學術發展是在教堂，鼓勵獨立思考以及建立科學性知識。中華文明的學術發展是在殿堂，依附於皇家，核心工作是文典整理，比較像是高級圖書館員兼人腦Google，讓皇帝能夠隨時諮詢，而比較少獨立科學創作。到唐代，正式成立翰林院，博士成為文書官，協助皇帝起草詔書。學術的著作似乎多在民間，像是莊子，棄官後寫出《齊物論》；或是像是老子，隱居寫出《道德經》。官僚體系下，知識份子雖有文學創作，但是卻少建構理論。

演變到現代呢？現代的高等教育變成什麼樣子？是更好，還是更壞？

理想與現實

我們先以英國為例，來理解碩士與博士教育的設計。英國研究所修課與論文各占一半，不管你修讀幾個學分，是占總成績的50%。另外50%是論文成績。台灣的研究所大約修完48個學分，有的研究所則規定30個學分，是總成績。寫一篇論文進行口試答辯，是通過門檻，不占總成績，是另外計算。台灣碩士教育實際運行的

結果是，學生拚命修課而不是貫注於一項專業，深入而後廣涉。台灣碩士教育只是延長大學課堂式學習。老師講課，學生聽課，與實務脫節甚多。

幸好，台灣開始有許多新一代學者，努力推動實務與理論並重的教育。但學生的心態是一大挑戰，因為已經習慣聽課，對獨立學習的意願不高。此外，抱持「混個文憑出去找工作後再開始學習」的學生為數也不少。上課前會先預習，課堂中會認真討論，論文會扎實做的學生自然也不多見。多數碩士教育畢業出來，知識學得甚多，懂得卻甚少，能動手做的寥寥可數，這是台灣與大陸高等教育當前共同的挑戰。博士班由於發表制度過於氾濫，訓練過程也整個被扭曲。很多學校竟然要求博士班學生還在學習的階段，就要發表兩篇國際會議論文、一篇期刊論文，學生當然達不到，於是只好造假或者粗製濫造，成為教育的亂象。

不過，這樣的制度在現在已經逐漸變形。英國大學提高學費後，許多英國學生上不起大學，來上課的變成多是外國學生。過去，學生主要來自東南亞大英國協國家（新加坡、馬來西亞）與香港，後來變成大陸學生為主流。2016 年時，快速增加的是中東學生。近年來，英國大學開始走向盈利化目標，廣設各類碩士班。台灣管理學院一個學系研究所最多招收 15～30 人，英國一系所就開設五至七個課程，像是由 MBA 碩士到 MSc （Master of Science） in Marketing、MSc in Creative Industry、MSc in Public Relationship、MSc in Innovation Management等，看似以市場需求提供課程，實際卻是令人擔心似乎逐漸演變成大班制的「學店」。現在，與美國類似，在許多課程，上課時已經很難看到英國人或歐洲人，大多是東方人，有時一整班都是華人，一半以上是大陸或中東學生。

英國商學院也開始學美國走「發表量產」模式後，教學品質已逐漸下降。又加上大班教學，工作量大，備課品質也大不如前。一門課集中一週上完，學生累、老師也累。知識過載吸收的結果，學生的學習過程變得囫圇吞棗。偶爾會安排出去企業參訪，因為時間籌備不夠，大多變成走馬看花。每一門學科沒有時間吸收消化，

更不用說要學生練習歸納與推理。上課都是「外國人」，英文不夠好，也很難討論得起來。會講英文，不見得代表對學科有深入的了解。

　　論文創作過程更是變得粗糙。英國老師為了省麻煩，叫這些外國學生做一些文獻整理，就變成一篇論文，有些學校甚至連口試都免了。2016年走一趟英國，發現許多碩士課程的教學品質已經大不如前，不管是教學上，或是論文指導上。2020年的時候，有些英國大學只要求學生寫6,000字的論文，失去對品質控管的嚴謹精神，令人感到遺憾。

　　理想上，英國碩士教育制度是期望學生能夠透過論文研究來貫穿所學，進而對專攻的主題有深刻的理解。論文成績占50%，其他各科成績總計占50%。這個制度的目標是讓學生專注在論文研究，了解研究方法論，進而觸類旁通，未來能夠掌握其他的研究問題。學生修課的目的是由每個學科學習寫案例、寫小論文，去練習歸納與推理的思辯技巧。聚焦到論文研究後，演化成為辯證的思考能力。最好完成的論文還可以到國際學術會議發表，參見圖6-2。但是，這樣的制度在台灣的可行性不高，因為這樣牽涉到老師的論文指導意願。

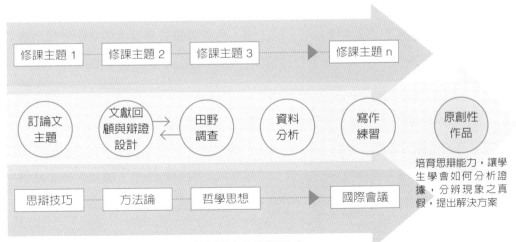

圖 6-2　英國碩士的培育模式

理想上，博士學位的培育制度不應該過於貪心，什麼方法論都要學。其實，在四年的時間中能夠精通一種研究方法，能夠接觸這樣的方法去建構知識，已經是不容易。如果我們將研究方法大分為兩類：量化研究方法以及質性研究方法，不管選的主題是什麼，在博士學位訓練一開始的時候就可以分流。千萬不要奢望兩種方法同時都要學會，畢竟有些學生強於數字的操作，有些學生則是熟於文字的敘述。

分流以後，在第一年，博士生就可以根據研究的主題，學習量化或者是質性的方法論。如果選擇量化研究，就要專心打好統計基礎，了解各種量化研究方法的操作；如果選擇質性研究，就要專心於基本功，每天鍛煉歸納、推理、辯證，並且學習各種質性研究方法的技巧。在這個過程中，就要開始思考論文發展的方向，與指導老師討論要參與哪些專業社群，這樣也就決定要參與哪一個學術會議。在第二年到第三年之間，就可以專攻所選定的主題，不要嘗試廣泛地閱讀，而是要深入地探索。雖然會修課，有些是跟主題有關的，有些是共同的科目，可是博士生的重點並不只是上課，而是透過課程的學習與老師與同儕互動，對於論文主題進行深入的探索。

如此持續四年間，都不斷地在思考論文的原創性。就量化研究而言，一開始的提案會先聚焦於論文的前三章，完整的論文才會把六個章節全部組合起來。可是，就質性研究而言，這樣做並不全然正確，而是需整體考量六個章節，寫出論文提案，然後在不同的階段逐步發展論文，讓原創性的概念愈來愈成熟（參見圖 6-3）。

雖然當前的教育，不管是在國內或在國外，都面臨極大挑戰。學術界漸漸失去嚴謹求真的精神，博學、審問、慎思、明辨、篤行的傳統也漸漸不復再。只能期待更多新一代學者投入高等教育的創新。理解碩博士教育的理想，雖然不一定能做到，卻可以明瞭什麼盡量不要去做，並且有了向前邁進的目標。

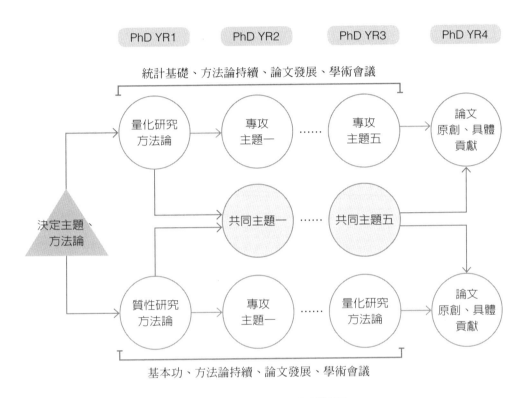

圖 6-3　博士學位的學習地圖

完成論文的五步驟

　　要如何準備一份碩（博）士論文？其實，多數學生對論文研究的過程是一知半解，即使是待畢業之時仍是。條條大路通羅馬，論文進行的方式有很多種，但在此提供一個融入英式（台灣在地化版本）的論文進行流程供大家參考，參見圖6-4。

　　步驟一：產生疑惑，建立研究問題。研究開始於疑惑，先提出研究問題，然後透過主題選擇論文指導老師，或透過指導老師選擇主題。決定論文主題時，大多數EMBA研究生都會挑跟自己企業相關的主題，也有人喜歡跨界去做一些陌生的主

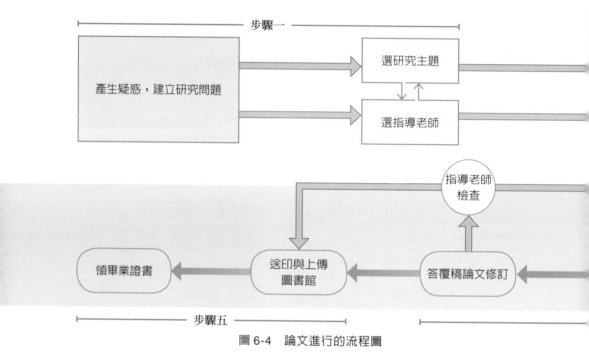

圖 6-4   論文進行的流程圖

題。主題的設計通常會牽涉到三個議題。首先,你要選定主題的背景。你可以選擇電子業、機械業、汽車業、製藥業或服務業。但是,你對所選擇的產業熟悉嗎?你大概需要多少時間才可以弄懂這個產業呢?例如,如果你熟悉媒體業,那麼你可能很快就可以點出,必須要由內容、載體、商業模式下手去分析。如果你不在這個產業,那你可能就要多花一點時間才會了解。

其次,你要確定研究主題背後的專業。在科技管理的領域,涵蓋創意、創新、創業等主題,也涵蓋文創、科創、資創三個專業領域。因此,你可能不會選擇財務相關的主題,也可能不會研究廣泛的策略或行銷等主題,因為那些跟科技管理沒有直接的關係。在科技管理領域的主題很多,由開放式創新、設計思考、使用者行為、科技意會、破壞式創新、劣勢創新、研發管理等都是。論文主題通常在找到指

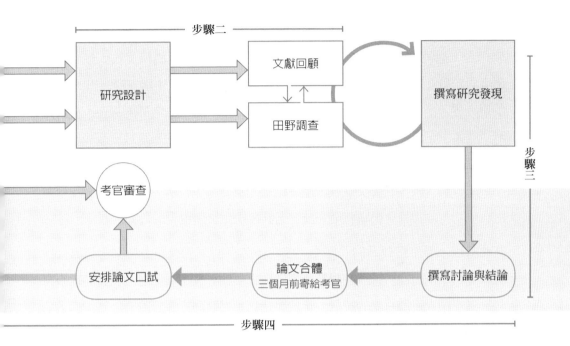

導老師後一起規劃，問題應該不大。

　　然後，就是選擇研究方法。你可以選擇用單一個案做深入的分析，也可以用跨案分析。你可以用採訪的方式，也可以用焦點團體或則用實地觀察來收集資料。論文進行之後，一定會不斷地調整主題。你無須訝異，更無須歡喜。一般研究生因為缺乏工作經驗，所以可能會透過上課尋找喜歡的主題；或是找到合適的老師，然後挑選論文主題。主題牽涉專業，所以就決定可能選哪位老師。

　　可是，有些老師雖是領域專家，但運用的方法論卻不一定是與學生旨趣相投。例如：有些學生善於案例研究，可是老師只會量化統計，這就會有契合問題。有時，決定主題之後自然就知道要找哪位老師；或者，決定老師之後就會知道主題如何配合老師專長設定。不過也要注意，老師與學生之間會有配對的契合度問題，這

不只是主題或研究方法的問題,而是個性的問題。平凡的學生找到平凡的老師,要求也很平凡,通常會皆大歡喜,雖然結果也會很平凡。積極的學生找到積極的老師,兩者對於研究都熱忱地投入,就會產生相見恨晚的感覺,相互感恩,也培養出優秀的研究生。平凡的學生去找積極的老師指導論文,會造成老師的失望,覺得好像踩到了「雷」,自己好像被騙。當然,有一種可能是平凡的學生被調教成超凡的學生,讓積極的老師覺得很有成就感。最後,當積極的學生找到平凡的老師,就會覺得老師的步調太慢,在論文進展上產生沮喪,感覺遇人不淑。所以,契合度很重要,配對成功,論文就會很順利地完成,老師與學生之間也會形成夥伴關係。

在此階段,學生常提到的問題是:要花多久時間來完成碩士論文?這因人而異,但可分為三類來談。第一,想把論文做細緻一點,甚至藉此思考新產品或新事業,也許會規劃一年期以上的時間,以便能多花一點時間在田野調查上。第二,如果想學習方法論,又不想讓自己太忙碌,至少要預留八個月的時程(兩學期),讓自己的壓力不至於太大,但這樣的論文品質能達到基本水準就不錯了。第三,若只能短期投入者,建議至少給自己六個月,配合學期間的方法論課程來展開研究,而且不要同時修很多課程。但是,只花四個月(一學期)的學習效果通常不會很好,頂多勉強畢業。在台灣制度中,多數同學都會希望將口試安排在第二年的第二學期,大概六月的第三週和第四週(這是很理想的狀態),之後預備三到六個月來修改論文。這樣的安排不見得很適當,學習效果也會打折扣。

步驟二:選好主題,進入田野。決定主題與研究方法之後,就展開研究設計、文獻回顧以及田野調查。這時候學生與老師會共同討論出研究方法與分析架構,以便展開田野調查。同時,必須針對研究問題尋找相關文獻,分析過去相關的研究有哪些成果,又有哪些不足,有時找出理論缺口。在這個部分學生要針對主題進行聚焦性閱讀,不可以廣泛地瀏覽。將文獻分為正方與反方,分析雙方的問題點,便可以找出理論缺口。

　　一份碩士論文要訓練研究生的就是思辯能力，也就是培育學生的歸納、推理、思辯的能力。所以，平常研究生要學習針對主題，一篇篇地閱讀「核心」學術論文，不要唸很多，但要唸很精。練習將文章的精華歸納爲三個心得，是基本的訓練。參加一個專題講座，也要學習歸納三個心得。每次做完採訪，也歸納三個心得。把這些心得寫下來，會讓你的思路更縝密。推理能力也就與日俱增。

　　此外，心得寫多了，論文通常就會逐漸成形。論文應該是「有論點的文章」，而不是剪貼他人的話語，更不是說一些常識性的結論。平常練習把心得寫下來，慢慢地在寫論文的時候便可以自成一家之言，寫出令人驚嘆的亮點之作。

　　理解文獻有助於修正研究問題與分析架構，從而決定如何進行田野調查，選擇哪些公司作爲案例，選擇哪些人進行採訪，問哪些問題。學生會花大約8～16個月在田野。若是剛好是自己熟識企業，做起田野調查就容易多了，但是千萬要先取得主管同意，以免不小心觸及公司敏感議題。通常，企業「長遠、重要、但不急」的議題比較適合作爲論文研究。學生通常需要一邊進行田野調查，一邊閱讀文獻，才能了解所收集到資料可能做出的潛在貢獻。

　　步驟三：歸納研究發現、討論意涵、做出結論。收集到的資料，透過分析架構重新整理，嘗試將研究發現以嶄新的方式呈現。學生千萬不能夠用分析架構硬邦邦地套入研究發現，而是要運用分析架構來實驗與探索各種理解的方式。以創意的方式呈現研究發現之後，要提出觀念的啓發以及實務的意涵，解釋該案例如何提出新的觀念，也就是理論啓發，或稱爲學術貢獻。這個新觀念又如何會改變企業的策略或作法，就是提出實務的貢獻。在結論時，解釋這項研究可能帶給科學社群（也就是研究同樣主題的同儕）的洞見。

　　步驟四：論文合體、安排口試、論文修訂。將論文各章節整合在一起，最後再次修訂論文，特別要注意學術的格式，都是學生常忽略的地方。引述文獻的方

式是否錯誤，或參考文獻一節中忘記加入論文中所引述過的文獻。若是學生會使用 Endnotes 這類的文獻管理軟體，這類錯誤比較不會出現。論文初稿完成後，要讓指導老師有至少一個月的時間檢查一遍，論文送出去審查之前，需交由校方行政人員將論文上傳至 Turn-It-In 系統檢查，這是一套防範抄襲檢查系統，會對比之前發表過的論文，辨識出類似重複的內容。

通常，10% 以下是可以接受的，超過 20% 以上的重複率就必須要重新檢查，了解問題出在哪裡。有些學校讓學生自己上傳，去跑防範抄襲檢查系統，這是不對的，也將會缺乏合法性。許多學生發現重複率太高的時候，就會調整檢查的字串。一般是以 17 個字為一串進行重複性檢測，可是有的學生發現重複率太高，就調整成 50 個字串去檢查，重複率馬上就下降。這樣做的話形同作弊，是不鼓勵的。如果發現重複率太高，就必須要與指導老師討論，找出需要調整的地方。

決定委員後，在台灣通常碩士需要兩位口試委員，至少一位是校外。有時因為專業領域問題，兩位都邀請校外考官。博士口試則需要五位委員，若是有人臨時缺席，亦可湊足法定人數。相對於西方的教育機構，五位口試委員略嫌多了一點。理想上，學生至少要給考官三個月的時間審閱論文。不過，這往往與現實有所衝突，對學生來說論文研究往往不被視為主要學術任務，所以都會等到最後時刻，才倉促準備。老師又不忍心時，就會讓學生匆匆上場，草草結束。結果，論文常常在一個禮拜前才寄給考官，或是更嚴重在前兩天才寄給考官。幸好，台灣是個很有人情味的地方，所以考官都會看著老師的面子上盡量配合。在嚴謹的大學中，就比較不好講情面了。

口試過程中，學生簡報大約 40 分鐘，之後兩位考官就會展開口試。首先會針對論文內容、邏輯推理、分析架構等提出質疑，學生必須針對考官的問題逐一回答。這樣一來一往大約需要兩小時的口試時間，有時會長達四、五小時。最後，考

官針對論文作整體的評論，提出要修改的重點。之後，學生要根據考官的問題進行歸納，統整為七到十題，然後製作答覆稿，一問一答，說明在論文中是如何修正；有哪些問題可能無法進行大的變動，而又採取哪些權宜的作法。將修正後的論文以及答覆稿讓指導老師看過之後，一併寄給考官，若沒有意見，程序就算結束（答覆稿可參考本章附錄）。這個修訂步驟在台灣與大陸，多數是被省略掉了。

　　步驟五：上傳與送印，領畢業證書。這大概是最簡單的部分，將學校的行政程序走完，將論文上傳到圖書館，印刷五份紙本送交相關單位，然後就可以領到畢業證書。

學術倫理與著作權

　　最後，我們來探討學術倫理問題，這本來是學術界很基本的認知。然而，近年來台灣發生許多論文抄襲及舞弊事件，從教授到學生都禁不起誘惑，而想抄捷徑。有的被抓到，聲名狼藉；有的沒被發現，依然故我，機構也不去處理。也因此，許多學生的價值觀漸漸偏差，認為只要沒被抓到，抄襲舞弊一下「應該」沒有關係。學生找槍手代寫，代辦公司以新台幣十萬元（有的要價更高）幫忙代筆，甚至有教授私下收受賄絡，協助「代通過」論文。學術倫理已經逐漸被淡忘，這的確是令人遺憾的現象。所以，這裡我們需要進一步談一下這個議題。除了不能舞弊之外，學術倫理還包含資料的處理、著作權與發表的規範。

　　資料保密原則：學術倫理是研究者往往會忽略的議題。任何研究或多或少會牽涉到機密或敏感問題，當你收集到這些資料時，原則上你是被期望要保密的。你不經意的一句話，或不小心洩漏一份採訪稿，都可能會使某位成員丟掉工作，或使公司陷入政治鬥爭之中。即使公司主管私下要你透露員工都說了什麼，研究者也必須學會巧妙回避，不要辜負受訪者對你的信任。嚴重情況，公司會利用你的研究來借

刀殺人或排除異己。研究者最好就是採一概保密原則，所有的資訊的流通只限於你和受訪者之間。不要到 B 面前去說 A 說了什麼，也不要在採訪中隨意表達你的看法。這是身為研究者的專業倫理，切不可輕視之。

著作權爭議：研究團隊找助理時也要小心著作權爭議。一般大型研究計畫都會找助理協助整理資料。計畫主持人最好先訂下同意書或工作契約，以預防未來的爭議。特別，台灣教育部訂出一個常被誤解的法規，讓很多人以為，若是研究生或學習型助理（非契約型助理）參與研究計畫所撰寫的論文，著作權必須全屬學生。這是誤解的，因為詳細法規不是這樣認定的。

這是依教育部第五條第二項，「專科以上學校強化學生兼任助理學習與勞動權益保障處理原則」，認定學生於學習活動的相關研究成果所產生的著作權歸屬方式。學生在校期間所完成之報告或碩、博士學生所撰寫之論文，如指導教授僅為觀念指導，並未參與內容表達之撰寫，而係由學生自己撰寫報告或論文內容，依著作權法規定，學生為該報告或論文之著作人，並於論文完成時，即享有著作權，包括著作人格權及著作財產權。

不過，若學生的報告或論文進行中，指導教授不僅提供觀念指導，並參與研究設計與內容表達，且與學生共同完成報告或論文，而且創作難以分離使用，則認定為共同著作。學生及指導教授為報告或論文的共同著作人，共同享有著作權，包括著作財產權及著作人格權的行使，必須經學生及指導教授共同同意。進行質性研究時，正常狀況下其實指導教授往往投入比學生要多出很多，此時指導教授應為第一作者。助理往往只涉入收集資料，是不應該宣稱擁有著作權的，除非助理投入如研究生同等的努力，並且貢獻出原創觀念。

萬一，研究團隊遇到助理宣稱自己擁有著作權，而牽涉到法律爭議時，認定是否有著作權的方式可由三個方面思考。第一，參與理論設計的程度。在社會科學

中，特別是質性研究，理論設計是原創的核心。例如，如果一份論文的架構是源自於「使用者創新」理論，並以「如何轉換使用者不合理期望成為創新來源」作為設計主軸。那麼助理或學生應該是要參與過相關的理論設計。如果助理或學生連「使用者創新」創新理論都不懂，也不理解要分析使用者「高期望」的轉換過程，那麼就很難被認定擁有著作權。反之亦然，指導老師也應該熟悉此理論，設計相應的分析架構，而提出觀念上的貢獻，方能佐證擁有著作權。

第二，獨立收集資料的證據。雙方必須有參與資料收集的證據，像是設計受訪者問卷、表格內容以及其中的構念（也就是表格中的分析要素）。此外，雙方必須能舉證，有主導安排受訪者過程。會有一些助理認為，自己協助整理資料，所以資料整理出來就是屬於他的。這是不正確的認知。是誰主動安排受訪者而收集資料，根據誰的構想去收集，才可以決定資料的歸屬，而著作權必須是指原創性觀念的擁有者，是屬於分析資料後能得出洞見的人。

第三，資料收集與分析參與程度。專案中，往往不同階段會有不同的助理協助共同收集與分析資料，所以參與度也是評量是否擁有著作權的一項考量。不過，這並非只是到現場採訪。有時候，研究員設計好題目，讓助理去拜訪指定受訪者；助理雖然在田野的時間多，但仍不能算是擁有資料或是著作權。一位建築師讓助理按照指示，以電腦繪製成設計圖，並不代表助理可以擁有建築資料擁有權、設計的著作權、著作人格權或著作財產權。這道理是相通的。

無論如何，防人之心不可無，研究團隊還是最好讓參與助理或學生先訂好契約，以免蒙受不白之冤、遭人陷害或落入著作權爭議之中（參見表6-1）。這是研究者要留意的著作權問題。研究團隊還要小心研究生或助理可能涉及違紀或不法行為，例如參與研究時背著計畫主持人向企業索取金錢；或是利用計畫主持人名義，誘使企業簽署某種授權書。所有官方文件都應該透過計畫主持人簽署才是合法的。不過，利字旁一把刀，還是有助理可能會鋌而走險，計畫主持人千萬要防範。

表6-1　著作權歸屬同意書範例

本專案之著作權與著作權人格權歸屬於計畫主持人（雇主）。立書人同意於任何情況下皆不擁有著作權、著作權人格權或任何形式之著作財產權。於擔任研究助理期間，不得擁有、帶走、轉讓、販賣、使用研究中任何資料，更不得進行重製、加值、數位化、儲存或透過網路流傳。

未經同意使用本研究相關案例資料於論文，或任何形式的發表，將以侵害著作權論處置，立書人並需承擔相應法律責任。

立書人簽名：＿＿＿＿＿＿＿＿＿＿＿

林小明　職務：行政類助理

地址：

身分證字號：

二零一九　年　十　月　十　日

　　學術紀律的規範：此外，計畫主持人可以考量讓研究生與助理另簽署一份「遵守學術倫理與紀律同意書」，其中可包含以下六項規範。

　　規範一，專案管理：參與專案之研究助理必須每週按時提報工作進度，並不得無由請假。每週進度考核不及格者，或違紀者，雇主有權提前終止研究助理職務，並且不支付當期與後續之薪資費用。離職前需與雇主交接工作事項，確認交付完成項目，不可不告而別。你可能覺得有點可笑，助理怎麼會「不告而別」？現代年輕人有少數會因為抗壓力不高，又不善表達，一表現不好就會選擇不告而別。計畫主持人必須向助理宣導一下，先做心理建設。

　　規範二，企業倫理：參與專案之研究助理必須謹守分際，除正常的研究活動外，若與「案主」（即進行案例研究之企業）有非研究相關之互動，必須獲得計畫主持人允許，否則以違紀論。研究助理亦不可私下向案主索取額外費用。若查獲有以上行動並未正式通報者，亦以違紀論處；違紀者必須依規定歸還相關金額，歸還

簽署文件，否則需負擔相關法律責任。知人、知面、不知心，計畫主持人還是預先防範爲上策。

規範三，學術倫理：研究助理必須遵守學術倫理規範，不可僞造資料、不可揭露受訪者資料、不可非法探聽資料、不可抄襲他人作品、不可侵犯案主商業機密等。本案助理不可運用本案資料於任何地方發表著作，資料需於交接後自行刪除，不可留檔。

規範四，保密條款：參與專案之研究助理必須恪守保密任務，不可將案例相關資料公開、透露或分享，更不可以將研究的資料私下販售給競爭對手。

規範五，競業條款：參與專案之研究助理於專案結束後，若欲就職於競爭者企業，必須預先告知計畫主持人，以判斷是否會有商業洩密之虞；並不可利用專案所取得之任何資料，用於對案主不利之處。

規範六，授權權限：參與專案之研究助理無權擅自授權、索取授權或代表計畫主持人簽署任何授權協議。私下與任何單位或個人簽訂與本案相關之授權契約、協議書或同意書，必須徵得計畫主持人書面同意，否則所簽署的任何授權同意書皆不具法律效益。

任用助理或是收研究生時，也許會覺得這些宣導與簽約是很麻煩的工作。然而，未來學術環境對學術工作者只會愈來愈不利，而且學生不一定都是單純的。預先說清楚，簽好同意書，才能避免未來引發禍端。

說了這麼多，結果一位研究生問我，將論文寫好眞的可以賺更多錢嗎。這個問題不好回答，也無法很短地回答。但是，我卻想起暢銷小說《哈利波特》的作者JK羅琳受邀在哈佛大學說過的一段話。她引述希臘歷史學家普魯塔克（Lucius Mestrius Plutarch）說的一句話：「我們在內心緩而無形的成就，將逐漸改變外在的具體眞實。」（What we achieve inwardly will change outer realities.）學術論文主要

目的不是要教學生賺很多錢，而是鍛鍊學生的思考能力。這樣的培育思考能力，不是很快看得到成效的。等到學生的內心緩而無形地成就自我的思考力，便會少做點錯事、便學會看穿謊言、便學會解讀艱澀的未知現象、便學會歸納、推理與辯證所面臨的難題、便會看到更大的格局。這一切，將逐漸讓學生做出一系列對的決策，而這些看似微小的決策，也就會逐漸改變現況，像是發展出新科技、新服務作法、新商業模式、新政策、新制度。這些無形的成就也就轉變了「外在的具體真實」。

下一章，我們逐一介紹各章節要寫些什麼，同時解釋各章節中可以用的招式。

附錄──碩士論文答辯稿範例[1]

問題一 盲點與意會、框架兩個觀念有何不同？

回答：盲點指的是視線未留意之處，延伸指注意到該看到使用者的需求而卻忽略了。意會（sense-making）與框架（frame）兩概念都可能造成盲點，但與本文欲探討設計者的盲點並不相同。意會是在陌生狀況下，受刺激後而必須要以既有的理解能力去推測未知的狀況。框架指的是思考邏輯的基礎，亦即設計者怎麼想，使用者又是怎麼想。不同對象對於同一物件或主題的框架不同，則可能產生溝通上的衝突與思維上的盲點。然而，這種盲點的產生是因為雙方對於某種假設認定的差異，會造成使用者與設計者彼此雞同鴨講、對牛談琴的局面。然本研究卻是強調設計者對使用者的痛點視而不見、堅持己見，甚至明知故犯的態度。例如，視頻網業者明明知道各種彈跳式的廣告對使用者而言有所干擾，但考慮到平台營運及獲利仍如此運行。然這並非因思維框架或意會所產生的盲點。

意會指的是對新事物、新物件、新議題產生有別過往認知不同的理解。例如，初次來到伊斯蘭教國家的旅客，對於當地時間清晨、午後及深夜每天都會響起五次響徹雲霄的祈禱廣播，提醒各位信徒朝向麥加祈禱這種生活形態感到不可思議，產

生文化衝擊。然而，若是旅客不了解宗教之於在地日常生活的意義，或者當地居民不理解旅客過去的生活習慣，則彼此對於「清晨祈禱」這一議題會產生誤會甚至是衝突。使用者對新科技的意會，與設計者對其意會的解讀可能有所落差，當雙方產生誤會，則進而產生衝突，此類盲點不在本文探討之內。

　　本研究欲探討的盲點，並不是設計者不願意改變，或是設計者思考能力本身的問題。本研究欲強調的是設計者不小心的忽略。過去這種觀念在學術上較少被討論，但在日常生活中卻很常會發生。例如，出門常常要找太陽眼鏡，卻忘記其實已經帶在臉上了；或是在國外使用地圖查詢路線，卻忘記其實可以使用 Google 翻譯來克服語言不通的問題；買東西付完錢，卻忘記拿走商品等的情況。這些情況的發生可能是因當下時間倉促而手忙腳亂，或因同時思考著其他事情而不專心，因此遺漏掉可運用的資源與機會，進而產生盲點。這並沒有牽扯到固執、糾結、傲慢、偏見等心理因素。本研究聚焦的是視頻網設計者可能礙於研發期限的壓力，或多將重心放在內容、技術等主題的思考，因此在介面設計上所忽略的使用者創新來源為何？又該如何將這些盲點，歸納為設計原則，並成為改善使用者體驗的創新亮點。此部分的補充將修正於第二章、第三節。

問題二 拿 Netflix 作為 Vidol 的參考點是否會淪於「蘋果比橘子」的問題？東西方使用者對介面偏好有所不同，以不同使用族群的視頻網來比較，是否不恰當？

　　回答：這個問題背後牽涉到本研究如何選擇案例的參考點，以及如何選擇研究對象兩方面的議題。針對參考點的回應，從最初成立的動機來看，其實 Netflix 與 Vidol 並非蘋果比橘子的議題。三立最初於科技部專案計畫期望打造的是有如 Netlflix、愛奇藝、Youtube 等類型的內容平台。不只是將內容放上網頁而

已，而是要打造一個專屬視頻網。雖然 Vidol 目前在規模上仍有不及各主流平台，但本質上仍屬於同性質。因此不是「蘋果比橘子」，只是大蘋果與小蘋果的比較。

由研究對象來看，Netflix 雖從美國發跡累積近 5,000 萬用戶，但更重要的是其跨足全世界 130 國家，同樣能受到 4,437 萬用戶的歡迎。本研究並不是要比較美國人與台灣人在介面設計偏好的不同，而是分析全球化的視頻網（Netflix）與在地化視頻網（Vidol），在介面及使用者體驗設計上有何不同。同樣是台灣使用者，對全球化與在地化的選擇不同，而比較競爭者的使用介面，可點出設計者看不見的設計盲點。此部分的補充將修正於第三章、第一節。

問題三 **怎麼沒有介紹使用者與設計者的背景？設計者是怎麼了解使用者？**

回答：三立的新媒體研發中心團隊是由跨領域的成員組成，彼此各自負責不同的工作，例如社群經營、平台營運、後台數據監控及市場調查等。在本研究與團隊交流的進度會議中了解，Vidol 設計者主要以焦點訪談以及人物誌來分析使用者的痛點，了解他們對內容的偏好。不過，在介面及使用者體驗上的需求仍缺乏深入的理解。因此，本研究著力於了解使用者對目前介面設計的痛點及回應，無論是喜好美劇或喜歡華劇的粉絲，本研究均從使用者中的早期大眾下手。例如，受訪的 Vidol 使用者並非三立的鐵粉族群（國高中生、家庭主婦等），而是選擇了解大眾粉絲族群（大學／研究生、小資上班族等）。這群使用者雖然非只熱愛華劇的粉絲，也會看陸劇、韓劇等其他內容，但從中了解使用者的痛點，也更能了解一般大眾的需求及口味。同時，由於這群使用者過去就習慣看三立的內容，了解他們在介面設計上的痛點，也就等於找到符合大眾口味的方向，進而找到創新擴散的機會。此部分的補充將修正於第三章、第一節。

問題四　身爲研究者又同時是設計者的你，如何在田野中維持客觀的進行資料收集避免被同化？

　　回答：這牽涉到兩項研究方法論需顧慮的議題。第一是「交叉主觀（inter-subjectivity）」的概念，亦即在質性的田野調查中，研究者與被研究者彼此是否互相影響進而產生被同化的可能。第二則是在資料收集的過程中是否確實做到「三角驗證」的工作，針對同一個問題是否從不同角度及不同角色的看法來理解，以確保資料眞實性。本研究回應重點有二。首先，在資料收集方式上並不是長時間的進入田野，而是將頻率集中在七次與研發中心同仁的會議研討，藉此控制適當的距離，並能同時穿梭在使用者與設計者之間，降低被同化的可能性。其次，本研究在訪談對象的設計上分爲設計者、專家、使用者及競爭者的使用者四類，並將訪談資料由組織成員做到檢核。透過不同跨領域的專家給予意見，讓我能從設計者及使用者的角度中跳出來，達到多方觀點的驗證，避免研究者過於主觀的問題。此部分的補充將會放在第三章、第三節。

問題五　了解視頻網的設計內涵不是只要分析介面嗎？爲何會比較到視頻內容呢？

　　回答：這個問題牽涉到資料分析架構的設計。本研究以使用者爲中心來探討視頻網的服務流程介面，透過使用者痛點與設計者推出的設計進行對偶分析，以了解設計者的盲點爲何。第一階段是使用者先導研究，歸納出八項並總結爲五項一般化的視頻網使用介面，作爲資料分析的主架構。

　　然而，若要了解設計者的盲點，不能單單只分析介面如何設計，因爲視頻網提供的服務是順暢的觀影體驗。若以使用者的角度來研發，則不能只討論介面本身，因爲使用者對每一項介面設計的回應，是從觀影前、觀影中、觀影後各個接觸點累

積觸發而成。除了介面之外，也可能包含內容、體驗、服務模式的好壞。本研究以介面爲角度，但不僅止於了解介面。更重要的是，透過介面來了解使用者導向的創新。在分析接觸點時，需理解使用者有哪些內心轉折與起伏，了解被設計者忽略哪些元素，藉此將其歸納成設計原則，日後亦可能藉此衍生出對內容、載體、商業模式的創新。此部分的補充將放在第三章、第二節。

問題六　需要釐清研究問題本質；請問你是研究盲點的內涵（**What**），或是盲點產生的原因（**Why**）？第四章分析從使用者痛點推導出設計者盲點，這屬於 **What** 的問題，可是爲何在第五章的討論卻談到 **Why**？

回答：本研究是建立在使用者創新理論的基礎上，透過使用者痛點與競爭者的設計亮點，藉此了解設計者的盲點，故本研究是屬於 What 的問題。過去，使用者創新文獻強調設計者需以使用者爲中心，了解使用者需求再來研發創新。但是，過去假設皆認爲設計者可完全了解使用者。在本研究案例中卻發現，設計者就算做了許多了解使用者的調查，仍可能在某些地方忽略使用者的需求。這種不經意忽略使用者而造成的設計者盲點，可完善使用者創新文獻中「設計者了解使用者」以及「設計者看待競爭者」關係的討論。

本研究欲探討的是盲點的內涵，並提供設計者一套推論的方法，無論由內省或從外反思，讓設計者能持續地檢視自身的盲點，並提供設計原則來讓設計者握有心中的那把尺。然而，本研究點出盲點的重要性，卻受限制於田野調查的時間，仍無法完全了解爲何設計者會產生這樣的盲點，只能於第五章討論中推測出幾種可能，供後續研究方向的參考。在了解盲點之後，後續研究可鑽研盲點形成的原因。無論是與知識疆界或組織制度有關，本研究的架構將可提供日後調查的基礎。此部分的修正將會放在第五章的第一節、第二節與第三節。

問題七 **Vidol** 的設計師對設計原則有什麼反饋？

回答：針對五項使用介面的設計原則，Vidol 設計者有的表示認同，也有些表示雖然知道，但做不到。例如，於觀看內容介面中，Vidol 設計一項自動暫停功能，當使用者切換新頁面時會自動暫停，等待使用者再次回到頁面按播放才會繼續。這樣的設計原認為是替使用者著想，但反而對使用者來說徒增困擾。這部分設計者反饋表示同意，並補充說明這問題在他們進行直播活動時影響更為嚴重，使用者會以為是網路斷線怎麼一直無法看，對 Vidol 視頻網產生不甚理解的情緒，也會影響使用者對視頻網的忠誠度，因此這項設計 Vidol 目前已有所改進。不過，在有些介面設計上，他們反饋表示知道，但並沒有做到。例如連續自動播放的功能，明知道片頭片尾會是重複的但卻沒剪掉；比較 Netflix 在影片下載時背後GIF 的設計，Vidol 設計者表示他們了解，這其實不難，也不是做不到，但就是沒時間做。

這些回應都讓本研究反思，既然知道這些巧思對使用者的重要，但為何做不到。在透過「使用者與設計者」及「競爭者與使用者」兩種對偶關係的分析，本研究進而推理出設計者的盲點。這也讓本研究由盲點的角度來探討使用者創新理論不足之處。此部分補充將會放在第五章、第三節

問題八 若每分析一個競爭者可得五項原則，那分析更多競爭者是否會得到愈多原則，其意義又何在？每個視頻網內容跟規模都不同，那這些原則對 **Vidol** 會不會反而無所適從呢？

回答：首先，設計原則理應多多益善，但前提在於設計者要不斷反思這些原則，產生行動。設計者必須融會貫通這些原則，而非只是徒增檢查項目的流程。分析更多不同樣貌的競爭對手，的確可從其身上歸納出不同的設計原則。不過仍是從內、外兩個角度來看待五項視頻網介面設計的盲點。因此，愈多的原則代表的是更

深入地將核心的五項介面設計作細緻化的探討，對於問題發生的變異性也會更了解，藉此過濾更多尚未留意到的盲點，這是一件好事。

其次，是否不同競爭者歸納出的原則Vidol都能應用？雖然每個視頻網規模不同也別具特色，但對三立而言並不會無從參考，因為設計原則並非是必要執行的標準，而是可以檢視設計元素的參考要點。愈多的提醒，愈能夠從不同的角度來了解介面設計的重點。唯需留意的是，在參考不同原則之後，設計者還是必須有自己的設計主軸，定義屬於自己獨特風格的核心設計元素。理解自己最重要、不可被取代的又是什麼，則不會一味地模仿競爭者，而是從對手身上學習，敏銳掌握使用者的需求。此部分補充將會放在第五章、第三節。

問題九 五個設計原則加起來，會成為策略的洞見嗎？或可將原則脈絡化為三立的商業模式？

回答：策略議題的研究需牽涉更多層面，如商業模式、公司定位、核心資源的了解。在本次研究的限制之下，要將五項設計原則融合成一項策略，並不是那麼理想，也超出本研究的範圍。本研究將問題核心限定在一般性的介面設計問題，並不是說商業模式、服務創新等議題不重要，而是這些問題的本質仍在於了解使用者的痛。因此，從使用者與介面設計的角度，並從設計者的盲點來反思，是解決設計問題的開端。

然而，把原則發展成應用並脈絡化，為Vidol視頻網建立獨特的商業模式對三立而言是很重要的議題，本研究於第五章第二節嘗試把三立獨特的核心能力放進去，藉此呈現出介面設計如何創造出良好的使用者體驗。後續的研究也可在此基礎，去延伸更多視頻網與跨界的服務創新，從而找到三立在新媒體經營的策略商業模式。此部分修正將會放在第五章的第二節、第三節。

論文之前段構成：研究設計與布局

——Thesis Construction Stage 1: Research Design and Framing

真正的深度旅行不是去探索更多雄偉的景色，而是以嶄新的眼光去重新欣賞這些風景[1]。

——法國文學家馬塞爾・普魯士

有論點的文章

　　論文，就是有論點的文章。一份論文一般會有六個主要章節，光談這六個章節顯得很無聊，所以我根據經驗將每個章節整理成為一項招式，讓讀者可以像是練功一樣，了解每個招式應該要打出哪些武功。細節的部分在下一章詳細介紹，在此先做整體的瀏覽。圖 7-1 整理出學術論文的章節的構成，顯示六大元素（各章節）大致需要討論的與重點篇幅比例。

　　招式一：**雕塑浮睿明**。第一章是「緒論」，要讓讀者一目了然，也就是為論文做一個精彩的摘要說明，像是電影預告片一樣。在這一章中，學生要說明研究動機，點出實務界問題與背後的理論問題；要定義論文中所提到的相關名詞；要清楚點出具學術味道的研究問題；「研究問題」必須呼應「浮睿明」（framing，也就是文章的布局），點出研究缺口；要具體解釋研究目標，可以被執行並與研究問題相扣，最後清楚點出論文預期的貢獻。

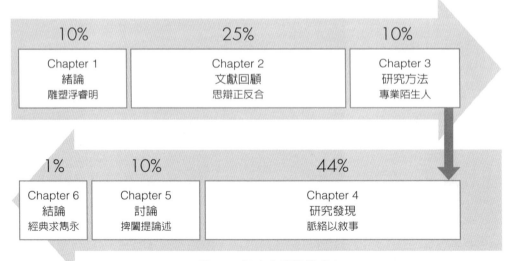

圖 7-1　論文的章節構成

招式二：**思辯正反合**。第二章是「 文獻回顧」，需考量「正反合」布局的合理性。文獻回顧要以創意的方式梳理該理論的脈絡；點出「浮睿明」布局，先平衡呈現正方觀點與反方觀點；清楚說明正方觀點之優缺；也清楚說明反方觀點之優缺；解釋正反觀點的思維，同時批判正反觀點，藉此點出「合」的觀點，超越正反觀點的綜效性看法，然後提出理論缺口。

招式三：**專業陌生人**。第三章是「研究方法」，需思考案例選擇與理論取樣原則；思考如何依據「合」的觀點設計分析架構，而不是「套」一個已知的架構；思考如何收集以及分析資料，像是受訪者的角色、採訪問題、拜訪日程、次級資料的應用、分析步驟以及資料驗證。

招式四：**脈絡以敘事**。第四章是「研究發現」，需要注意的重點是：背景需聚焦、架構要契合、論點不偏離、證據必解讀。這需著重以真實、有趣、豐富、知識性的方式來分析案例，以闡釋合方觀點。這包括要清楚說明案例背景，聚焦於論文主題；要契合分析架構，以原創方式呈現資料；陳述論點需配合分析架構，不可偏離合方觀點，卻不可「套用」分析架構；然後，要提出具體、相關的證據，像是提供受訪引言、相關數據或是圖表來支持你的論點，提出的數據要逐一解釋與解讀。如此，研究發現便可以順著推理邏輯走，配合分析架構呈現，凸顯合方觀點。案例需讓人感到真實、精彩、驚喜，又令人感動。

招式五：**捭闔提論述**。第五章是「討論」，需有亮點，要解釋這項研究如何能提供企業借鏡。捭是開，闔是關。探討研究貢獻的時候，要重返之前的辯證議題，照顧正方與反方觀點，讓讀者知道這項研究與過去有何不同。解釋理論貢獻，也就是點出過去不知道的新觀念；提出研究的核心論述，並對照理論缺口。說明實務貢獻，可以提出病理分析（問題發生的原因）或具體的實踐原則。最後，不要忘記解釋研究限制與未來研究方向。

　　招式六：**經典求雋永**。第六章是「結論」，也是最後一章，要告訴讀者你的研究有何驚人之高見，也就是提出沒聽過、沒看過、沒想過的論點。其實，多數學生論文都很難有「高見」，因為孕育時間太短，所以只能盡量提出一些新看法。但千萬不要重複「摘要」與「緒論」的內容，做出簡易式的總結。要嘗試由更高的格局去點出該研究的貢獻，以令人驚喜的方式來總結論文的發現，提出給企業或社會的啟發。論文最好能提出批判的構想，點出當代管理作法的迷思，給出一個經典之句來總結全文。

　　第七章與第八章將逐一說明論文的構成。本章（第七章）說明前三個招式，也就是第一至三章內容的要求，分別說明緒論、文獻回顧以及研究方法要撰寫的要點；下一章（第八章）解釋後三個招式，也就是研究發現、討論與結論這三章需撰寫的內容。

招式一：雕塑浮睿明——緒論如何寫

　　第一章是緒論，也就是為論文做一個精彩的摘要說明，像是電影預告片一樣。這其中需包括三項重點。第一，本章中要說明研究動機，點出實務界問題與背後的理論問題；要定義論文中所提到的相關名詞；點出具學術味道的研究問題；研究問題必須呼應「浮睿明」（framing，也就是文章的布局），從而點出研究缺口。第二，要具體解釋研究目標，提出的目標需可以被執行並與研究問題相扣。第三，最後預告論文的貢獻，並解釋論文的構成重點。以下分別說明。

研究動機：布懸念

　　第一節是研究動機，需要於此節解釋所要研究的管理現象與實務問題，先說明產業動機，再點出理論動機，然後提出研究問題。於此，先將正反合的思考摘要說

明，也就是針對某個議題，簡述當前的想法與作法；分析目前觀念上與作法上的迷思，點出研究缺口，形成研究問題。緒論就像電影預告花絮一樣，要簡單扼要，要能吸引別人，又不能告訴讀者太多東西。你必須要告訴讀者這篇論文將要提出什麼樣的新作法或新觀念，對企業可能有什麼幫助，給出一個懸念。

　　這樣的預告並不如想像中容易。若你對產業作法與當前文獻不熟，就很難做好預告。首先，要提出一個好的「研究問題」，作者必須要理解產業上正在發生哪些事，過去發生過哪些事，為什麼現在要來分析這個議題。你不能說，現在「電子商務平台」很流行，所以激發我想研究這個主題，這樣太過於簡單。換種說法，你觀察到目前電子商務平台所運用的商業模式愈來愈多樣，而形成許多有趣的交易方式，值得我們梳理這些商業模式，以便協助創業家有更多策略選項。所以，要探究電子商務平台，不能只分析電子商務作法或是平台技術問題，而是進一步探索商業模式的創新，而且要由資源流動的方式來分析商業模式，如此就能展現這份研究的新意。如此預告可以幫讀者理解電子商務內含的各種商業模式，就會有懸念，吸引有緣人來唸你的論文。

　　例如，本書第十章分析好萊塢如何找出創意的劇本[2]。這份論文的點題方式不是問「編劇要如何才會比較有創意」，而是「製作人如何辨識創意潛能」。在產業，找到有創意的人很不容易，有沒有比較有效的方式徵選人才呢？在好萊塢，有創意的編劇才能寫出有特色的劇本。然而，當電影導演想找到特色的劇本時，怎麼能在短時間內就知道某位編劇的作品是深具創意的。理論上，過去文獻只提到由信譽與評鑑法去分析創意，可是只聽說某人名聲好、有創意，或是某人創意測驗得滿分，如此來評鑑一個人的創意好像都不合適。那我們應該怎麼樣判斷一個作者的創意潛能呢？這樣的鋪陳後，就可以預告：本研究希望能探索不同類型的創意人才，由行為面來判斷他們的創意潛能。如此就會產生懸念，讓讀者想繼續唸下去。

又例如，你想研究商業策展，因為台灣市場小，很多展覽接續失敗，你想分析其中的原因。然而，這樣的動機鋪陳就不太有趣，因為「失敗」是很大的議題，很多人都已經研究過失敗與成功。這時你可以換一種角度，由「資源」來分析劣勢下的成功作法。你可以換種說法：競爭是激烈的，企業必須持續創新才能立足於商場。為了創新，企業不惜投入巨額資源，展開大型研發計畫。但往往忽略這些創新是假設企業擁有豐沛的資源。可是在現實中，只有少數企業才能擁有得天獨厚的資源去開發新產品或新服務。多數企業必須於資源匱乏中戮力經營，像是訂單不足、資金不夠、人才不到位或位居市場弱勢。其實，劣勢中創新才是企業力求生存的常態。特別，當手邊資源匱乏，面臨無米之炊的窘境時，策展人要如何創新？

這樣去說明動機就比較有趣，同時也貼近當時企業發展的狀況。這份研究約在 2012 年進行，當時台灣正面臨整體產業轉型，中小企業普遍面臨資源不足、市場萎縮的挑戰，因此連結到劣勢創新可結合時事[3]。接著，動機還要與文獻結合，解釋觀念上我們要如何處理這篇論文。之前解釋過，浮睿明（framing）就是思考上的布局，將正反合呈現出來，讓讀者有依歸。學生一開始寫論文時大概還不會知道要如何架構浮睿明，因為文獻仍不熟悉，議題也還未掌握好。一般而言，第一章會到最後階段還不斷重修，隨著研究由雛形漸漸趨於完整。

接續之前「劣勢創新」的例子，理論上我們必須說明是由哪一個角度切入。雖然這階段不需要詳細說明分析架構，那是下一章的工作，但第一節需要點出。這項研究是以隨創的角度切入，所以先解釋隨創（bricolage）的意義，這個理論大致的內涵，以及如何以隨創的角度來建構正反合的論述。這三個步驟分別為：定義專有名詞、預告正反觀點、點出研究問題。

定義專有名詞：這篇文章以隨創探討劣勢創新，文獻上這個理論是用來討論資源匱乏下如何創業。隨創一詞源於法文，原意是指木匠利用隨手可用的材料，拼湊地修補桌椅。這種隨手修補的作法卻經常產生意想不到的創意，法國人類學家李維

史特勞斯（Claude Levi-Strauss）於是稱這些工匠的巧思為「隨創」[4]。工匠在拼湊時並不是仰賴精密的計算或理性的分析，而是在遇到困難時隨興發揮，好像野地求生的過程，所以這些隨創者被稱為擁有「野性心靈」（savage mind），類似原住民深山狩獵的臨機應變能力。

預告正反觀點：也就是解釋「浮睿明」的架構。隨創的概念曾被創業領域援用，主要論述為：就地取材（making use of resources at hand）、將就著用（making-do）、重組資源（recombination of resources）。這些文獻分析創業者如何能以這三個原則而「無中生有」，用相對少的資源拼湊出解決方案（點出正方的論述）[5]。然而，如果手上沒有資源，就沒有辦法重組，而必須要向其他人借取資源，另一派文獻論及可以用「說故事」的方法去建構資源（這是反方的論述）[6]。

點出研究問題：最後，點出「合」的觀點，藉此提出研究問題。若是以隨創角度來看，制約下缺資源，就地則無材可取，想將就也沒得可用，更缺資源可重組拼湊，「說故事」也被認為沒實力。因此，我們需要觀察的是，隨創過程中弱勢者如何找到時機，轉換「資源」的價值。這樣新的論述就浮現了，我們便可由正反觀點去推理出合的觀點，形成以理論為主的研究問題，論文布局也就完成。

例如，這份論文點出的研究問題是：「不對等情況下，創業者如何察覺資源轉換的時機？」這是分析創業者如何在制約中找出機會點，去轉換資源的價值，而後形成解決方案。這個研究問題背後有三個考量。首先，制約下創業者如何能辨識時機，化危機為轉機。其次，創業者通常屈居弱勢，人微言輕時缺乏議價能力，轉換資源的價值是一大挑戰。最後，在互動過程中，創業者必須要交易資源或籌碼。不過，弱勢者以稀少資源如何能與其他利害關係人交換資源呢（按：這是解釋研究問題）？因此，創新者必然要想出某種作法，轉化資源的應用方式，這便是此研究三項分析重點。分析創新者於制約中如何辨識時機、劣勢下如何與強勢者互動、束縛裡如何交換資源，這便可交代研究目標。

以上便完成論文的概要介紹，也就是緒論。一般在期刊論文會需要更簡潔地解釋這些議題；而論文篇幅較多，內容可以說明得更詳盡。總之，緒論要點出浮睿明以便吸引讀者。這裡說的讀者是學術讀者，不是一般讀者。當然，如果你能夠寫到一般讀者都看得懂，那更是一篇佳作。浮睿明要寫得好，必須向雕塑一樣慢慢地捏出造型，說明實務與理論動機，簡要點出正反方觀點，凸顯研究問題爲何是有趣的，可以補強哪些缺口，有哪些具體方法可以分析這些議題。預告做得好，讀者才會想要看下去。更詳盡的浮睿明架構，則由第二章接手完成。

研究目標要落地有聲

研究目的要以研究問題爲核心去發展出具體可行的行動目標，盡量以三點歸納。也就是，銜接所要探索的合方觀點，將抽象的研究問題化爲可以驗收的項目。我們延續之前的劣勢創新議題。若我們定義研究問題爲：「如何運用有限資源形成解決方案？」這個研究問題可以引導我們去探索行動者面對制約時，如何重新解讀制約與資源，以巧用有限資源，產生解決方案。由這個研究問題，我們可以發展出三項研究目標。

第一，過去探討劣勢創新的文獻強調創新的作法，卻沒有分析行動者如何回應制約背後的思維。制約隱含限制條件與資源缺乏，而難以發展出解決方案。我們需要分析行動者如何看待制約，以便深入理解困境解套的過程。第二，脫困的過程中，閒置而看似無用的資源，是如何轉換成爲有用的資源，最後形成解決方案，也是目前文獻難以理解的地方。第三，過去文獻對於解決方案的描述相對較少。劣勢創新最後的結果應該是產生某種新服務，讓顧客產生良好的體驗，文獻中仍較少具體呈現。例如，有的文獻指出行動者的性格與識別會於面臨困境時產生不同的回應方式，但具體產生哪些新服務卻沒有說明[7]。或是，有些文獻點出困境也可以轉換爲優勢，阻力可以轉變成助力，挫折可以轉變爲養分等論點。然而，這類驗證只是確

認面對逆境時應有的常識，卻沒有增加太多劣勢創新的知識。

這樣的設計可以讓研究問題具體化。劣勢創新太抽象，換成分析如何以「有限資源形成解決方案」，就比較具體，但是這樣還是不容易操作，變成可執行的項目。轉換成三個研究目標，分析行動者對所面臨制約的解讀、資源轉換的方式、具體的解套方案（新服務的作法）。如此，便可以將劣勢創新具象化，提出三個可以被驗收的實踐目標。

預期貢獻要有亮點

這一小節要預告論文可以提出哪些新觀念與新作法。詳細的內容在第五章才會提到，此處的重點是帶有一些宣傳作用。說明觀念上以及實務上可能的貢獻，這些承諾必須在第五章兌現出來。例如，在一篇研究航空公司的服務創新論文中，其貢獻著眼於提出「相對感受」的新觀念，以及創新「再脈絡」的新作法[8]。該研究是如此介紹觀念和實務上的預期貢獻：

在觀念層面，近年來愈來愈多企業注重顧客體驗，並以使用者爲中心構想出新服務。本研究以人物誌與顧客旅程爲出發點，探討如何進行創新服務。不只是針對研究的工具進行介紹，同時也將進行理論缺口的探討。本研究以人物誌爲主軸，找出分眾的行爲脈絡，並針對其行爲找出痛點，設計出一套「具有個性」的創新方案。在這部分，本研究提出一種新的分析方法來理解顧客體驗。

特別，本研究針對行爲脈絡層面去理解體驗的問題。每一位顧客的背景不同，所產生的體驗也會有所不同，所以需要針對特定群組的顧客去了解他們的相對感受。本研究將分析精準分眾的顧客體驗，找出顧客在服務中的感受落差，找出新服務的可能。根據這樣的相對感受來思考航空公司的服務設計。

再來是實務層面，一直以來企業在遇到顧客的痛點後直覺反應就會進行改善，

但往往會盲目地投入大量成本，卻不見顧客滿意度提升。本研究將實驗用再脈絡的方法分析參考點，這樣也可以讓企業有相對感受來重新思考顧客痛點，找出共創的可能。本研究將進行顧客相對感受落差更進一步的分析，理解不同於以往流程創新的作法。本研究將說明如何運用顧客行為來分析服務設計的一系列作法。從使用者的角度出發，了解顧客的痛點以及其來源。透過痛點與參考點的不斷對話，為服務旅程創造出新的契機。本研究將探索，在轉移外部作法時，如何取捨並將其與內部資源再脈絡，推出全新的服務設計。

最後，說明論文結構，摘要各章節大概會包含哪些內容，但不要照本宣科。接上例，該論文的架構安排如下。第二章會說明目前顧客體驗的文獻，梳理兩派重要的論點，由使用者導向與流程導向兩個觀點去理解不同顧客體驗的作法，以及顧客旅程的分析方式。第三章說明本研究的設計，解釋資料如何收集與分析，並且說明分析架構的內涵。第四章會呈現案例，由航空公司的四個分項旅程來分析現行作法、顧客痛點、參考點等。在這部分主要不是提出解決方案，而是說明顧客旅程分析的作法，觀察到顧客的相對感受。第五章說明有哪些新觀念與新作法，並提出初步再脈絡的作法，隨後在第六章說明本研究的洞見。

這樣，第一章就完成了。完成度的重點是能否摘要說明整篇文章的精華，由實務看出理論的議題，再由理論切入實務問題，預告正反觀點的衝突處，然後點出合方觀點的可能性，以及所產生的預期貢獻，讓讀者好奇不已，想要一探究竟，這樣第一章「緒論」就算大功告成。

招式二：思辯正反合 —— 文獻回顧如何寫

第二章是「文獻回顧」，不只是列出一堆讀過的參考作品，而是注重「正反合」布局的合理性。文獻回顧要以創意的方式梳理該理論的脈絡；點出「浮睿明」

布局，先平衡呈現正方觀點與反方觀點；清楚說明正方觀點之優缺；也清楚說明反方觀點之優缺；解釋正反觀點的思維，避免折衷觀點，同時批判正反觀點，藉此點出「合」的觀點，超越正反觀點的綜效性看法，然後提出理論缺口。

浮睿明：布局正反合

第二章是文獻回顧，要說明過去的理論提出過哪些解決之道，曾經出現過哪些與主題相關的觀念。作者需以所研究之主題來整理過去實務，分析有哪些企業曾經做過哪些相關的作法；有哪些學者，提出過哪些看法。經過你一番爬梳，便可以整理出過去可能還沒有做完善的議題。這樣也才能夠凸顯你所提出的看法，點出獨特之處。第二章要說明你的論述與過去文獻有什麼差異。你的調查是要找出不同的使用者族群，還是分析使用者參與方式，或是調查某種科技如何改變使用者行為。點出這些差異就可以說明你的論文有什麼貢獻，理論的缺口又在哪裡。

例如，過去研究強調要將使用者納入創新者體系中，像是成立使用者俱樂部，或是找到領先使用者，或是讓使用者自行開發產品，這是正方的觀點。另外，也有文獻指出，研發部門應該把使用者邀請到企業裡面，跟工程師一起共同創造新產品，這是反方的觀點。但你的研究卻發現，企業似乎運用某種特殊的方式，讓使用者的知識融入研發的過程中，工程師既不是向研究者取經，也不是跟使用者一起創作。那這種「融入」的手法，則是你主要論述的依據，如此就找出「合」的觀點。

讓我們用六個步驟來說明操作方式（參見圖7-2）。步驟一是先點出企業所面臨的實務問題。步驟二將實務現象轉換為觀念性的研究問題。步驟三，找出正方的觀點，通常可以由文獻中找出三個關鍵字，並且找出正方觀點的意見領袖。步驟四，找出反方的觀點，通常可以由文獻中找出三個關鍵字，並且找出反方觀點的意見領袖。步驟三、四是相對應的，從而展開步驟五，由正方與反方的觀點去找出雙方的缺點或迷思，進而找出理論缺口。步驟六，由正反方觀點的衝突中找到缺口，

找出相關的支援觀點，呈現「合方」的觀點，這需要在某層面上超越正反方的看法。

　　第一步：提出研究問題。論文中所提到的關鍵名詞都必須加以定義。例如，我們要討論「隨創」，必須以理論來定義：隨創是在資源相對匱乏的情況中，拼湊手邊即有的資源，產生具有巧思的解決方案。以通俗的話說，就是巧婦可為無米之炊，在有限的食材中做出令人驚艷的菜色。根據這樣的定義，就可以點出隨創需要被研究的問題：資源要如何拼湊才能產生巧思性的解決方案呢？一份研究通常只有一個核心問題，然後再延伸出細部的討論。如果你訂出三至五個研究問題，這樣的研究通常不好處理，也很容易失去焦點。在質性研究中，一項研究問題的背後通常隱含著更複雜、令人深思的議題。

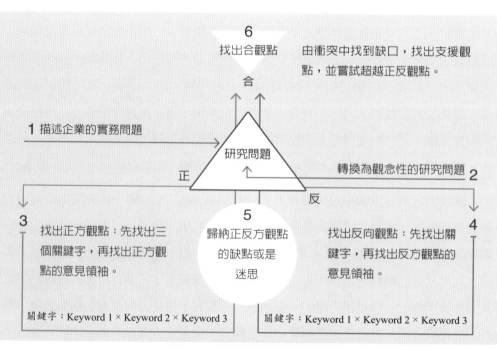

圖 7-2　浮睿明的思考步驟

讓我們舉一個例子。〈好萊塢找創意〉這篇作品提出的研究問題是（參見第十章）：如何識別創意潛能？這裡要探討的是導演與製作人如何找到有創意的編劇，引申來說就是企業如何找到創意人才（像是研發中心或企劃部門）。這個問題問得很有技巧，它不是問如何判斷一個人有沒有創意，而是問如何識別一個人是否具有創意「潛能」。這是暗示，人是否有創意我們不一定知道，但是可以由行為面來觀察一個人有沒有發揮創意的「潛力」。

再看另一個例子，〈快樂的電子郵件〉提的研究問題則是（參見第十一章）：資訊科技（電子郵件）的有效使用會帶來生產力嗎？這裡面則是暗示目前企業普遍信仰「科技決定論」，認為只要科技一導入，所有人都應該依照科技的指示，產生科技所預期的功效——提升企業生產力。這樣的問題設計是希望點出，雖然科技有許多方法可以導致生產力提升，但有效的科技提升生產力的同時，卻也可能妨礙生產力；不過妨礙生產力也許不是壞事，因為科技沒用好也許是件好事。科技具備好中有壞、壞中有好雙重特質，這引出一個更複雜的辯證。

在設計研究問題的時候，要同時考量到這篇文章要如何安排正方觀點以及反方觀點，同時也暗示「合」的觀點。一個好的研究問題希望能夠讓正方與反方的觀點產生衝突性的張力，藉以襯托「合」的觀點，幫助我們重新定義問題，破解當前的迷思。

第二步：呈現正反觀點。接著，依據研究問題，點出正方觀點與反方觀點。通常正方觀點應該是主流觀點，多數學術社群的人都知道而且認同的觀點。接續之前的例子，主流觀點都知道有三個核心的隨創觀念：就地取材、將就著用、資源重組[9]。「就地取材」強調隨創者通常會拼湊既有的資源來開發新產品、新服務或新科技。例如，工程師將手邊各種電子零件，結合其他玩家開發的技術，就能研發出另一種遊戲機。又如，解構遺棄在公園的老舊拖車，找出可用元件，如輪胎、廚具、纜線等，重新組裝到另一台拖車，再出租拖車。

「將就著用」則是隨創者不僅要將就於手邊資源，更要拼湊出「講究」的新資源。像是，二手房屋可以成為中低收入戶的豪華居所，報廢的公車可以變成巡迴圖書館。變更資源運用方式，常可以為創業者帶來意想不到的機會。看似難解的困境，卻能由不同專業背景的人，以全然不同的解讀方式，將看似無用的資源拼湊為創新巧思。

「資源重組」就是轉化手邊看似無用的資源。舉例來說，一位農夫的稻田長期被廢棄的煤礦包圍。他擔心煤礦場坍陷，也煩惱廢棄礦坑長期所形成的沼氣。這種沼氣不但有毒，還會殘存數十年，危害人體健康。這位農夫突發靈感，從自己的農田挖掘一條地道通往煤礦場，並從一家工廠找來一座二手柴油發電機，以燃燒沼氣來生產電力，再將電力出售給電力公司，並將離峰電力用來培育稻作。

反方觀點則指出，必須將焦點由「資源」轉移到「創新者」身上[10]。這類研究點出，隨創力的來源不只是局限於物質性的資源，創新者也可以透過各種巧妙的搭配人才，展現隨創。這乃視「人才」為一種資源。例如，更換組織裡不同人員的工作角色，或改變人員的工作流程，也能為企業注入隨創能量。這並不是單純的人力調度，而是透過彈性地調整人員角色，達到隨創的目標。這種隨創活動常可以在處理危機事件中發現，具體作法有三種：角色轉換、工作順序變換、例規重組。我們來看看如何論述。

首先，以角色轉換（role shifting）進行隨創。組織裡不同的角色背後隱含著異質的知識體系。當突發狀況發生時，因地制宜而置換成員的角色，可以讓知識跨界交流，塑造隨創的機會。例如，電影拍片中，攝影師臨時缺席，導演想起美術指導對燈光攝影亦頗有研究，因此找美術指導補位。這位美術指導補位後，帶入他的藝術專長，設計出新的燈光與色彩構圖，讓場景變得唯美。

其次，例規重組（reorganizing routines）也可以找到隨創契機。組織例規代表

的是特定的結構性知識。當危急情況發生時，類似救火隊、急診室或特種部隊等組織，若能依據在地狀況適時調整例規運行的方式，也能達到隨創的效果。例如，依照警方例規，特種部隊計畫運用爆破攻擊來逮捕隱藏於廢棄公寓中的罪犯。在任務即將啓動時，卻突然發現公寓中還有其他遊民。特種部隊馬上臨機應變，改爲聲東擊西策略，進行正面假爆破，並由公寓後方破窗而入擒獲歹徒。透過例規重組既可避免傷及無辜，也節省炸藥，更減低警員受傷的風險。

最後，調整工作順序（reordering the work）也可以達成隨創。組織的工作都具有特定的工作順序。每一道工序也像是一個樂高玩具模組，如果能創意地調整工作順序，就可能拼湊出不同的新產品或新服務。對工作細節理解愈透徹，愈有助於彈性應變。例如，在電視台的新聞編播工作上，一般正常流程都是先由線上記者進行採訪、攝影。回到新聞部完成後製與編輯後，才由電視主播播出。但面對突發事件時，新聞記者可以連線同步採訪，並由副控室即時編輯新聞與標題。調整工作順序不但提高新聞的即時性，也改變主播與記者的互動方式。

如此，我們就可以凸顯正方與反方的張力。施展隨創時，要如何拼湊資源？正方認爲要拼湊物質性資源；反方認爲人力資源比物質性資源更爲重要，拼湊方式也不同。這樣就可以準備提出「合」的觀點，讓讀者碰撞意想不到的想法。

第三步：點出理論缺口。讓讀者了解正方與反方的觀點以及其中的衝突後，就可以提出「合」的切入點，解釋有哪些機會可以建構新理論。承上，正方說隨創要拼湊物質性資源，需要就地取材、將就著用以及資源重組；反方說隨創可由人力資源著手，需要角色轉換、工作順序變換以及例規重組。這些都是目前隨創文獻的討論主軸，探討的核心都是有形資源的組合。然而，正反論述似乎忽視資源在隨創過程中的複雜度。創業者如何找到對的時機，臨機應變，將看似無用的資源建構出新價值呢？

這個議題我們所知並不多。制約中，隨創的時機不只是難以辨識，更難以轉變成機會，因此需要更多分析來理解這個過程。再則，創業者通常身處在劣勢中。在劣勢中，弱勢者與強勢者態勢已定，談判桌上勝負已分。弱勢者再怎麼靈巧地拼湊資源，恐怕也徒勞無功。那麼，弱勢者如何能建構資源進而改變情勢。

在此論文中點出一項理論缺口：隨創理論缺乏對「時機」的理解。我們需要觀察的核心議題是：在時不予我的時機中，或在面對強勢對手時，看似無用的資源如何被建構出新的價值，因而能解除制約。客觀條件下，弱勢者的資源不僅稀少，而且價值不高，也因此面對制約時很難解套。可是，弱勢者是否能透過某種手法，例如對強勢者換一套陳述策略，讓資源可以主觀地增值，雖其客觀價值不變[11]。這樣的資源建構過程可以協助我們觀察劣勢扭轉的方式。這樣的浮睿明布局，就將命題跳脫出正反觀點，而找出「合」的切入點。

文獻整理技巧

要架構出正反合的論述，必須要對該主題文獻有所理解。可是，要如何唸文獻？很多人會廣泛地唸文章，卻沒有主軸，也不挑文章。更有許多學生是將許多文獻列成一張長長的表格，可是卻沒有討論這些文獻有什麼意義，也說不出理論的缺口。要有效地回顧文獻，可以參考五項技巧。

技巧一：核心文獻始於七。一般來說，論文在初步發展的時候，只需要七篇文章。在架構正反合的時候，正方觀點的文獻通常不會超過三篇核心作品。反方觀點的文獻也差不多三篇。每一篇通常代表那個作者的獨特想法。正方與反方通常就是作者的敵方，每一方大約也就三個主要的對手。例如，再以隨創而言，正方的對手一定是大家都知道的學者泰德・貝克（Ted Baker），反方的對手也是大家都認識的蓓絲・貝姬（Beth Bechky）。如此，就可以找出與貝克有相同想法的正方，例如安・邁樂（Anne Miner）[12]。循著貝姬去找，可以找出支持者珍・達頓（Jane

Dutton），提倡義工作為社會資源的隨創構想[13]。

　　第七篇是合方的參考作品，也就是找一位朋友，支持你在「合」的觀點上有志同道合的朋友。由此參考點，便可以說明所提出觀點相對於正反觀點的貢獻。在發展一篇論文的時候，找到最核心的七篇文章其實就夠了。其他加上正反兩陣營者，大多也只是錦上添花。博士與碩士的論文原則類似，但會因為深度而不同。博士論文的參考文獻會比較多，並不是討論的更廣泛，而是探討的更深入。

　　技巧二：期刊慎選需正派。期刊在每個學術領域大約可以分為三級，並不是以等比的概念分類。第一級，通常遙不可及。第二級，是一分耕耘、一分收穫。第三級是初試啼聲。第四級以後的期刊通常不會被國家單位認同，也很有可能是山寨型的期刊。因此，在投稿之前，千萬要小心，將編輯委員的名單看過一遍，就可以知道大約是哪一級的期刊。最保險的方法是參考科技部（或是各國國家科學委員會）推薦的期刊。

　　開始找尋文獻的時候，千萬不要到資料庫裡面隨便打入關鍵字，在茫茫大海中搜尋。你應該要從前兩級的期刊找起。博士論文通常會需要比較學術化的期刊；碩士論文會比較需要實務導向的期刊。圖 7-3 整理出常用的期刊，左邊是學術性的期刊，右邊則是實務導向的期刊（細節請參考科技部推薦期刊名單）。如果你在參考文獻裡面放入了「不正派」的期刊，很可能會受到考試委員的批評，學術能力也會受到質疑，千萬要小心。如果不確定的話，一定要請教指導老師或領域專家，以免觸犯學術警戒線。引用不正派的期刊，或剽竊別人的智慧（像是忘記引述原作者），都一樣會受到批評。

　　技巧三：搜尋需巧用關鍵字。一個很有趣的現象是，大多數的學生在尋找文獻的時候，竟然就把網址附上去，這樣的論文不只品質堪慮，也會貽笑大方。要尋找合適的文獻，除了尋找指導老師相關學術領域專家之外，可以由學校的期刊資料庫

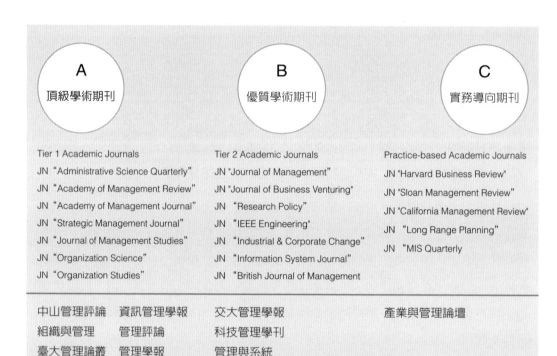

圖 7-3　學門的期刊等級 —— 一般管理類範例

搜尋，像是 Business Source Complete、JSTOR Arts and Sciences 或是 ProQuest ABI。
在引用文獻的時候，是有三項禁忌的。

　　禁忌一：不找谷歌上的通俗文章、雜誌或新聞，這些只當參考，不能引述。這
些網路資料往往只是個人意見的表達，而非經過科學性的收集與分析，缺乏學術研
究所需的真實度。我們雖可以由 Google Scholars 找學術期刊相關文章；不過，這還
不如直接找學校的電子期刊資料庫來得快。資料來源是否可信，是論文品質評量的
重點。

　　禁忌二：碩博士學生的論文（因爲都是未發表，品質尚未經檢驗），可用來批評，不可用來當作立論。除非，我們所引述很特殊的佳作，像是一位丹麥學生曾寫過的一篇論文〈一個城市的好貓〉（*A City of Good Cats*，探討「會抓老鼠就是好貓」的經濟政策），就是不錯的作品，值得作爲正方或反方觀點來引述。一般而言，引述的文章便是正反觀點的呈現，核心思想需來自第一、二級的學術期刊爲佳。

　　禁忌三：只找名門正派，非必要不引述三級以下期刊，更不可以引述「僞期刊」，或是山寨期刊。詢問指導老師就會知道每個領域有哪些不良期刊。許多學生並不知情，某些學術期刊其實是被列入「黑名單」，其作品缺乏嚴謹度，而且有論文舞弊的嫌疑，因此若引述反而會影響到自己的聲譽，會讓評審覺得學術修煉不夠。如果必須引述最新的觀念，而期刊上還未出現，可以找第一、二級國際學術會議的文章引述。引述前，也必須查清楚作者的來源，還是以名門正派爲主。

　　千萬不要隨便打個關鍵字，就去大海撈針。搜尋之前，要理解學術關鍵字。每一個學術主題，通常都會發展出一些特殊關鍵字，有時候不會直接明瞭，所以必須要做一些功課。例如，若是要分析使用者與導入者之間對資訊科技的期望落差，可能會用到的關鍵字是：認知差異（cognitive congruence）、科技框架（technological frame）、意會（sensemaking）等。若是要分析小企業如何對抗大企業的競爭，可能會用到的關鍵字是：弱勢者（low-power actor）、機構邏輯（institution logic）、策略回應（strategic response）。若是要分析資源匱乏下，企業如何創新，可能會用到的關鍵字是：隨創（bricolage）、資源拼湊（resource making-do）、困境（adversity）等。

　　這些關鍵字通常在研討會或課程中會出現。如果你說要研究的主題剛好不在修課的範圍內，最好的方法就是請教指導老師或是那個領域的專家。如果無法請教到專家本人，你可以用專家的名字去搜尋，先找到他著作的文章，再由它的文章中去

尋找關鍵字。例如，要分析資訊科技與組織變革，我們通常會由汪達‧歐里考斯基（Wanda Orlikowski）著手去找相關文章。由關鍵字下手，或是由領域第一把手入門，通常會找到正反觀點所需的論文。

技巧四：**善用科技省力氣**。許多論文引述參考文獻的格式多不正確。許多學生不了解軟體的使用方式，就把文獻逐一地打入文字檔中，一旦需要修正的時候，則全部都要重新整理一遍，勞神又費工。其實，有很多現成的軟體可以供使用，有效地儲存、檢索與管理文獻，像是Endnotes。當你從電子期刊資料庫下載資料的時候，就可以把相關的文獻資料以及期刊電子檔一併輸入Endnotes軟體。當你需要引述文獻的時候，直接從軟體就可以將文獻資料插入文件，不但引述的方法正確一致，而且會自動按照順序將文獻整理好放到論文的最後端，省時又省力。這類軟體還可以配合文獻儲存論文電子檔，以後要找資料時甚為方便。

技巧五：**歸納三點理文獻**。閱讀文章時，千萬不要只是剪貼文章中的內容，列入一張長長的表單中，只舉出每篇的主題，這是被動的閱讀。每篇文章看過之後都可以整理出三點，並且判斷這篇文章的論述到底是屬於正方的觀點，或者是反方的觀點。然後，根據這篇文章的論點，你要點出作者的論述有哪些優點，又有哪些缺點。你所要做的不是逐字整理文章內容，而是點評這篇文章的說法與研究問題有什麼關聯。如此，就可以正反法兩方的觀點整理出來，同時找出理論的缺口。

第二章的重點就是在呈現思辯，解釋文章的「浮睿明」（framing），說明作品的布局策略。辯證要吸引人，正反觀點要有張力，要有衝突性，如此「合」的切入點才會顯得難能可貴。在文獻回顧中，我們要點出，為何過去的研究問題在既有的框架中難以解決；而目前所提出的研究問題卻可以跳出框架，讓我們有新的思考方向。論文的第二章若要寫得好，就是要告訴讀者如何跳出框架，並提出一個全新的研究問題，或是以全新的角度來處理當前的研究問題。之後，等寫到第五章（討論）時，才能對比呈現出論文的原創性。接著，我們來說明研究方法的該如何寫。

招式三：專業陌生人──研究方法如何寫

　　第三章是「研究方法」，著重於說明推理方式。先要說明理論抽樣原則；依據「合」的觀點設計分析架構，而不是「套」一個已知的架構；要說明資料收集方式，像是受訪者的角色、採訪問題、拜訪日程、次級資料的應用等；最後說明資料分析步驟以及如何驗證資料。這一章需交代如何設計整個研究調查過程，約分五項要素撰寫（參見圖7-4）。

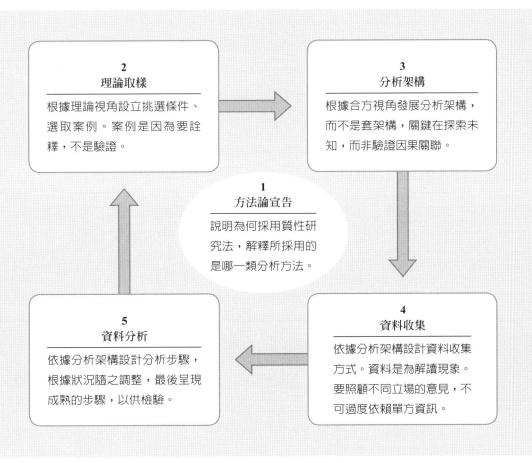

圖 7-4　方法論要關注的五項要點

要素一：宣告方法論

第一是方法論，說明為什麼會使用質性研究法，採用哪一類的質性研究法。通常會採用個案來進行質性研究的原因，不外乎就是在探索某種創新的過程，或某類未知的思維模式，或某種特殊行為，或某樣精采實務。我們需說明為何需要採用某類的質性研究法，而不是量化或實驗型研究法。大致而言，常見的質性研究有三種方法。

第一類是理論補強（theory enhancing），由某個理論著手，找尚未完善的觀念，由原先的理論架構加以闡釋與增強。例如，本書第 12 章〈擾人的例規〉是由科技導入理論著手，探討科技與組織之間的相容問題。作者由組織例規的視角切入，探索科技內嵌的例規如何干擾組織原本的例規，而造成成員心理缺乏安全感。以成功與失敗兩組醫院的例規為架構，分析科技導入的差異作法，讓我們由例規重新理解導入成敗更重要的不是科技的採用問題，而是相容性議題。本書第 14 章〈決策失速陷阱〉要分析的是決策理論，但是創意地運用系統動態學的分析架構來了解決策是如何導致經營上的惡性循環。

第二類是紮根法，這類的質性研究不是由既有理論去提出分析架構，而是從資料本身歸納出理論的樣貌。例如，本書第 13 章〈劍橋大學的晚餐〉透過三個層次的歸納，分析劍橋大學教授與學生於正式學院晚餐的儀式，因為得出儀式展演、個人轉變、地位轉移三個觀念，了解這所大學能夠維持百年制度的原因，對機構理論提出全新的看法。另一篇值得參考的文章是〈灰姑娘如何變皇后〉，這份作品也是利用這類的歸納原則，分析一家酒廠如何由低階市場逐漸轉型到高階市場[14]。

第三類是歷程分析，除了改善既有理論去提出新的分析方式，更加注重組織改變的過程。例如，本書第 15 章〈愛迪生計中計〉，分析創新者與機構之間的策略回應，透過七個階段去了解創新者與機構之間的攻防過程；包括，機構攻之以荒謬

科學，創新者回之以借力使力；機構攻之以市場壟斷，創新者回之以狐假虎威；機構攻之以人才稀缺，創新者回之以未雨綢繆；機構攻之以法令絆腳，創新者回之以偷天換日；機構攻之以內嵌成本，創新者回之以瞞天過海；機構攻之以政商糾結，創新者回之以暗渡陳倉；機構攻之以媒體唱衰，創新者回之以草船借箭。歸納這七回合的攻防歷程，讓我們更加理解愛迪生如何柔韌地回應機構的制約。

又例如，本書第 16 章〈時時留意鏡中人〉就分析以組織成員解讀議題的過程，分為五個不同的階段，包含保安警衛、公事公辦、道德難題、孤軍奮戰、功成身退等五時期，探索危機如何觸發成員認知上的改變，最後導致組織跟環境之間持續的調適。本書第 17 章〈潛移默化微變革〉分析不同層級的成員，在運用科技的五階段過程中，產生哪些計畫性行動以及非預期行動，產生五段組織轉型——手工變成資料庫、單兵作業變成團隊合作、角色與責任重新分配、系統拓展海外、形成新內控機制，最後漸漸地改變組織結構以及促成科技演化。

要素二：理論取樣

接著，解釋案例選擇的原因。我們可能會選一個案例深入分析，或一組案例倆倆相對比。或者，你可以選三至六個案例來呈現多樣化，或是十多個案例來呈現某種樣貌。你選擇案例的原因必須與理論有關。以專業的術語來說，你必須要用「理論取樣」（theoretical sampling）法則[15]。你可能注意到，在質性研究中，我們用理論取樣而不是統計抽樣，這是希望能夠與量化研究的區別。量化研究方法是統計抽樣，質性研究是理論取樣。理論取樣的過程中其實就是理論跟案例之間的對話（參見圖 7-5）。一方面，好的案例可以提供全新的素材，從而提煉出好的觀念。另一方面，選取案例時需要配合所運用的理論視角，適當的理論可以帶出好的角度，於是就可以收集到好的案例資料。理論與案例誰先誰後並不要緊，哪裡開始或結束也不重要，重要的是兩者之間不斷對話，以取得理論飽和。

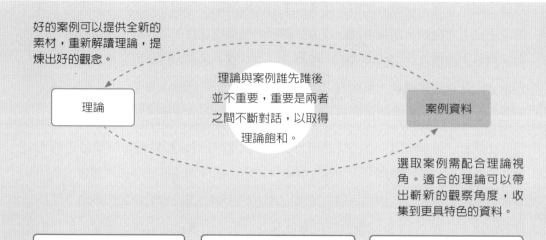

好的案例可以提供全新的素材，重新解讀理論，提煉出好的觀念。

理論與案例誰先誰後並不重要，重要是兩者之間不斷對話，以取得理論飽和。

理論

案例資料

選取案例需配合理論視角。適合的理論可以帶出嶄新的觀察角度，收集到更具特色的資料。

1 一個案例，包羅萬象	2 案例與理論，兩者需對話	3 正反合，三方缺一不可
一個案例求深度、兩個案例比落差、三個案例尋樣類型、多個案例找樣貌。	用案例檢視理論可找新的意義，用理論引導案例可看到新的機會。	凡事必有正反，正反則生張力。尋合需求超脫，折衷卻是陷阱。若欲彰顯洞見，以浮睿明幫助思辯。

圖 7-5　質性研究需以理論取樣，而非統計抽樣

　　我們還可以由「1-2-3原則」來理解理論取樣。原則一，一個案例可包羅萬象：一個案例求深度、兩個案例比落差、三個案例尋樣類型、多個案例找樣貌。原則二，案例與理論，兩者需對話：用案例帶出理論可以尋找新的意義，用理論帶出案例可以看到新的機會。原則三，正反合，三方缺一不可：凡事必有正反，正反則生張力。有張力，就會找到缺口，由缺口尋找合方觀點，超脫正反的意見；但千萬不可以掉入「折衷」的陷阱，只是在正反觀點之中去尋找妥協的方法。如果我們要彰顯案例的洞見，不斷修改研究的「浮睿明」便可幫助我們思辯得更深、更遠。

　　你選擇某個案例來分析，不會是因為你跟公司老闆比較熟，或者因為公司就在你家附近，收集資料比較方便。這種方便性的理由是比較不科學的。你會選某一公司作為案例研究，一定是因為這家公司的某種特殊作法值得調查。該公司可能有與眾不同之處，或者有高人一等的經驗，或者有獨家的內幕。選擇案例要呼應研究主題，與所選用的理論契合，具有一定的代表性，這就叫做理論取樣。所以，如果你的研究主題是「開放式創新」，所選擇的案例就必須要有開放式創新的相關證據。例如，這家公司就必須要有特殊的合作伙伴才能進行開放，而這家公司與夥伴之間必然交換或組合了某種資源，產生一項新產品或新技術。

　　案例需慎選，不能隨意選，需要與理論取樣原則相搭配。我們延續之前的討論來舉例，此研究選擇聯合報系旗下金傳媒事業部的「梵谷策展」專案作為理論發展的案例，背後有三點理論取樣考量[16]。其一，此案例提供弱勢者與強勢者的互動情境。策劃梵谷展的難度頗高，活動事業處必須向荷蘭庫勒慕勒美術館商借梵谷畫作。這是一個國際級美術館，設有安全檢察官等專業策展職務，策展規格之要求甚為嚴格（為強勢者）。相較下，金傳媒活動事業處居於弱勢，要如何能與強勢的荷蘭博物館方協商，更是不易。在資源貧乏與重重制約下，活動事業處要如何滿足安全檢察規範，才不會使先期投資功虧一簣。在梵谷策展過程中，應該可以觀察到策展小組面對強勢者的隨創作法。

　　其二，該組織位居充滿制約的環境，此案例呈現劣勢處境下的回應。活動事業處付出高額借展費用，卻只能借到梵谷早期畫作到台北展出。數量不多，也缺乏名畫。手上沒有一副好牌，如何能吸引大量的人潮，又如何吸引贊助。這提供我們理解制約下，弱勢者創意回應作法的素材。此外，周邊商品是策展重要收入。活動事業處若不推出足夠的新產品，收入必然降低；但是，若推出太多新產品，一旦賣不出去，又需擔心龐大的庫存成本。活動事業處在解決這些問題時，必然要施行某種「巧婦可為無米之炊」的計謀。這些計謀便是深具價值的實證資料，帶領我們了解

創業者如何由劣勢中建構資源，遂行創新任務。

　　其三，此案例點出「弱勢者不是弱者，強勢者不一定是強者」的條件。聯合報系母公司雖然擁有豐沛的資源，並將其資源充分給予旗下「金傳媒」之下的策展部門。但光是看階層，策展小組與母公司就差了四層級，是典型大組織下的邊陲單位，讓策展小組顯得弱勢，像是新創事業。於某處具強勢者不一定是強者。策展小組執行每一個專案時，其實就像是在「創業」，不只要克勤克儉抓成本，更要在有限的資源下完成任務。在本案中更是如此。面對荷蘭館方的強勢規定，不只策展小組沒轍，就是連聯合報系出面也對這些制約無可奈何。於此，梵谷策展小組符合本研究評估弱勢者（但非弱者，聯合報系在台灣有頗高的社會聲望）發揮創業行為的條件。

　　接著，要說明案例的背景，像是這家公司有哪些特色，位居什麼樣的產業，主力產品為何，核心能力又是什麼，市場規模有多大，曾經得過哪些專利，曾經研發過哪些旗艦型產品，營業表現如何，主要管理團隊有哪些人，組織架構長什麼樣，研發投入的規模與比例多大等。舉凡跟研究主題相關的資訊，都可以在此做一說明。目的是要說明選擇案例動機，一邊讓讀者了解為什麼你會挑某家公司，而不是另一家企業，作為案例研究的基礎。

要素三：分析架構

　　然後，我們必須說明分析架構，也就是研究是依據怎麼樣的邏輯來分析這個案例，又如何有系統地收集資料與分析證據。這就像在實驗室中，我們會用不同的顯微鏡片來觀察細胞的活動。不同的鏡片所帶來的觀察清晰度自然不同，細膩程度也不同。鏡片的穿透性不同，得到的數據自然也更不同。

　　分析架構要如何產生？通常我們會由既有理論中找到一個合宜的架構，加以修訂或調整，以便用來分析所要調查的問題。分析架構可以用既有的理論來改良，也

可以從其他的領域借鏡過來。只不過，分析架構必須點出新的調查內涵，而不是將資料套到分析架構中。很多學生喜歡將類似波特的「五力分析」這樣的架構拿來套用，然後將收集到的資料「擠」進去，以為這就是完成論文。這不完全是正確的。這種規範性的分析架構並不適合作為研究的分析架構。這是套用已知的理論去整理已知的資料，這樣只是完成作業，並不是創作論文。你只是學習如何使用一項工具或方法，而不是透過一個新視角去觀察未知的現象，再從新的證據中產生一套論述。博碩士論文需要有「研究」的要素，要探索未知，而不是重複已知。

　　若是我們延續梵谷策展的案例來說明，由理論缺口點出三個分析要素：時機、角色、資源。這個研究要分析的是，逆境中弱勢者如何建構資源以回應強勢者所施加的制約。隨創意味著，弱勢者必須面對強勢者，身邊不僅資源不夠，而且還處處受到制約。資源要重新組合之前，弱勢者必須先找到資源，方能構思組合的方式。可是，弱勢者身邊資源不足，必須與周邊夥伴商借或交換。然而，為何相對強勢的夥伴願意把資源給弱勢者，或與弱勢者交換相對不好的資源。如何運用某種手法，將看似無用的資源，轉換成對手覺得有用的資源，願意與之交換，這便是這份研究所要分析的「社會建構」過程（分析架構見圖7-6）。這不是套用，而是由現有理論基礎上所發展出的分析架構，讓我們可以探索新的觀念或是不同的作法。

要素四：資料收集

　　有了分析架構，下一步就是要說明資料收集的方式。你要說明資料收集的方法以及在調查中問過哪些問題。個案研究很重要的工作就是進行田野調查。研究者必須到企業中收集相關資料。整個過程跟偵探辦案很相似。研究者並不是問一般性的問題，像是該公司都做哪些產品或者主攻哪些市場。這些資料網路上都有。

　　研究者不是要問「意見性」（opinion）的問題，例如某主管對於該公司成功的看法。收集資料必須要跟分析架構相契合，不可以讓問題過於發散，或者流於報導

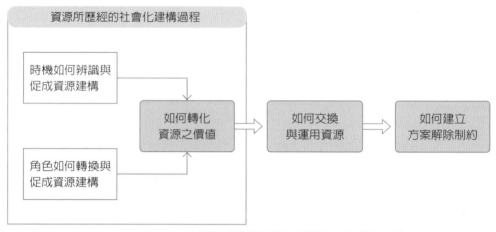

圖 7-6   由資源轉換議題切入所發展出的分析架構

性的採訪。資料收集必須要有理論來驅動,從一個特定的理論角度,用一個嶄新的方式,針對一個特定的課題,收集現場的資料。因為很重要,所以再次提醒:理論不是用來套用已知的資料,而是要去發覺未知的資料。

　　資料收集的方式有很多種,最常用到的就是面對面的採訪,直接請教受訪者,詢問他們對特定議題的看法、見解、作法、成效等問題。更進一步,你也可以到現場觀察,或者跟著受訪者一天,去了解他們的生活脈絡。你有時也必須收集次級資料,或者利用歷史資料來佐證(參見本書第15章,完全以歷史資料來建構案例的證據)。資料收集的手法有很多種,但重要的是你是否收集到合適的證據,足以建構你的論證。在調查的過程中,需要讓田野調查(也就是案例的內容)、研究主題(也就是所要分析的現象)、既有文獻三要素相互交流(參見圖7-7)。過程中,研究主題、田野調查與既有文獻三者需持續產生對話,檢視案例的內涵是否達到理論飽和。圖7-7中有三個探索要點,第一,目前的文獻有哪些與主題相關的概念(理論)。所研究的主題,是否在既有的文獻中已經被探討過。第二,案例中是否隱含任何新觀念,是既有文獻尚未顧及的。第三,案例所遇到的問題是否點出某種

新現象，浮現某種新的研究主題。或者，所要研究的主題是否在案例中浮現。我們無需擔心要先做哪一步、後做哪一步。不論由哪裡展開，從哪裡結束，都要讓研究主題、田野調查與既有文獻三者持續產生對話，以便檢視案例的內涵是否達到理論飽和。第九章我們會談到更多資料收集的技巧。

要素五：資料分析

　　接下來要交代資料分析的過程。收集好的資料必須要用分析架構所發展出的分析步驟，以創意的方式呈現證據。你要避免掉進「套套邏輯」，也就是把已知的東西，透過一個分析架構，以案例重新再解釋一遍這個架構。分析架構不是公式，將資料套進去即可。分析架構是一種探索的指南針，帶領我們去發掘未知的情報。資料收集與分析都必須扣連分析架構，才能夠具備可性度，令讀者信服。

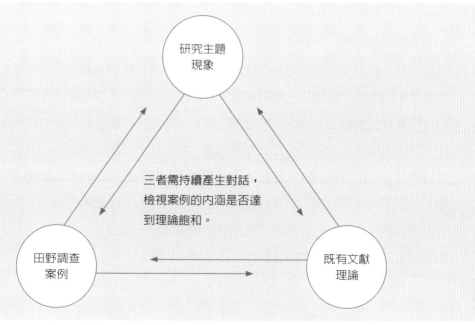

圖 7-7　田野調查、研究主題與既有文獻是不斷對話的過程

　　例如，你要用隨創理論（bricolage）來分析一個案例。透過該理論，你整理出必須要分析時機、角色、資源等三個要素。但是，看過幾次資料後，你會發現，這三個要素都牽涉到「轉換」的行為。例如，在制約狀況下，要把時機抓準，才能化危機爲轉機，也才能夠隨機應變。角色也要隨時機轉換，才能將弱勢逆轉。資源要交換，才能以小搏大。但是，一位弱勢的創新者又怎麼能找到轉化的時機呢？這就成爲資料分析的主軸（請回頭參考圖7-4）。

　　在此案例中，隨創是已知的理論，主要討論的重點是資源的隨手發掘、拼湊與活化，可是卻尚未探討轉換的議題。我們又發現，如果要探討資源轉換的問題，就必須要同時調查資源被發現的時間點與原因，擁有資源的人是如何改變他們的角色，最後才能夠理解資源的價值如何被改變。由這一系列推理過程中，我們便可以找出新的分析方式，需要由資源拓展分析至資源辨識的時機以及資源擁有者於角色上的改變。這樣就發展出新的分析架構，由新的角度去理解隨創行爲，進而探索劣勢之下的創新作爲。

　　本章解釋撰寫前三章時需要注意的事項。整體而言，前三章考慮是跟推理的嚴謹度有關。我們需由實務現象抽絲剝繭，轉換成爲理論的問題，說明這樣的研究所可能帶來的價值。緊接著，要回顧過去的想法以及作法，歸納成爲正反方的觀點，由兩個衝突的觀點中去尋找當前思考的盲點。於是，我們會找到一個新的視角，去探索跳躍正反的合方觀點。從合方的視角，我們就可以開始發展分析架構，進而思考要如何去收集資料，收集資料之後又要透過怎樣的邏輯推理才能夠讓資料產生意義。當我們把零散的資料重整爲資訊，這些資訊開始呈現意義的時候，我們在第四章就可以再次昇華，將資訊變成有系統的學術知識。我們下一章就會探討，如何呈現案例，使得田野收集到的資料可以逐漸變成知識。

Chapter 08

論文之後段構成：案例呈現與啓發

—— Thesis Construction Stage 2:
Elaboration and Implication

眞正的洞見來自於內心深刻的體驗（True insight comes from inside）。

論文前三章的目的是說明研究設計，後三章則是呈現案例以及解讀案例所帶來的啟示。我們可以分為三個主題來探討：脈絡以敘事、捭闔提論述、經典求雋永。這分別對應到論文的第四章，要有系統地整理研究發現；第五章的討論，要提出這份論文所會帶來的新觀念與新作法，還有哪些需要改善的地方；第六章是結論，必須要從一個更高的視野說明這份論文所提出的獨特論點，會帶來哪些思維上的轉變，閱讀以後會產生什麼樣深刻的意義。

招式四：脈絡以敘事 —— 研究發現如何寫

接下來就進入第四章。第四章要呈現研究發現，需將所有的資料以真實、有趣、豐富、知識性的方式來鋪陳案例。這像是濃縮我們所知道的一切，拍成一部兩小時以內的電影，目的在呈現案例分析後所得到的亮點。有創意的呈現資料是具挑戰性的，就像要拍一部好電影是不容易的。許多電影拍攝手法不對，最後就變成枯燥無聊的故事。如果拍攝超出兩小時，預算則負擔不了。研究發現雖然像在說故事，但必須要鎖定某種分析的脈絡，由案例中呈現出來，要注意三個要點：案例背景需契合理論、以理論解讀證據、說故事要有脈絡。

也就是，案例背景需扣住論文主題。需以分析架構解讀案例，以原創方式呈現資料，而不是以案例「套入」分析架構。要提出具體、相關的證據，像是受訪者的引言、相關數據或是圖表來闡釋合方的論點，並與分析架構相扣，提出的數據要逐一解釋。研究發現要跟著推理邏輯走，呈現有意義的脈絡，讓案例令人感到真實、精彩、驚喜，又能令人感動。

要點一：背景需契合理論

前一章談過理論抽樣，就是要注意所選的案例不能與所要探索的理論無關。在

研究發現，一開始就必須先將案例的相關背景做一交代。不過，千萬不要放入太多與所要探討主題不相關的資料。案例背景必須呼應理論取樣，配合分析架構，而非將公司介紹不加思索地全盤放入，甚至乾脆就把公司網頁上的介紹直接抄進來。這樣的作法是不對的。

一開始，我們需要針對企業的背景做一些說明，這與第三章的「案例背景」，用來解釋案例取樣條件，是不一樣的。這些案例背景並非單純的公司簡介，而是要針對論文主題提供必要的資訊。例如，如果這篇論文主題是有關於「創新擴散」，那公司背景中就必須要提到使用者、產品、採納問題、擴散狀況等相關資料。如果這篇論文主題是有關於「動態競爭」，那公司背景中就要提到公司的產業地位、競爭對手、產品態勢、市場對抗狀況等。如果這邊論文主題是有關於「劣勢創新」，案例背景就必須要解釋這家公司遇到哪些制約，面臨哪些困境，又缺乏哪些資源。將所有應該先知道的資料呈現，這樣便可以引出研究發現，凸顯案例的特殊之處。

研究背景需要與理論取樣原則相搭配。例如，配合之前談到的梵谷策展案例，選擇此案例有三點理論取樣考量[1]。其一，弱勢者對比強勢者原則：這篇研究探討，在資源貧乏與重重制約下，弱勢者如何回應強勢者。所以，案例背景要介紹聯合報系的活動事業處雖然在台灣是領先的媒體，卻為何在此案例中會成為弱勢者，說明荷蘭庫勒慕勒美術館為何是強勢者（安全檢察官的職權），以及該機構對策展規格之要求等。

其二，資源匱乏與制約原則：同理，案例背景需要解釋活動事業處為何只能借到梵谷早期畫作展出，而借不到其他重要的畫作。此外，還需解釋為何活動事業處外包製造周邊商品的困境，以及為什麼擔心龐大庫存的壓力。如此，在案例展開時便可以理解為何聯合報系需要研擬「無中生有」的計謀。

其三，弱勢者對比弱者原則：這篇文章強調弱勢者非弱者。看似強勢者，也不

一定是強者（所謂強龍不壓地頭蛇）。這時我們必須先解釋聯合報系母公司雖然有豐沛資源，旗下「金傳媒」也有資源，但是策展部門階層低，是邊陲單位，因此是弱勢者。而且，面對荷蘭館方的強勢，策展小組與聯合報系相對來說都是弱勢者。這些議題都必須事先在案例背景交代，才能夠凸顯制約在這個案例所扮演的角色，也才能夠展現策展小組在困境中的創意回應。

要點二：以理論解讀證據

　　交代了公司背景，接下來便要鋪陳研究發現，但是案例的呈現必須要與分析架構相輔相成。這是要求合理度，要能夠依循第三章所提出的分析架構進行推理，讓讀者能夠看到清楚的邏輯思路。例如：我們要以「意會」（sensemaking）的理論來分析科技採納問題。那我們就必須從意會理論中發展出一套分析的方法，在第二章與第三章要先交代好，然後根據這套分析的方法將資料於本章案例中逐一呈現，這樣才會有邏輯連貫性。這不是把資料「套」進去，而是透過分析架構來解讀資料，闡述合方的觀點。像是，以意會為理論視角，可以先呈現科技導入者的思維，特別是強調他們運用科技的偏見，然後再呈現使用者運用科技的想法，以及他們對科技所產生的驚訝與抗拒[2]。最後，你再比較科技導入者以及使用者在想法上的歧見。分析使用者在工作應用上的期望落差，以及在採用策略上的衝突。

　　就如第三章所提到的，分析架構是發展出來的，不是套用進去的。這裡面有一項寫作原則：就是要用「已知來帶領出未知」。如果只是用已知的架構，推導出已知資料，做出已知的結論，就是「套理論」，那就無法凸顯這篇論文的價值。研究發現所帶出的資料一定是要別人不知道的，最好還可以帶給讀者驚喜。例如，隨創理論所要呈現的是即興式的資源重組（resource combination），就是分析創業家如何能信手拈來周邊的資源，組合成解決問題的良方。但是，我們尚不知道這些資源是怎麼被建構出來的。所以，如果將這些「資源建構」（resource construction）的

證據呈現出來，並且說明為何一些看似無用的資源，能被轉換成有用的資源，然後被創業家即興地重組。這樣，分析「資源建構過程」就是令人驚喜的發現，因為過去研究多認為，只要創業家隨興地運用周邊資源，就可以達成隨創的效果。但是，他們卻未分析，萬一連資源都沒有，那創業家該怎麼辦呢？將「無用資源化為有用」的過程整理出來，便是理論上（也就是觀念上）的一項驚喜（參見圖8-1）。

由此，我們可以發展出兩個分析重點來撰寫案例。第一，分析「時機」如何促成資源的建構。我們可以分析弱勢者在什麼時機下辨識到資源建構的機緣，以及弱勢者如何轉化時機為資源建構。例如，策展小組（弱勢者）如何知道要與荷蘭館方合作，讓安檢官過來協助培訓；又如何找出時機讓梵谷的書信搭配畫作展出。這是分析重點之一。第二，分析弱勢者如何透過轉移「角色」來轉換勢力落差，促成資源建構。這是分析弱勢者如何能與強勢者與利害關係人協商，改變雙方互動的方式，進而克服制約。例如，一位新進職員在官僚架構下看似弱勢者。但是，他也是領域專家，如果他轉由專業社群的角色來發言，即使在官僚體制下，他也可成為一位勢均力敵的對手。弱勢者如何找到新角色，改變資源建構方式，是另一分析重點。

由時機與角色兩個要素來分析社會建構過程，觀察局勢如何可以被改變，資源價值又如何被轉換，是這份論文透過分析架構所引導出的重點。研究發現需透過這個分析架構去探索（再次提醒，不是套入），讓資料有新的呈現方式。

一邊呈現證據時，也要一邊分析這些證據對案例的意義，並且解讀這些資料背後的深層涵意，這就是讓資料跟理論開始「對話」。用理論去呈現不容易看到的資料，用資料來深化理論的內涵。依據上一段的說明，要分析梵谷策展案例，就必須要由「時機」與「角色」去觀察「資源」的價值如何逐漸被轉換。在這份論文中，我們呈現三個階段的故事，因為篇幅過大，在此只以第二階段的研究發現來舉例說明。這是有關畫作不夠好，策展效果大打折扣的制約；以及有名畫來展，但是多沒

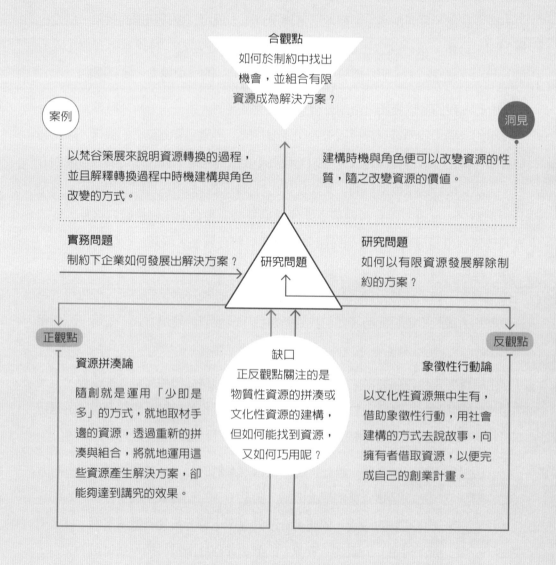

圖 8-1　梵谷策展的浮睿明 —— 引導論文第四章的撰寫方向

有名氣的限制。我們來看看如何以分析架構呈現資料，分三步驟說明：先點出制約背景，再分析時機如何改變資源價值，最後分析角色如何改變資源價值。以下搭配作品原文來解說。

　　步驟 1：點出遭遇制約。 策展小組的挑戰是借不到梵谷較爲知名的畫作。梵谷畫作散布在世界各大美術館中，多是鎮館之寶，不易商借。例如，《向日葵》珍藏於英國倫敦國家畫廊；《星夜》典藏於美國紐約現代美術館；《夜間咖啡屋》則是庫勒慕勒美術館的鎮館之寶。多數梵谷晚期畫作則收藏於法國奧賽美術館，原屬於梵谷精神科醫師保羅‧嘉舍（Paul Gachet）醫生後人所有。當時由於梵谷名氣不大，捐贈者擔心梵谷畫作被丟棄，故定下契約，規定梵谷畫作永不得離開奧賽美術館。即使梵谷畫作有可能出借，以市場行情推估，高額的借展費用勢不可免，保險費也相當可觀。一位策展主管指出：

> 「我們當然知道觀眾想看名畫。但是像《向日葵》或《星夜》這樣的名
> 作，光是一幅畫的借展費用就占了所有畫作一半。台灣的市場太小，這
> 些成本根本不可能回收。」

　　梵谷的畫作相當脆弱，許多作品因此無法長途旅行。梵谷一生窮困潦倒，生前僅賣出一幅畫作，生活完全仰賴弟弟西奧的援助。梵谷無法負擔高級的顏料和畫布，只能買到最便宜的畫材，或直接在木板、紙板上作畫。梵谷早期作品（1880～1885 年間）多以木匠用的鉛筆、礦工挖的煤炭，或是樹脂、墨水等原料來作畫。他的素描多以粗曠而強勁的線條來表現情感，因爲用炭筆作畫，筆觸易隨著時間而褪色。

　　梵谷許多畫作都上了兩層油彩。這是因爲梵谷買不起新畫布，所以直接在舊作塗上新油彩。梵谷偏好厚塗法，所以顏料容易因年代久遠而龜裂、剝落，耗損程度較一般油畫來得快，因此不耐長途運輸，必須保存於美術館裡，不宜出借。活動事

業處雖嘗試向荷蘭館方商借多幅梵谷名畫，卻意外被對方訓誡一頓。一位策展人轉述庫勒慕勒館長的回應：

> 「我不太能理解你們說希望多借一點名畫是什麼意思，難道名畫就等於是好的畫作嗎？事實上，我認爲這些畫作都是相當好的作品，早期素描都是梵谷畫作的脊椎與靈魂，也是他後續創作的基礎啊。」

名畫借展不易，活動事業處只能向庫勒慕勒美術館借到 70 多幅梵谷早期素描作品，以及 20 多幅中晚期油畫。眾所周知的《星夜》、《向日葵》等作品，皆無法借來展出。現實上，缺乏名畫讓策展小組相當困擾。過去如米勒展、四大古文明特展等，都因有普及性高的作品而帶動人潮，更可以帶動周邊商品買氣，如米勒展的《晚禱》、《拾穗》等複製品，就成爲該展的重要收益。梵谷展缺名畫，將牽動票房收入、周邊商品銷售以及贊助意願，策展小組再次陷入苦思。

步驟 2：分析時機如何創造資源新價值。缺乏著名畫作讓策展小組擔心不已，但荷蘭館長對策展小組的訓誡，以及對梵谷早期畫作的評價，卻引發一個靈感。策展小組注意到，梵谷僅有十年創作歷程（1880～1890），卻能透過自學，由牧師蛻變爲畫家。梵谷早期畫作主要在刻劃礦工、農婦的身影。他厚重的筆觸，獨創的繪畫風格，和當時學院派強調身型比例與刻劃細緻肌膚全然不同。這也是一般人較少知道的特點。一位策展人員想到：

> 「荷蘭館長眞是罵得好，這是一個重新認識梵谷創作的機會。剛好今年是梵谷逝世 120 週年，全球掀起一陣梵谷熱。國內美學家蔣勳也準備藉此機會舉辦一系列『破解梵谷』的巡迴講座。九歌出版社也重新修訂作家余光中在 1955 年所譯的《梵谷傳》，幫助大眾認識梵谷。這是天賜良機！」

荷蘭庫勒慕勒美術館除珍藏梵谷早期素描，還保存梵谷與弟弟西奧的往來書

信，字裡行間透露梵谷創作的緣起。策展小組想到，可以透過這些信件讓觀眾了解梵谷創作過程中思維的掙扎，這正是荷蘭館長所說的「梵谷靈魂」。除了商借梵谷早期素描外，策展小組也將往來書信列入展出企劃中，希望讓台灣觀眾重新認識梵谷作品。這同時也改變整個策展方針，梵谷展的重點不再主推名畫，而是透過素描與書信重新點燃梵谷的靈魂。抓住梵谷信件的時機，使策展小組將策展由「名畫」轉移到畫家的「靈魂」，不僅解除危機，更創造出票房佳績。

過去，民眾看展多是為了畫作而來。也因此，活動事業處過去的策展規劃主要以知名畫作為主，較少詮釋畫家的生命歷程。此次，策展小組必須改變展覽定位，並調整觀眾的期望值，更要改變畫展與觀眾的互動方式。如果以原來的策展方式進行，缺乏名畫的展覽將不易吸引足夠的觀眾。因此，策展小組必須重新定位自己與梵谷展的角色。既然抓住以「靈魂」為策展的主軸，策展小組便以梵谷這個「人」（的靈魂）為主題，取代以「畫」（的知名度）為主題的策展設計。

活動事業處以《燃燒的靈魂‧梵谷》為題，引導觀眾去認識梵谷的創作靈魂，而非主打畫作。在展場規劃上，策展小組將梵谷十年創作歷程，從寫實到奔放的畫風轉折，分三階段展現，並配合展出梵谷與弟弟西奧的往來書信，讓讀者了解梵谷在早期生澀的想法與困頓的心情。第一階段展出梵谷創作初期（1880～1885），梵谷刻劃農夫、織布工人、藍領階級以及農村風景，展現強勁有力的素描風格。第二階段是梵谷創作高峰期（1886～1888），他在法國巴黎與弟弟西奧相聚，並接觸到印象派畫風。梵谷改以花朵、人像與自然風景為繪畫主題，並完成《向日葵》等成名畫作。第三階段是梵谷創作晚期（1889～1990），梵谷癲癇症發作，進入聖雷米療養院，這段時期的創作開始出現漩渦紋與火焰般的燃燒線條。代表作《星夜》就是在這個階段完成的作品。

策展小組將展覽焦點由畫作轉移到畫家。梵谷的身世成為展覽的設計重點。梵谷出身基督教家庭，父親是牧師，自己也擔任過牧師，但後來被教會解職。梵谷從

挖炭工人找到感動，嘗試以炭筆來關懷人群，以及讚頌上帝的偉大。例如，梵谷寫給弟弟西奧的信中有兩段說道：

> 「你能想像嗎？這群礦工不到 30 歲，但卻老得像 60 歲！他們每天工作 16 到 22 小時，他們咳嗽、生病，身上卻承受這麼大的重量！」

梵谷更以畫作見證工業社會底層勞工的生活。一位策展人解釋所想到的策略：

> 「梵谷早期素描，如《播種者》刻劃農民耕種的身影；《剝馬鈴薯的女人》以及《用鐮刀除草的男孩》，寫實地刻劃中低階層人民的生活。還有，《吃馬鈴薯的人》描繪生活的無奈，一家五口在一天辛苦工作後，從荒蕪的農田裡挖回幾顆馬鈴薯，但要如何分配呢？畫中用黑咖啡來襯托出這家人苦澀的眼神。這些素描作品都傳達梵谷的人文精神，影響歐洲學院派畫風，更被視為十九世紀末史料。我們如果以畫作來襯托畫家的人文精神，應該可以讓梵谷特展多點勝算。」

策展小組還設法向日本寶麗美術館商借梵谷過世前的畫作《薊花》。如此一來，這次展覽中便集齊梵谷最早和最晚作品。策展小組將展場動線設計配合畫家生涯，呈現梵谷十年創作歷程，讓展覽有了歷史感。一位策展小組成員指出：

> 「在梵谷展中，我們的構想是去表現梵谷創作的脈絡，不只給觀眾看天上的星星，也要告訴他們太陽系形成的歷史。從早期素描到晚期油畫，觀眾可以看到梵谷如何在十年間，從一個有待加強的新手，到成為一位大師級畫家。」

梵谷展嘗試改變與觀眾的互動方式，從「觀看名畫」到「精讀畫家」；觀眾從畫作中可以理解歐洲藝術風格的演變、寫實與印象派畫風，還可以藉此說明歐洲早期工業化進程中的人民生活。一位經常看展的民眾事後反應：

　　「其實我們也很好奇梵谷早期的作品長什麼樣子，沒想到他的素描創作
那麼具有寫實風格。這一次，大家也比較不會一窩蜂地只想找名畫看。
能夠了解梵谷創作風格的改變，這也算是一種學習吧。」

　　策展小組進一步構思，將「靈魂」變成一種觀眾體驗，讓參觀者有物超所值的
感覺。一日，策展小組在一家咖啡廳開會，翻閱著梵谷畫冊苦思，突然由《夜間咖
啡屋》這幅畫作得到靈感。策展小組盤算，史博館目前正在進行翻修改建，如果能
趁此機會在戶外庭院架設一個露天咖啡屋，營造梵谷在 1888 年於法國普羅旺斯創
作《夜間咖啡屋》場景，將會提供觀眾有趣的體驗。策展小組轉向說服史博館，提
議以此案讓觀眾對博物館有全新的感受。

　　這個想法很快獲得史博館認同，對照之前面對荷蘭館方安檢不合格的挫敗，史
博館決意要以創新作法扳回顏面。館方欣然同意，在庭院間仿照梵谷《夜間咖啡
屋》的場景、用色與格局，搭建一個露天咖啡屋，讓觀眾能走入梵谷的創作場域。
進一步，這個創意還激發策展小組重新設計展場，邀請國內畫家將《星夜》複製
在展場走廊的天花板上，讓民眾直接感受梵谷畫筆下的神祕壯麗。一位業界專家評
論：

　　「不能帶進名畫，卻複製《夜間咖啡屋》名作的場景，給觀眾一個有趣
體驗！在庭院仿製梵谷的《夜間咖啡屋》、在入口處天花板上複製《星
夜》畫作，雖然手法還不是很純熟，但這些空間設計卻開始營造不同的
觀展體驗，這是台灣策展單位的進步。最少，這已跳脫過去只是把畫放
在博物館這麼簡單的思維，而開始從觀展人的角度來設計展場。」

　　步驟 3：分析角色如何創造資源新價值。策展小組以「認識大師創作歷程」重
新定位梵谷展。但梵谷早期創作缺乏知名度，於在地市場仍然不易引起共鳴。藝術
策展一向被視為較不獲利的事業，所以在內部能分配到的廣告資源很少，策展小組
也沒有多餘經費，僅分配到微薄的媒體資源造勢。策展小組在一次聚餐時，偶然間

從菜單上的「主廚推薦」得到靈感。一位策展主管回憶：

> 「台灣的觀眾普遍相信名牌，所以還是需要提供他們指引，不然他們不
> 知道要看什麼。比如說，今天你到一家餐廳，老闆跟你說什麼東西都很
> 好吃，你反而不知道要怎麼點菜。一定要跟你說，哪一道菜是招牌菜，
> 非點不可，你才會安心地點菜。」

　　策展小組借鏡餐廳的作法，以「主廚推薦」模式來幫助民眾認識梵谷。但是，如何說服專家來推薦梵谷展是一大挑戰。一般而言，這些專業人士較不願意為商業活動代言，而且策展小組也沒有足夠的經費找這麼多專家代言。於是，策展小組便另闢蹊徑，構思出梵谷百年藝術美學教育推廣活動，邀請專家共同為社會教育盡一番心力。推出後，很快得到回響。

　　首先，策展小組推行「館長推薦」活動，邀請歷史博物館歷屆館長各導讀五幅畫。例如黃永川前館長推薦《有帽子的靜物》（1885），這是他早期學油畫時的臨摹畫作。當任館長張譽騰則推薦《普羅旺斯夜間的鄉村路》（1889），他認為這幅畫展現梵谷的精髓，有梵谷最愛的絲柏和麥穗，並且浮現出魔幻寫實的畫風。荷蘭庫勒慕勒美術館館長伊維特‧凡史崔登則推薦《聖雷米療養院的花園》（1889），他認為梵谷的畫風開始轉向柔和，站在畫作前就好像聞到花的氣息，讓人感受到春意。

　　另外，策展小組舉辦「行家首選」邀請名人賞析畫作。學者蔣勳推薦《雪地裡背煤炭袋的婦女》，他認為這是梵谷彰顯人道關懷的精品。詩人席慕蓉與洪建全基金會董事長簡靜惠則推薦《縫衣婦女與貓》，她們認為梵谷在畫作中所透露的溫馨與寧靜，讓人耳目一新。廣達電腦董事長林百里則推薦梵谷自畫像，他認為與梵谷四目相望，彷彿能窺見他的內心世界。一位資深文創界人士說明：

「其實藝術欣賞也是需要學習的。內行人看門道，外行人看熱鬧。由館長或專業人士提供對藝術作品的解讀，可以學習到不同領域的專業知識，以及對同一幅作品的多元解析。尤其梵谷畫作裡面也有歐洲在地的文化脈絡，需要專家解密。」

策展小組原本是為介紹梵谷早期較不知名的素描作品，卻意外形成口碑，更多民眾由行家解讀中重新認識梵谷。透過在地行家與館長推薦，策展小組不但導入藝術社群資源，讓梵谷展更具話題性，使各大媒體爭相報導，也引發大眾好奇，想多了解這位藝術家的創作故事。透過館長與行家推薦，梵谷展獲得大量的免費媒體曝光。進一步，透過銀行界企業家，策展小組除了取得贊助經費外，還運用銀行的營業大廳展示梵谷畫作的複刻精品，讓偏遠地區兒童可以就近到銀行營業處觀賞梵谷畫作，藉以推廣美學教育。館長與專業行家則由推薦過程中，提高在一般大眾市場能見度，也累積自己的專業口碑。活動事業處也藉此機會活絡文創專家資料庫，作為未來舉辦文創活動的重要顧問智囊。

要點三：說故事要有脈絡

以上這樣以分析架構呈現研究發現，可以讓資料與分析架構有所「對話」，案例的故事也就更具邏輯性，分兩點來說明。

故事 1：由「時機」促發「資源」新價值。這樣呈現案例可以由時機來呈現隨創。隨創有許多運氣的成分，創新者必須慧眼識時機，才能夠找出資源建構的方式。也因此，故事中凸顯隨創如何藉由時機來建構資源的新價值。例如，由節慶中找到物件的象徵意義，改變使用者體驗的方式。策展小組缺乏梵谷知名畫作，只能借到梵谷的早期素描。在地觀眾習慣看名作，這是先天制約，無法短期內改變，票房肯定受影響。

策展小組原本想轉向荷蘭館方協商借名畫，卻被館方訓誡了一頓，要策展小組

不要膚淺地只看到素描，更要去體會畫家於每幅畫作的精神。不過，對別人是一頓訓誡，策展小組卻能識別其中的機會，找到隨創的轉機。利用梵谷百年紀念，策展小組將「名畫」導向的展覽設計，改為以認識大師「靈魂」的策展企劃，將梵谷早期的書信與畫作一起展出，讓觀眾同體會大師一百年來的人道精神。

此外，缺乏名畫還會影響到複製畫與高單價商品的銷售。策展小組看到史博館改建時機，提出改建庭院與場地的建議，將無法來台參展的名畫融入場景。在史博館庭院，策展小組仿照梵谷《夜間咖啡屋》的場景、用色、格局，搭建一個露天咖啡屋，讓觀眾能「走入」梵谷的創作。策展小組並邀請國內畫家將梵谷名畫《星夜》重現在展場走廊的天花板上，讓民眾直接感受梵谷畫筆下的神祕壯麗。也因此，帶動原來低迷的周邊商品銷售。要識別史博館的改建時機不難，要看到史博館雪恥志氣也非不易，但是能夠把缺席的名畫融入展場來設計觀眾的美學體驗，是難得的隨創巧思。

故事2：由「角色」促發「資源」新價值。隨創時，我們往往忘記創新者與對手之間有著強弱的衝突關係。如何化解強弱不均等態勢，是進行隨創的一大挑戰。施展隨創時，必須改變弱勢者或強勢者的角色，才能改變兩者之間的互動關係，找出以小搏大的隨創作法。研究發現中點出弱勢者改變「角色」的作法。

例如，將工作賦予神聖的使命，形塑英雄的角色。缺乏媒體資源，便很難吸引觀眾的注意力。金傳媒想要找名人來為梵谷展造勢。但是，名人（企業家、學者、館長）不願意擔任代言人，涉入商業行為。策展小組卻透過使命重新建構他們的角色，代言人則成為「美學教育家」。借助館長與行家，不但幫助觀眾解讀梵谷與其作品，更吸引媒體大幅報導。將消費性的看展風氣，轉化為認識名家的美學教育。策展小組將名人轉換為美學教育家，給予更崇高的使命，有改變與對方強弱勢關係（參見表8-1彙整）。

表 8-1　分析資源交換來解讀時機與角色建構

策展團隊作法	資源轉化	社會建構方式	資源交換方法
一、時機：以時機凸顯危機感，激發事件潛在的價值。	古蹟變成政績	利用荷蘭方的要求，變成台灣文創業危機。展場維修事件，變成產業瓶頸。	立法委員獲得政績（未來選票），史博館換取改建經費。
二、時機：由節慶中找到物件的象徵意義，改變使用者體驗的方式。	畫作變成靈魂	運用梵谷120週年慶，讓看畫展變成認識大師創作歷程。組合前後期畫作，加上梵谷之家書，畫展變成美學主題體驗。	畫展體驗化，觀眾覺得票價物超所值，策展小組換得人潮與口碑。
三、角色：化敵為友，站到敵人那邊來看問題。	監督變成顧問　安檢官變成教練	改變與稽核員以及安檢官的互動關係。稽核員變成顧問，反過來為策展小組說話，安檢官變成教練，除了就地認證外，還轉移策展保全知識。	史博館邀請稽核員來台灣進行學術交流，換取稽核員現場指導。策展小組「協助」安檢官達成藝術外交任務，換取安檢官以教練身分來台灣提供培訓。
四、角色：形塑英雄，將工作賦予神聖的使命。	代言人變成美學教育家	名人不是為商展代言，而是為了促進國際交流，推廣美學教育。	策展小組提供公益平台，交換名人的美學知識，以及延伸的媒體資源。
五、角色：以服務取代製造，塑造通路談判籌碼，使主客易位。	外包商變成平台	運用市場上逐漸擴大的梵谷紀念商品，將原本外包生產的業務建構為平台上架業務。平台則帶來通路優勢。	策展小組提供上架銷售空間，以及電子商務服務（後續銷售），將庫存風險轉移給廠商。
六、角色：化暗為明，使費用變成長期收入與能見度。	設計師變成品牌企業	將設計費建構為版權費以及品牌推展，使設計師不論件計酬，而是採利潤分享制。	策展小組提供媒體資源與展覽空間，交換設計師的原創作品展現。

如此，以時機與角色去分析資源建構，研究發現就有故事性，而且分析架構呈現「資源轉換」的脈絡，讓讀者對資源透過時機與角色改變的方式有所理解，闡釋全然不同於過去資源組合的作法。在研究發現這一章所要注意的重點是，讓案例有故事，讓故事有脈絡。論文的第四章不只是呈現案例，說個故事，更重要的任務是呈現證據去解讀一個現象，說明一個道理。寫故事時，要逐步呈現脈絡，讓故事中不同的角色輪番上場，去解讀一個新觀念。論文第四章就像是導演一齣舞台劇，有多樣的角色、不同的場景、出場與退場的順序。看完這個故事後，也體會到一個道理，領悟到某種洞見。下一章是「討論」，要說明案例可以帶來怎樣的洞見。

招式五：捭闔提論述 —— 討論如何寫

第五章是「討論」，要解釋這項研究可以提供怎樣的新觀念，以對過去理論有所貢獻；或者是新作法，能提供企業借鏡。形式尚需要考量三項要素：理論意涵、實務啓發以及研究限制。「理論」（theory）就是一種有系統整理出的知識。你必須說明從你所整理出的知識，可以建構什麼樣的理論。捭是開，闔是關，可以利用捭與闔、正與反來解釋這份研究的論點，點出觀念與作法上的貢獻。說明理論貢獻的時候，要重返之前的辯證議題，照顧正方與反方觀點，讓讀者知道這項研究與過去有何不同。說明實務貢獻，可以提出病理分析（問題發生的原因）或具體的實踐原則。最後，不要忘記解釋研究限制與未來研究方向。

要點一：理論要有意涵

解釋理論貢獻，也就是點出過去尚不知道的新觀念；說明論文中補充哪些理論、批判哪些理論或者提出一套全新的理論，從而回應理論缺口。例如，如果我們要談的是「開放式創新」，過去的理論大部分都在討論技術專利要怎麼交換，但

比較少談到伙伴要怎麼樣合作，以及如何引進外部資源。於是，我們可以提出一個「資源流」論述：外部資源引進到企業後，需要配合在地脈絡，促成內部資源與外部資源相結合，以產生綜效。這是一種論述，一項觀念的貢獻。

這裡會遇到質性推理的議題。在量化研究，強調驗證假說（也就是某種因果關聯），強調放諸四海而皆準的定律。也就是，如果另一位研究者再去複製同樣的研究時，就算做個一百次，所得出的結果也是八九不離十的。如此，這樣的理論便可以是有通用性（generalizability）。然而，質性研究的作品往往只有單一案例，而且是獨特案例，如何能放諸四海皆準。況且，每位研究者看法不一，所調查的組織情境各異，要複製同一個研究而得到同樣結果是很困難的。如此，質性研究的作品又該如何「放諸四海」呢？

麻省理工學院的兩位教授道諾‧熊恩（Donald Schön）以及馬丁‧雷恩（Martin Rein）對這個質疑提供了一個看法[3]。他們認為，將質性研究「放諸四海」是緣木求魚。量化研究與質性研究就好似公尺和公升，雖然都是度量衡，卻是不同的評量標準。這就像如果以眞實度、可信度及批判度來評估量化研究的話，所有的量化研究就可能全不及格了。量化研究強調直接式轉移（direct transfer）的放諸四海皆準；質性研究重視反思式轉移（reflective transfer），才能放諸四海可遵。

前者把研究照套，就可以得到相似答案；後者得先把洞見先反芻一番，見賢思齊，見不賢內自省，再應用到別的情境中。反思式轉移強調的是將研究結果再脈絡，先反省這個案例到底給人什麼樣的啓發，這項啓發是在什麼樣的情境中得出，又是透過什麼角度觀察到的；應用到不同情境時，又該如何調整。洞見只能轉用，不能套用。透過省思所得到的是一種舉一反三、落葉知秋的觀念轉移。

例如，之前談過，義大利布拉朵商人的案例給人的啓發是在地文化的影響力[4]。這份作品要我們當心，每一種科技都是根源於某一特定的文化，而文化與價值觀也

都在無形中「鑲嵌」到科技之中（詳見第三章）。導入人員一心想要改善電子市集的功能，利用更多的獎勵把用戶給找回來，卻沒想到真正問題是出在文化層面。電子市集系統中所隱含的是交易型市場經濟的假設，例如買賣方不論關係，只談利益；你出的價格差，我就換別家買貨。可是遇上重感情、講信諾的義大利商人，這套文化價值觀就顯得格格不入。如果我們要探討如何把電子市集導入中國的華人企業之中，雖然不會照套義大利案例的結果（例如地下經濟），但我們馬上就會警覺到除了技術、組織、基礎建設等問題之外，在重關係、講面子的華人企業中，也會面臨文化衝突。質性研究放諸四海的作法是：不求立即的轉移，而是要「先反思，再移轉」。

我們再回到梵谷策展案例來說明如何點出新觀念。在這個研究中，我們要點出的是隨創理論的新觀念。之前提到，隨創研究的討論一直圍繞著就地取材、將就著用、資源重組、角色轉換、工作順序變換、例規重組等觀念，分析的主軸是「資源」。這些討論多考量各種資源拼湊來回應制約。不過，我們卻對「無中生有」的過程所知不多。特別，創業者如何拿自己手上比較差的資源，去跟別人交換到更好的資源，進而解除制約。創業者又如何將看似無用的資源重新建構出新的價值，以交換更高價的資源，這些議題是過去隨創理論尚未提到的。梵谷策展研究的原創性就在於銜接這項理論缺口，分析看似無用的資源如何能夠被重新建構成有用的資源？

案例中解析創業者是透過什麼樣的社會過程去重塑資源的價值。為什麼一項看似沒用的資源，透過社會性建構就可以提升價值呢？運用梵谷展案例來點出時機與角色對資源建構的重要性。這在學理上便是一項突破，以下將這份研究的學理貢獻歸納為三點來說明。

第一，這份研究解釋運用「時機」建構資源的方法。隨創之所以能成功，是因為能臨機應變，掌握到適當的時機，在機會之窗來臨時進行創新。掌握到恰當的時

機，創新者便可以取得正當性，敏銳地結合在地脈絡，想出創新方案。過去文獻中，時機多被視爲「機會」來分析，關注焦點在創業者的辨識能力，尋找事件之間的關聯性。然而，這些文獻未能解釋資源如何搭配時機被適當地轉換與運用，並成爲解除制約的機會。

梵谷策展這項研究點出，隨創不只是將就使用手邊資源，更可以透過時機，依據在地脈絡來轉換資源的意義，進而改變資源的價值。在適當的時空下，若把手邊資源結合到對手的需求，看似無用的資源便可以被轉化爲對手覺得有價值的資源。巧用時機的重點在於解讀特定時空對自己（弱勢者）或對手（強勢者）的特殊意義，並由其中去改變資源的價值。例如，策展小組借不到梵谷知名畫作，只能拿到早期素描作品（制約），票房本來注定慘跌。不過，策展小組卻能看到全球梵谷熱潮，以及掌握館長的訓示（時機），將梵谷早期不成熟的畫作轉化爲理解藝術家的靈魂，讓觀眾的焦點由畫作轉移到畫家的美學精神，也將看展變成體驗（轉換資源價值），觀眾覺得物超所值，也形成口碑，反而票房大好。

第二，梵谷策展案例也解釋運用「角色」建構資源的方法。要施展隨創，不可能忽視強者的制約。但是，要如何以小搏大呢？隨創者多居劣弱勢，當弱勢者面對強勢者時，需透過巧思重新定義兩者之間的互動關係，這就必須改變雙方的角色。角色易位後，就能改變雙方態勢。過去，角色替換局限於客觀的角色定義，例如公司明訂的功能性職位。不過，本研究指出，隨創要改變的是「社會性」角色，像是與人互動的社會性規範，這裡面包含著對於角色的認同感。雖然客觀條件依然相同，但角色的改變可以重新定義權力態勢。當自己與對手勢均力敵的時候，手邊資源的價值也可隨之提升。例如，本來缺乏媒體資源，需要名人代言，但是礙於商業利益很難邀請到名人（制約）。策展小組卻能將商展代言人的角色轉換爲「美學教育家」，以角色轉換導引出資源轉換，美學教育家於是變成宣傳與媒體資源，同時又變成教育性資源，因爲名人變成講解員。

　　第三，梵谷展研究也延展創業文獻對資源的分析。過去文獻強調新興企業成長的關鍵在個人的認知能力，找到機會，讓不同特質的資源組合。雖然多數都認為要巧妙組合資源，但資源要如何組合，組合後又要如何創新，創新後又要如何解除制約，這一系列問題都尚未探索。梵谷展研究分析資源的社會建構過程，詮釋制約下的隨創行為，說明資源如何透過主觀建構過程來轉換價值，進而可以交換到關鍵資源，解除制約。

　　如此，由以上三點，就可以歸納出隨創的新論述。相對於過去的「資源拼湊論」與「象徵性行動論」，梵谷展研究提出的新觀念是「資源轉換論」，由時機與角色促成資源重新的建構，著重在資源價值的轉換。

要點二：實務要有啓發

　　第二部分是企業「實務啓發」，也就是說企業如何能借鏡這份論文。例如，你分析的是研華科技在面臨強大競爭者的時候如何創新，那麼在這部分你要說明研華科技可以從你的案例學到什麼，其他科技業又可以從你的案例學到什麼[5]。擴大一點，當各行業的組織面臨劣勢時，應該怎麼創新，可以從這份論文得到什麼啓發。回答這些問題，就是提出你的實務啓發。

　　例如，梵谷策展案例提出的隨創論述對創業者特別有用。創業者可以學習隨創方式來回應經營上不斷遇到的制約。這種回應不是事前的縝密謀劃，而是即興的將計就計。梵谷策展案例所提出的時機、角色的資源建構方式，可以由三個面向來分析實務應用。

　　第一，創業者要學習敏銳地識別時機並轉為契機，找到資源的新價值：當遇到制約時，創業者無需即刻放棄，可以觀察最近發生的事件，或是在地相關脈絡，由其中去找到契機。有了契機，再尋找合適的時機，像是具有急迫性的事件，例如政府急迫要推動文創產業，藉以化時機為轉機，透過立法院申請改建經費。

　　第二，創業者要學習調適新角色，尋找新的互動方式以改變情勢，找到資源的新價值：當遇到強勢對手時，創新者可以試著找出變換角色的可能性，來改變不均等的強弱關係。創新者可以先由既有關係中分析兩造之間有否其他互動的可能性，例如更換夥伴、求助外力來提升自己的權力，換到其他領域找資源等，讓自己找到新的角色，像是由策展廠商變成教育推手。變換成有利的角色後，產生新的關係，可以讓強弱勢逆轉，使雙方互蒙其利。如此，也才能轉弱勢爲均勢，與強勢者合作解決僵局。看事情的角度改變，角色就有機會轉變，交涉模式便可以重新建構。

　　第三，創業者要學習互惠地與別人交換資源。資源交換時，創業者必須懂得建構自身看起來不好的資源，成爲對方所需的資源，才能進行交換，否則合作會很快破局。例如，策展小組要供應商投資商品開發成本，就要以通路優勢來交換。而且，交換不只存在於兩造之間，有時更會環環相扣的交換。創業者需要媒體資源，就要拿名人來換，但要名人貢獻出他們的社會資本時，就要拿更崇高的「美學教育」使命來交換。隨創者在向對手索取資源前，要同時巧妙地回饋資源，在給與取之間，讓閒置資源獲得新生命。

　　對資源窘迫的創業者或中小企業，甚至於陷入成長困境的大企業，了解隨創的施展方式將有助於企業突破僵局。本研究所提出的隨創實務有別於轉敗爲勝的作法。「無中生有」的重點是重新定義資源的價值，藉以槓動更多資源，然後再重新建構資源來解決難題，而這些隨創作法必須同時考量時機與角色的運用。

要點三：研究限制與未來方向

　　第三部分要點出這個論文的「研究限制以及未來發展」。這需要我們整理這篇中文還有哪些地方沒有做好，未來還有哪些地方需要改善，像是如何增加資料的眞實度、改善推理的過程，或是增加論文的批判度（也就是深度）。如果以後有人想要由你的論文基礎上繼續發展下去，他們可以學到什麼，這些問題都需要在這一節

說明。以下接續以梵谷策展案例來說明，先看這篇論文如何凸顯理論貢獻，再提出實務貢獻，最後點出研究限制與未來研究方向。我們一樣分為三點來說明。

第一，未來可以由多方資料來詮釋隨創的脈絡，更有系統地整理各種隨創手法。由於梵谷展研究無法直接採訪荷蘭庫勒慕勒美術館與日本寶麗美術館，只能透過間接採訪，了解國際展館的特殊規範與機構要求。未來，在類似研究中，我們需要多一些隨創者與機構方的互動資料，以便深入分析兩者之間的角力過程，了解隨創如何於制約中浮現的脈絡。分析隨創的多樣作法，是未來研究可著力的主題。

第二，未來可以深入「資源建構」的複雜過程。隨創過程中會有許多不同資源建構方式。弱勢者要建構資源往往需要許多天時（允許隨創的時機）、地利（在地脈絡之結合）、人和（以新角色建構新的互動關係）。隨創如何在此過程中發酵，值得更多研究的投入。特別，隨創者需要運用巧思讓對手改變心意。這牽涉到思維框架的改變，也是時機轉換、角色變換成功的關鍵。延伸思維框架的分析方法，將有助於理解資源建構的多重可能。未來，我們需分析複雜的資源拼湊、借力使力、一源多用等方法，並由此分析兩項看似無用的資源加起來如何能促成資源活化，讓閒置已久的資源被利用，或是資源交換時如何形成綜效。這些資源建構議題都可以深化隨創理論，值得未來的研究予以重視。

第三，未來還可以由「回應」來分析隨創。隨創過程中，弱勢者必須回應強勢者，而且不能直接反擊。本研究尚未有機會分析，當強勢者發動一波波的攻擊時，弱勢者要如何回應。在新制約不斷出現時，弱勢者如何即時回應，回應過程中又應該如何調適資源建構的方式。機構打壓時，隨創者應該如何反擊。這些議題都需要分析弱勢者與強勢者之間的動態回應，這是另一個未來可以深入著墨之處。

如此，照顧好這三點，論文的第五章便大功告成。第五章的重點是，相對於正反雙方的觀點，要提出一套跳脫正反觀點的論述，讓讀者感到有新意。第五章需解釋，第二章提出的合方觀點如何能於案例中獲得實踐，而觀念得以落實。

招式六：經典求雋永 ── 結論如何寫

　　最後一章「結論」是總結所有的想法，提出一個洞見，延展而不重複前面所講的內容，然後畫龍點睛地提出一個雋永的收尾。論文第六章是結論，很多人卻是草草結束，這是很可惜的。我們在這一章要避免重複「摘要」與「緒論」的內容。結論跟討論不一樣，前一章「討論」是分析這篇論文所做出的貢獻。結論則是要總結整個研究的經驗，讓讀者知道這篇論文令人佩服的推理角度，以及發人深省的箴言。寫作時需注意三點：選擇雋永或反諷的風格、將洞見嵌入結論、檢視章節關聯性。

要點一：選擇雋永或反諷的風格

　　「結論」這一章中是整份論文中篇幅最少，但也最難寫的部分。我們要再次歸納整份論文，由更高的格局去提出過去沒看過、沒聽過或與眾不同的見解，總結該研究的貢獻。強而有力的洞見難求，但需要努力追求，點出前所未見、令人驚喜的看法。其實，多數學生論文是很難有「高見」的，因為孕育時間太短，所以只能盡量提出一些新看法。要達到這樣的目標，質性研究產出不能求多，而是要求精緻。

　　結論有許多風格，可以參考本書風格篇選錄的案例。要提出令人啟發的洞見，或點出當代的迷思，我們可以引經據典，也可以善用中外文學來旁徵博引，來強調論文的核心論點。主要就是要向讀者說明，論文有什麼原創性，而不是人云亦云的代工產品，或者拾人牙慧想法，甚至於是山寨版的論點。好的結論要能提出發人深省的洞見。然而，什麼是洞見？

　　我們來看看幾個例子，先由古人的雋永洞見來看。例如，當談到如何才能做出好決策，柏拉圖提出的洞見是：「一項好的決策是建立在深厚的知識底蘊，而不是累積一大堆的數據。」[6]當談到如何才算是勝利，柏拉圖又說：「能夠征服自己，才能算是獲得最高貴的勝利。」當談到如何認識自己？英國文豪莎士比亞的洞見是：

「我們也許知道我們現在是誰，但永遠不會知道我們將成為怎樣的人。」[7]洞見，是提煉出整份作品的精華，一言以蔽之來點出整篇文章的亮點。最好，我們能淬鍊出一經典之句來總結這份論文精神（或是以網路用語來說，提出一「金句」）。

　　再舉幾個年輕人比較常聽過的金句。談到如何發揮潛能，韓寒警告：「你以為的極限，弄不好只是別人的起點。」談到外貌顏質不夠好怎麼辦，網路上流行著：「長得漂亮是優勢，活得漂亮是本事。」年輕創業家抱怨著競爭的時代，機會難尋時，企業家馬雲卻說：「哪裡有抱怨，哪裡就有機會。」提出金句就是在呼應合方的觀點，點出與正反兩方截然不同的觀點。例如，當企業家爭相抱怨很多專案都不斷失敗，有人認為應該要強化管理機制，簡化工作，導入專案管理軟體；也有人覺得要制定獎勵制度，讓達標的員工有所報償。你卻提出，問題也許不是出自於專案事務的多寡，而是做事情的人。於是，你也許可以用這樣的金句總結：「沒有做不成的事情，只有做不成事情的人。」

　　另外一種方式是用反諷的手法來做結論。例如，當談到如何分辨好人與壞人？奧斯卡‧王爾德（Oscar Wilde）的洞見是：「僅僅把人分為好人跟壞人，這實在太荒謬了。其實，人不是魅力十足，就是俗不可耐。」[8]當談到如何才能辨識人才？偵探福爾摩斯的洞見是：「庸才只認識自己與同類；惟有天才方可即刻認出天才。」[9]當談到怎樣才能獲得喜樂？紀伯倫（Kahill Gibran）的洞見是：「當你快樂時，深察你的內心吧；你將發現，那曾讓你悲傷過的，正是帶給你現在快樂的源泉。當你悲傷時，再次深察你的內心吧；你將明白，你現在正為那些曾讓自己快樂的事物而哭泣呢。」反諷是一種反向點題的方式，運用反差的手法，以不合理的邏輯促發深刻的省思。

要點二：將洞見嵌入結論

　　我們來看看管理學界的一些佳作。當談到，創業家如何讓創新更加豐富？史考

特・夏恩（Scott Shane）的洞見是：「只要實踐『一源多用』，將創新融入各產業知識，便可以產生多樣化的應用。」[10]當談到，為何位於底層的員工還能夠創新？珍・達頓（Jane Dutton）的洞見是：「創新，來自於創心。」雖然人微言輕，只要找到自己的使命感，在惡劣的工作環境中也可以變得很勇敢。只要能對自己的工作展開形塑，讓自己跨出工作疆界、認知疆界以及關係疆界，就會得到第二張專業的識別[11]。

還有，當談到，資源匱乏時該怎麼創新？泰德・貝克（Ted Baker）的洞見是：「當資源匱乏的時候，創業家可以無中生有，以就地取材、將就著用、資源重組的方式，產生創新方案。」[12]當談到，要如何運用科技才能保證生產力，讓員工快樂？琳・馬克思（Lynn Markus）的洞見是：「科技不可能帶來絕對的快樂或悲傷；快樂會引發不快樂，不快樂也會變成快樂；我們只能夠心平氣和地去接受，依循中庸之道去應用科技，隨機應變科技所帶來的禍福相倚。」[13]

當談到，當創新者遇到機構阻力時該怎麼辦？哈德剛的洞見是：「要施展柔韌設計，當弱勢者遇到了強勢者，必須要以智取勝，不可以蠻幹。若是能夠見招拆招，根據對方出招的方式來思考回應的方法，像太極拳一般的防守與進攻，才是創新者要學習的新能力。」[14]當談到，如何才能創新商業模式？亨利・闕斯伯格（Henry Chesbrough）的洞見是：「以開放創新應對之，這必須有策略地引導資源的流入與流出，以加速創新的過程，或豐富創新的樣貌。也需留意，一個平庸的科技如果加上高明的商業模式，一定會比一個超強的科技配上一個平庸的商業模式還要強。」[15]

這些學者都提出違反「常理」的看法，歸納出新鮮的思維。這的確很不容易，不過也很值得嘗試，畢竟來研究所兩年（或四年），是應該學會說出一些知性的話。讓我們回到梵谷案例，該如何總結這個案例的「結論」呢[16]？這篇文章所採取的策略是：以古人之名言比喻今世之事，摘要內容如下。

梵谷策展研究提出劣勢創新之論述，並點出守弱之方法，可呼應西晉名
臣杜預提出之《守弱學》。守弱學指出，智不代力（資源不夠時，雖聰
明也沒用），故賢者居弱勢需不顯其智。弱者需待時，明者居劣勢故掩
其弱。這是由弱轉強的道理。弱者，不一定會一直屈居劣勢；強者，也
不會一直擁有優勢。那為何身居劣勢者可以轉弱為強呢？本文指出，化
險為夷的關鍵，在隨創之應用。隨創的成功關鍵，又在配合社會脈絡巧
妙地建構資源。在真實的世界中，多數企業必須在動盪的局勢裡、窘迫
的資源下、強勢機構的壓迫中創新突圍。當前隨創文獻雖論及資源拼湊
之作法，卻尚未能進一步解讀身處制約下，弱勢者如何能臨機應變，化
危機為轉機；遇強敵時，弱勢者又如何能改變角色，變換互動關係，進
而以小搏大。

理解資源建構過程可以讓我們體會如何從稀少資源中萃取出龐大價值，
然後借力使力，化解制約。本研究藉由資源建構的脈絡來分析，豐富隨
創理論的內涵。當隨創者能善用時機、調整角色來重新定義資源的意
義，便可以逐步轉化劣勢的局面。這是由制約中隨手捻來的巧智，隨緣
解套的智慧。理解隨創，便能習得守弱之學，企業也便能化阻力為助
力，扭轉劣勢為優勢。

這樣的結論雖仍有改善之處，但至少可以不用重複摘要，將講過的東西重新再
講一遍。這篇作品的研究問題是：「劣勢下如何能創新？」這份案例給我們的洞見
是：「不只是憑藉拼湊資源，還要學會重新解讀時機，由危機中看見轉機，隨即變
換角色，以化解制約。」過去，很少人對劣勢有興趣。劣勢創新相關的研究卻往往
著重資源重組，而忘記轉換時機與翻轉角色的重要性。這樣的洞見就可以帶出新
意。

另一篇作品探討的是開放創新，是以資源流動的樣貌來分析商業模式的複合[17]。
以「流動」為主題來作為結語，讓讀者理解開放創新必須要讓資源策略性地整合，
才能形成複合商業模式，以加速創新。這篇論文提出一個「流創」（以資源流動帶
動創新）的新概念，摘要如下。

宋朝理學家朱熹於《觀書有感》詩中提到：「半畝方塘一鑑開，天光雲影共徘徊。問渠哪得清如許，爲有源頭活水來。」這首詩寓意著資源流動的重要性。企業要維持商業模式的活力，如方塘之明鏡清澈，必須要有「源頭活水」；如資源的流動，有進有出，而且要讓資源進出過程中產生綜效，形成如方塘中的生態環境。如此，商業模式才能維持朝氣，生生不息。不過，朱熹這首詩還有後段，較鮮爲人知。詩曰：「昨日江邊春水生（昨日春夜中江水大漲），蒙衝巨艦一毛輕（巨大的船隨水漲而船高，變得如羽毛一般輕），向來枉費推移力（以前花許多力氣也推不動巨船），此日中流自在行（而今不費吹灰之力，巨船就可以自在地前行了）。」

當企業煞費苦心地設計商業模式、開發新產品、育成新事業、組成策略聯盟、購併敵方公司時，卻發現龐大資源的投入並沒有產生預期的成果。華麗的商業模式設計也往往禁不起現實的考驗。「資源流」的觀念提供我們另一種商業模式創新的思考。當資源契合而產生綜效時，商業模式也就能如羽毛一般輕盈，如巨艦般悠哉地行走於資源流中。商業模式的關鍵不只是重組活動，更是如何讓這些活動去結合資源以創造價值。本文解析活動中的資源，並解釋如何賦予資源新的能量，以產生新的價值。這個切入點可開啓商業模式研究的另一扇窗，讓複合商業模式能透過資源流動的分析呈現出多樣的面貌。本研究點出，與其一味追求資源的累積與擴張，去開創更多、更新穎的商業模式，不如務實地讓手邊的資源活化起來，維護資源的流動而使其不淪爲一灘死水。也許，這種「流創」策略才是商業模式轉型的根本之道。

做出好結論，要由已知帶出未知，由未知對照已知與無知。讓一知半解變成知其然，也知其所以然，最後成爲眞知灼見。好的結論必須要以雋永結尾，發人深省、震撼人心。當然這是專業期刊的理想，對研究生來說，只要趨近這個理想就很不錯了。

要點三：檢視章節關聯性

最後，寫結論時，要藉機檢視論文六個章節之間的關係（參見圖 8-2），以便檢驗所寫出的結論是否邏輯上說得通，可以分為八個步驟來理解。第一，經過一番探索後，論文會由一個正反合的辯證架構開始，由實務現象定義出研究問題，說明研究動機。研究問題發展出正反，由正反觀點找出合的觀點，摘要說明重點，這便是第一章「緒論」。第二，由合的觀點，發展出分析架構，透過訪談與次級資訊收集資料，這是第三章所說明的「研究方法」。第三，由「文獻回顧」（第二章）詳細展開辯證過程，說明浮睿明的設計重點，陳述正反觀點，並點出合的觀點，此時第二章與第三章展開互動，初步由理論發展新視角，進而啟發新的資料偵查手法；接著由案例資料啟發新觀念，再重新整理文獻。如此來回思考，便能深化辯證的設計（第二章）與改善分析的方法（第三章）。

第四，當資料與理論交互對話到一定程度時，就可以由合的觀點去呈現案例，也就是第四章的「研究發現」。第五，一邊撰寫案例，一邊要檢驗是否與文獻逐漸演變出成熟的對話。第六，由案例歸納出新觀念（學術貢獻）以及新作法（實務啟示），並且說明研究限制以及說明未來發展的方向，這便是第五章的「討論」。第七，再一次以更高層次去歸納新觀念以及新作法，點出該研究的洞見，最好能以一段金句來總結整篇研究的精神，這便是第六章的「結論」。第八，撰寫第五章時必須同步檢查，所提出的貢獻與啟發是否回應第一章所提出的研究問題，達成所提出的研究目標。

圖 8-2 也點出質性研究的三項評量重點與論文各章節的關係。真實度要達標的話，田野調查必須要收集到豐富的證據（第三章研究方法），這樣的證據需有效轉換成為生動的案例（研究發現）。可信度要達標的話，浮睿明要設計好，正反的辯證要具備張力，因而可以得出超越性的觀點（第三章文獻回顧）。同時，運用這個

合的觀點，發展出合適的分析架構，推理便會嚴謹，田野調查便能夠收集到有效的證據，去解讀所要推理的觀點（第二章研究方法）。批判度要達標的話，第五章所提出的新觀念與新作法以及第六章所提出的洞見，必須要具備原創性，也就是能夠超越正反觀點，提出一套與眾不同的知識，以及由論文案例中所提出的金句。

　　透過這樣的過程便能完成一份具備博碩士學位所期待的論文。表8-2整理一個檢核表，可以供作者於創作時參考，更可以在完成論文前逐一檢查各章節是否遺漏哪些重要素材。

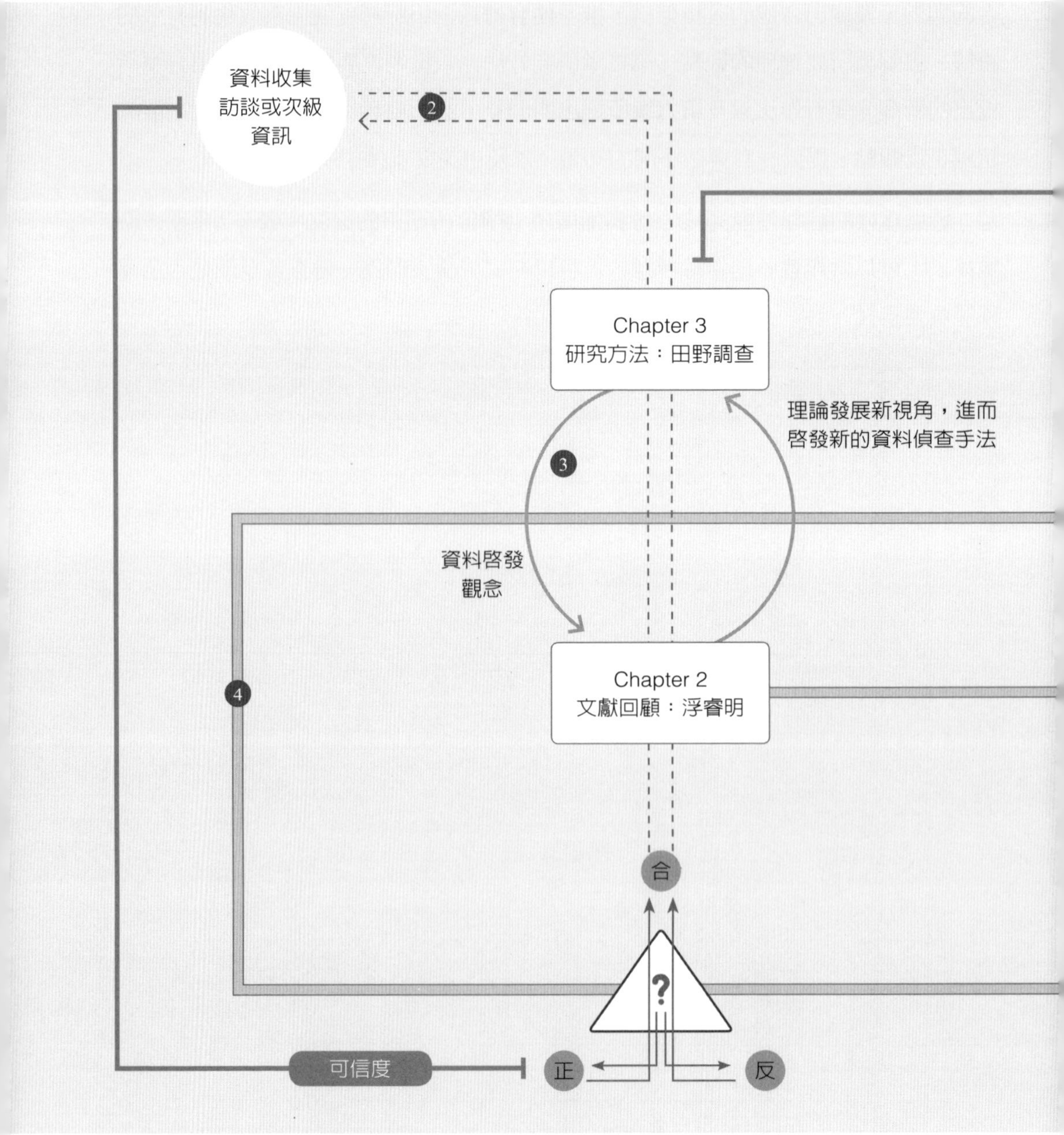

資料收集
訪談或次級
資訊

②

Chapter 3
研究方法：田野調查

理論發展新視角，進而
啟發新的資料偵查手法

③

資料啟發
觀念

④

Chapter 2
文獻回顧：浮睿明

合

?

可信度

正   反

圖 8-2　論文各單元間的邏輯關係

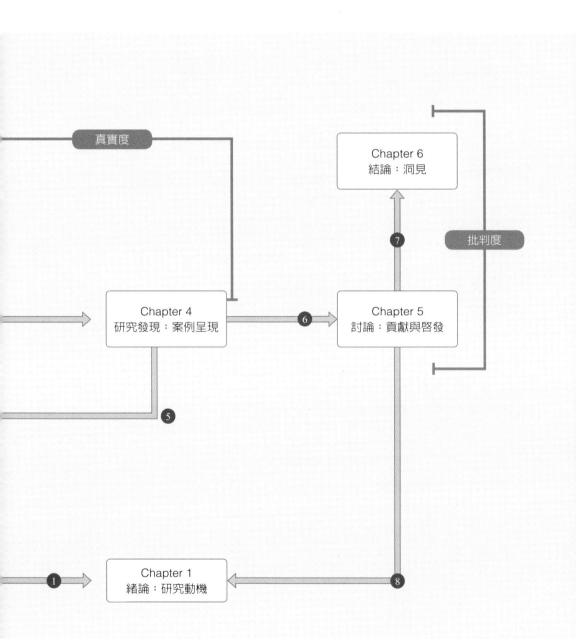

表 8-2　論文品質檢核表

評分項目	質性研究檢核項目
第一章 緒論：論文的預告片吸引人嗎？	・研究動機明確嗎？是否點出實務界問題與背後的理論問題？ ・是否清楚定義相關名詞？ ・研究問題是否清楚點出，有趣嗎？是否與現象相關，有文獻之依據？ ・研究問題是否呼應「浮睿明」（論文布局），點出研究缺口？ ・研究目標是否具體解釋，可以被執行並與研究問題相扣？ ・是否點出論文的預期貢獻？
第二章 文獻回顧：正反合布局合理嗎？	・是否呈現該理論的脈絡？ ・是否點出「浮睿明」，解釋正反合布局？ ・是否點出清晰的研究問題？ ・是否說明正方觀點之優缺點？ ・是否說明反方觀點之優缺點？ ・是否由批判「正反」點出「合」（超越）的觀點，藉以提出理論缺口？
第三章 研究方法：推理方式是否清楚說明？	・是否說明運用案例研究（方法論）的原因？ ・是否說明理論取樣原則？ ・是否依據合的觀點提出「分析架構」，而且不是用套的？ ・是否說明資料收集方式（受訪者、採訪問題、採訪行程等）？ ・是否說明資料分析步驟？ ・是否交代資料驗證方式？

評分項目	質性研究檢核項目
第四章 研究發現：案例呈現方式是否真實、有趣、豐富？	・是否說明案例背景（扣合論文主題）？ ・是否契合分析架構，以原創方式呈現資料？ ・分析架構是否用「套」的，而讓研究發現失色？ ・是否提出具體、相關的證據（提供受訪引言或是圖表）？ ・提出的證據是否輔以解讀，支持論文的觀點，並與主題相扣？ ・研究發現是否跟著推理邏輯（也就是跟著分析架構）？ ・研究發現的故事是否令人感到真實、精彩、驚喜？
第五章 討論：如何借鏡這項研究？	・是否以反思轉移解釋論文的理論貢獻？（點出新觀念） ・理論貢獻中，是否提出該研究的核心論述？（需對照理論缺口） ・是否說明實務貢獻？（提出病理分析或具體的實踐原則） ・實務貢獻中，是否建議企業採取某種解決方案？（需配合理論貢獻） ・是否解釋研究限制與點出未來研究方向？
第六章 結論：是否有驚人之見？	・是否注意到不重複「緒論」所寫的內容，同時不偏離研究的論點？ ・是否由更高的格局點出該研究的貢獻？ ・是否總結論文的發現，提出令人啓發的洞見？ ・是否提出批判的思維，點出當代管理的迷思？

Chapter 09

專業陌生人

——Professional Stranger

最容易欺騙人的，莫過明顯的事實。

——柯南道爾，《福爾摩斯偵探》作者[1]。

　　這一章我們回頭來了解資料分析的技巧。收集的資料品質連帶會影響分析的品質，整份論文就難以有亮點。管理學中，資料分析要透過田野調查，而田野調查大多得靠面對面的訪談。田野調查會讓人想起穿獵裝、帶著捕蝴蝶網，到山間去採標本的畫面。到田野之間，呼吸山的氣息、草的濃郁、花的芳香，才會有「調查」的感覺。著名的社會學者安瑟姆・史勞斯（Anselm Strauss）便說道[2]：「唯有在現場看著事件的發生，我們才能了解組織內受影響的全貌，與變革將如何發展。」

　　用蘇軾的一句詩來形容更為貼切：「春江水暖鴨先知」[3]。在江河之畔，於春季乍暖還寒之初，江水中的溫度絕不是在岸旁的路人，也不是船上的漁夫最先感覺到的。最直接能感覺到春江之暖的應該是浮於其上的鴨子。同樣的，質性研究者要了解社會現象錯綜複雜的動態，也需要親自跳下去，感受一下江水中的溫度，否則便難以了解其中的奧妙，使真相大白。

　　這樣的想法與實證學派所秉持的「科學」信念似乎是相違背的。實證學派（自然科學類研究）相信科學必須是「客觀」的，不容許被個人主觀的判斷所干擾，因此研究者是不可以「介入」現場，只能在遠處以「超然」的角度去觀察現象，才可以維持研究的客觀性。美國政治理論家漢娜・鄂蘭（Hannah Arendt）甚至認為，科學家應該要由「精采的人生中抽身」[4]，才不會使自己的觀察受到各類主觀的不良影響。

　　這種看法對質性研究而言不一定是對的。進行田野調查，必須要讓自己成為專業陌生人，深入其境。調查必須保持中立的角色，用陌生人的眼光去看習以為常的現象，才能以全新的方式解讀問題。

陌生人起源——民族圖誌學

　　既然資料分析最核心的工作就是田野調查，那田野調查是如何來到商學院的呢？田野調查（fieldwork）其實源自人類學，用來了解原住民文化時所採取的一種研究方法。研究原始人類（如非洲原始部落土著）時所使用的方法，就稱之爲民族圖誌學（ethnography）。這種方法涉及到現場觀摩，把某一民族的生活、民俗風情等以圖文並茂的日誌記載下來。Ethnography 這個字原意爲「記錄不識字（非現代文明者）民族的活動」。這是人類學發展出的作法，然後被管理學給技術轉移過來[5]。

　　最早田野調查的進行約在十九世紀初。當時人類學者多從事象牙塔式的研究，關在辦公室裡足不出戶地唸書，然後整理不同民族的風俗習慣，又被稱爲是Armchair 文化調查法（坐在椅子上就可以研究）。1920 年左右，人類學者嘗試去「現場」待著，希望寫出令人信服的作品。但這些初出茅廬的田野調查者只能算是登堂，尚未入室。他們在田野中提出的問題多生硬無趣，而且不痛不癢。多半是人們說了些什麼，而不是他們「做」了什麼。如何將所見所聞精采呈現，期望不會和坊間的旅遊指南相仿，是當時人類學的一大挑戰。當時由於交通不便，所以很多人類學家便透過筆友來進行「田野」調查。當然，這樣的作法也存在許多爭議。

　　田野派始祖應該算是波蘭籍學者布朗尼斯勞・馬凌諾斯基（Bronislaw Malinowski）。他於一次大戰期間被囚禁在南太平洋七、八年之久，因緣巧合他與超卜連（Trobriand）群島原住民一起生活，每天記錄他們的風俗習慣，而寫下他經典的作品《The Trobriand Islands》，成爲人類學田野研究典範。在美國，法蘭茲・鮑亞士（Franz Boas）是早期推動走出校園去找第一手資料的人類學者。這一波田野運動被引爆後，人類學者已不能自閉於象牙塔，必須走入田野之中與原住民朝夕相處，才能做出好的研究。這種進駐棲息地做研究的田野方法在 1960 年末期被人類學者普遍認同，蔚爲主流。

　　田野調查也在約同一時期於社會學領域中發酵，早期代表多為英國學者，他們研究倫敦社區的貧窮狀況。在美國，社會學者也開始跳出校園、走入人群，像非裔的威廉・杜波依斯（William Dubois）研究費城之貧民區。但是，這類型的田野研究也只是在現場停留幾天，問一些預設好的問題，研究品質有待商榷。在社會學，田野調查法成熟之際是拜芝加哥學派之功。

　　自1960年後二十年，在芝加哥大學有位教授叫朱爾斯・亨利（Jules Henry），他把學生全部派駐到都市各角落，去研究各種社會問題。另一位城市社會學教授羅伯特・帕克（Robert Park）更強調：「知道現象是一回事，但熟悉現象又是另一回事。」所以學生被要求必須親身參與，浸淫在該文化中，才能完成田野調查，撰寫論文也才會鏗鏘有力。

　　這種作法已接近記者式的調查報導以及偵探式的滲透。重點是在將故事真實重播於讀者眼前。這些芝加哥學派的學生畢業之後，也把這種方法帶去不同大學，他們把主題擴大到底層社群，如計程車司機、妓女、吸毒者、幫派與弱勢移民等。後來，田野研究也拓及專業社群，包括去研究醫生、老師、政客、警察、工程師等。

　　不管是把自己當作訪客，或是跑去棲息地停車暫借問，人類學與社會學的作品強調的是，要去現場才算得上是嚴謹的科學。這種田野精神也為兩個學域帶來寫作上的差異。人類學作品強調感性的參與人群，呈現優雅與挑釁兩種截然不同的寫作風格。社會學作品則比較像記者風格，或是傳記，呈現如政經、公共事務的評論文體。管理學則呈現「診療式」的寫作風格。管理學者在進行田野研究與人類學者和社會學者並無太大差異。管理學者研究的是「商人」，各式各樣的「經理人」，在組織內發生的各式問題。但在管理學中特別注重「啟示」：這研究對原有觀念有何衝擊？對企業究竟有何實用性？對政策之擬定與實施有何啟發？所以光是說故事、寫報導而缺乏一些理論與實務的啟發，在管理學是不易被接受的。田野調查在管理學界仍不盛行，加上管理學領域的學者早期多為工程師、科學家與數學家，所以田

野研究不易取得合法性。

　　這種狀況一直到 2004 年才有了改善的空間。管理學會（Academy of Management）開始提倡質性研究，大力鼓吹管理學者走入田野。十年後，2014 年起，各學術社群開始注重質性研究。2004 至 2020 年，台灣與大陸則歷經十六年才對案例研究有些許的認識，質性研究至今仍有待發展。未來，期待會有學者開始將學生派到公司現場，帶動管理學界的「田野熱情」。接下來，我們來理解田野採訪時可能會需要運用到的技巧。

技巧一：做好進入田野準備

　　在田野中，我們要成為「專業陌生人」（professional stranger），要懂企業實務，也要像陌生人一樣去觀察企業，以全新的眼光去看公司的各種作法[6]。身為專業陌生人，需要一腳在組織內、一腳在組織外，要進入、融入，而卻不被同化；要理解、諒解，而卻不被洗腦[7]。進入田野時，首先要注意三件事：合法進入田野、簽署保密協定、彙報專案進度。

　　合法進入田野：首先，選定一家公司作為我們要研究的對象，取得該企業的允許。但是要如何「混進」一家企業中呢？最直接（也是最具風險）的方法就是直接寫信給公司主管，毛遂自薦你的研究計畫。雖然有成功的可能，但這種單刀直入法很容易吃閉門羹。如果你有機會，透過參與專案去開發個案，則可以省去很多麻煩。

　　第一次接觸是最重要的。基本功必須要做得扎實，不要等到採訪時還在問一些基本資料（例如公司的沿革與背景）。現在許多背景資料在網上都可以取得，要先做好功課。你還可以透過報章雜誌先去了解被採訪者曾經談過些什麼觀點，透過財務報表了解這家公司的經營狀況。在正式採訪前，企業通常會索取一份簡要企劃

書。研究者必須能在三頁內把研究主旨、目標、計畫、預期效益簡單扼要地交代清楚。

由提出企劃書到被核准可能花上數個月。特別是大型企業中有層層管制，由批准到收到同意書有時會長達一年之久。研究者要有耐心，常常跟催以免使企劃書石沉大海。不過，往往花上半年的聯絡後才被拒絕，也是常有的事。留得青山在，不怕沒柴燒，即使被拒絕也莫忘捎上一封感謝卡去謝謝對方。

在管理學院，透過EMBA（Executive Master of Business Administration）的學長姐進入田野是更有效率的方式。EMBA同學的企業往往有許多重要而不緊急的問題需要解決，是田野調查極佳的切入點。以學者身分進入企業進行質性研究，其實是相得益彰的。同學可以參與分析組織內的問題，提供部分諮詢服務。同樣的問題如果企業找顧問進來參與，其費用往往是天價，效果不一定有用。研究者通常不像顧問有時間壓力，所以對問題會有更深入的見解（當然，這因個人功力而異）。然而，千萬注意，顧問重在解決問題，而研究者則是重於深入了解問題。研究者到最後往往只能找出問題，不一定能提出「解決方案」。當然，要解決問題最好還是先理解問題，然後由企業親自執行。這點研究者必須先與案主達成默契，以免屆時造成期望的落差。

簽署保密協定：如果有幸被批准進入公司採訪，企業通常會要求你簽署NDA（Non-Disclosure Agreement）。NDA是一項保密協定，要求研究者不可洩漏公司內機密資料，並規定不可擅自刊登所完成的文章。在簽署之前最好先詳閱內容。曾有一位英國同事便因不慎誤簽一份不合理的NDA，使他的論文延誤五年才發表。不是所有的企業都懂什麼叫NDA，如果他們不提，也不用自找麻煩。不過即使你沒簽NDA，也必須謹守研究倫理，不可以將資料外洩，不可以同時在競爭企業中擔任顧問職務。一旦你破壞這種信任，你可能再也無法挽回你的聲譽。

　　彙報專案進度：在研究過程中，別忘了主動彙報進度，主動提供口頭報告、為案主舉辦幾場研討會或是成果簡報。一方面可以與業主維持好關係，一方面也可以多收集一些資料。完成研究時，也別忘附上一份案例報告或學術論文。然而，不是所有的研究都會有圓滿的結局。質性研究者常常進入組織、深入動態，也很可能被牽入企業內的政治鬥爭中。研究者應盡量不要涉入家務事。萬一不小心掉進政治陷阱，也只能急流勇退了。

技巧二：採訪不可能超然

　　在社會科學研究，「超然」所代表的也可能是無知。我在採訪一群網路業主管時（dot-com 公司），意外地發現這些公司的員工離婚率特高。一位員工聊到他和他太太不和的最大原因是：彼此之間擠牙膏的方式不同。他喜歡由前面擠，而太太習慣由後面擠（才不會弄得一地都是）。由於習慣的不同，最後他們選擇分居。這種故事以往都只是出現在飯後的笑話中，沒想到還真有其事。牙膏真有如此大的破壞力嗎？和這對夫妻相處一陣子後，才發覺其中另有隱情。原來夫妻倆人都是才華出眾的資訊人。由於工作的關係，先生常需出差海外，一個月才難得回家一趟，如此的「月夫」（每個月才見一次面的丈夫）慢慢地也造成夫妻間關係的疏離。原來，牙膏不是真凶。

　　存在於組織中的現象亦如此。人與人之間永遠存在錯綜複雜的關係，想要超然的觀察是不太可能的。唯有跳進去，有限度地去感受現象，才能夠對問題有深刻的了解。所以，田野調查至少要分兩階段，第一階段找出現象，第二階段找出現象背後的隱情。當然，這並不代表你要沉溺於現象中，直到無法自拔。

技巧三：問證據，不是意見

　　記得偵探小說中福爾摩斯（Sherlock Holms）曾說過：「以不充分的資料形成不

成熟理論的誘惑，是我們這行的大忌。」[8]這句話用在質性研究上也恰到好處。有許多個案研究被批評為不科學，像科幻小說一般，而否定所有的質性研究作品[9]。其實這樣的批評有時是恰如其分的，只是那樣的否定也是以偏概全。追根究柢，就是因為有太多的研究者禁不起「不充分資料」的誘惑。質性研究要提出精采的資料與豐富的論證。難就難在當研究者收集一大堆訪談資料後，往往發現自己所提的問題不切重點，對方所給的答案也言不及意。因而當研究報告截止日期到時，「不充分資料」的誘惑也就愈來愈大。

我曾去參加一個探討以色列創新的論壇。到了座談時間，本來期望主持人與來賓可以有一場精采的針鋒相對。這一陣子，以色列的創新與創業似乎有點被媒體渲染得太過頭。我們很期待主持人以及這幾位業界來賓（台灣代表）能夠問一些較為「中肯」的問題，讓這幾位以色列主講人能更深入地說出他們的創新內涵。但我聽了半天，這幾個以色列案例卻多是老生常談。

一位主講者說，以色列之所以能夠這樣創新，能創造出這麼多企業，就是因為有一個鼓勵失敗與冒險的環境。然後，讚揚政府政策也很支持創業等之類的恭維話。結論就是，以色列的創業生態圈做得很好。不是我想澆他冷水，這些「公關說法」十年前矽谷就講過了，千篇一律，毫無新意。可見，主辦單位並沒有做好準備。到了座談時間，主持人也沒讓觀眾有發言的機會，就由他一人在提問。後來周遭觀眾聽得無聊了，紛紛睡覺、滑手機、離席。我也因為體力不支，所以就提早離開。

回想起來，這位主持人提問方式或許可成為質性研究的負面教材。他到底問了哪些問題呢？我們來簡要回顧一下。他問座談來賓，創業能夠被「教導」嗎？聽到這個問題，在座來賓與主講人都面面相覷，勉強說出一些無關緊要的話。最後結論就是，創業一半可以被教導，另一半需要天分，這類的話。聽得大家一頭霧水。

他又問，有沒有辦法複製以色列的成功呢？這好像是要激發大家的辯論，結果並不是。他點名來賓輪流講一遍，好像在考機智問答。結論當然是不能夠被複製，因為台灣有台灣的特色；以色列有以色列的特點。不過，這是常識，還需要說嗎。主持人再問，以色列創新的成功祕訣是什麼？這大概就是希望三個主講者透露祕方，然後讓台灣創業家都學起來。這個道理大概就等同要餐廳主廚將祖傳祕方公布給大家知道。結果，這三位主講者根本講不出來。於是，他們就提出要聽眾勇於冒險犯難之類的話。

主持人又問，你們猶太人一方面要服從（obey）宗教信仰，另一方面卻說重新要打破常規（break rules），這兩個會不會很衝突啊？這個問題沒有一位主講者願意回答。一位主講者就勉為其難地說：「這兩個不會相斥啊，我們又不是叫你們要破壞規矩，只不過建議你們『跳出框框』來想出創意。」我覺得，他有點不耐煩了，也略有不悅。主持人接著問，以色列如何面對不同市場的創新挑戰呢？這應該是要問，以色列公司去不同的國家行銷時，會遇到哪些不同的挑戰。例如，印度的漏水處理問題，應該與哈薩克斯坦不一樣，之類的。但這個問題實在太大了，結果來賓就各說各話。有人說：「當農夫檢查殺蟲劑，我就去了解農夫的需求。」有人說：「我做的是用物聯網聲波感測器去偵測哪裡漏水，所以到不同的國家我們就要檢查不同的地形。」有人說：「我做的是大數據，是辨識影片跟疾病之間有什麼關係，這種科學到哪個市場都是一樣的，複製即可。」然後，就不了了之地結束這個話題。其他的問題都很類似，就不再多說。到底問題出在哪裡呢？研究者在採訪的時候會遇到哪些挑戰，這個研討會可以給我們不少啓發。

第一，**不要問太大的問題，要以轉折點具象化。**請問：「要如何為生民立命，為往聖繼絕學？」千萬不要問這麼大的問題。這樣對方一定會很模糊地回答，而且絕對不是你要的答案。如果你想知道創業主能不能夠以結構化的知識傳承給新人，你可以問那位研究智慧農場的主講人，他的創業過程中經歷過的兩個重要的轉折點

（時間不夠，一個也可）。這樣，他必須要很具體地回答。然後，你再問隔壁的來賓（台灣生機農業專家），從這個轉折點他可以學到什麼。這樣大家就可以知道，這位以色列的創業家所經歷過的挑戰是什麼，台灣專家的對比創業經驗又是什麼，不用「教導」，這就已經幫助聽眾了解「創業」的作法了。

第二，避免「未問已知」的問題，轉而用事件去勾勒出內涵。當然，除非你需要扮豬吃老虎，用一些大家原本都懂的問題問他，可是背後隱藏著一些批判性的問題，要挑戰這幾位主講人。如果不是的話，可以嘗試用某個事件去引導出你想探索的問題。複製以色列的成功，當然不可能，這稍微想一下就知道。要人家提供成功祕訣之類的隱性知識，是不切實際的，因為成功往往不是單一祕訣，而是一連串複雜的協作，以及一連串失敗經驗的累積。所以，與其問這種「未問已知」的問題，不如就以事件問他。

譬如，那位以聲波檢測有沒有漏水的主講者提到，他必須要透過聲波做三角檢驗，以便找出關聯性，定位出漏水的地方。那我們就可以問他：「耶路撒冷這個都市哪一區的漏水最嚴重（因為他說該公司做過這案子）？」「你們找出漏水的過程中，有沒有犯過什麼錯誤，或者是遇到什麼挑戰（像是聲波感應被都市裡的噪音干擾，造成測不準的狀況）？」「為什麼你說漏水檢測的工作必須『以小搏大』？」「你們是否遇到難以克服的難題，需要用較少資源去產生解決方案？」

面對這些問題，他必須要具體地解釋，用耶路撒冷這個案例來說明開發過程遭遇的困難與克服的方法。這不就了解他的「成功祕訣」了嗎？然後，隔壁那位台灣專家來自工研院，所以你還可以邀請那位專家去問他：「以色列這套系統跟台灣工研院的研發成果到底差在哪裡，你們兩方偵測漏水的方法有什麼不同？」當然，要引導他們用科普化的方法說出來。這樣對聽眾才是有幫助的。我注意到，來這場研討會的聽眾多不是一般民眾，許多是專家與業者，而且提問的人英文都很好。所以，討論這類的問題應該不會難倒他們。

　　第三，**提問要注意文化脈絡，以客觀代替主觀**。採訪的時候必須要對文化脈絡有一定的敏感度。有些國家對宗教問題特別敏感，有些國家對政治問題會有強烈反應。提問時都要盡量避免。其實，如果我們的重點是了解以色列人為何能夠常常打破現有制度的規範、找出解決方案，我們可以不用提到猶太教的教義，而可以問他：「你在為醫院建構大數據的時候，以色列的健保政策如何讓你創業初期吃盡苦頭呢？」

　　然後，我們再轉過頭來問那位來自新加坡的台灣來賓：「你在創業初期也是建構基因檢測的大數據，新加坡的政策有沒有也讓你舉步維艱呢（這是反話，新加坡政府應該提供很多助力，就可以對比）？」其實，這場研討會人選的配對蠻不錯的，醫療檢測對生醫檢測，智慧農場對生機農場，智慧水源管理對廢水處理技術。如果我們能夠讓來賓去提問，也許問題就會更加精采。例如：我就很期待那位研究以基因檢測乳癌的專家，去問那位醫療影像辨識的主講者。他們兩位都是用大數據進行疾病辨識與診斷，兩個人如果能夠交流的話，我們就可以知道，以色列的大數據技術做得怎麼樣，以色列目前的預防性診斷技術有多進步。當然，主持人要先做好功課，不要到現場才臨機應變，對科技與創新也要先有一定程度的理解比較好。

　　進行田野調查時，要注意到採訪問題的設計。問對問題，會像挖到石油一樣，資料源源而出。問錯問題的話，就會踢到鐵板，動彈不得，收集到無效資料。採訪前一定先要做功課，知道受訪者的脈絡，才能問出好問題。

技巧四：不要問引導性問題

　　進行田野研究時，研究者的任務是盡量問「對的問題」，與受訪者互動中逐漸呈現社會現象。有人會覺得，這不就是盡量提問題，然後把受訪者的話一五一十地記錄下來就行了。這乍看輕鬆的工作，其實背後的過程是很複雜的。我們往往忽略「人心」是難測的。有很多受訪者很難告訴你「真相」。他們可能對現象不理解，

可能他們在說謊，也可能他們也是受難的一群。不了解此中奧妙，一趟費時耗力的田野調查所收集到的資料，就會變成一本科幻小說，雖有劇情，卻與事實不合。你也可能收集到的資料都是正確的，但整個故事（個案）卻凡善可陳。所堆磚出來的事件也只是「句句都對，但段段毫無意義」。

　　一般人認為，採訪是項輕鬆的任務。只要兩人一見面聊起來以後，資料自然而然就會進來，稍作一番整理，研究報告即可完成。其實不然，採訪是一門科學，也是一門藝術。問對問題可以縮短田野調查的時間，並得到發人深省的故事；問錯問題，研究就成了笑話。我曾經收到倫敦大學一位教育系研究生的採訪請求，我欣然答應，於是她開始提問。

> 問：「請問你，英國老師的態度一向都悶悶的，那會不會影響你的學習成效？」
>
> 答：「嗯……大概會吧！」我不是很有信心地答著。
>
> 問：「那麼，英國那麼差的天氣會不會使你提不起勁來唸書？」
>
> 答：「嗯……是有這種可能。」我心想這算是哪門子的問題呢，我更不知要如何回答了。

　　接下來的採訪大概都是在支吾中度過。這類的問題屬於「引導式的問題」（leading questions），如此的問法很容易誤導受訪者的回答，也很容易讓你只收集到皮毛的資料。一般而言，交淺不言深。當對方見人只說三分話時，研究者需先取得對方的信任。一坐下來就照本宣科地拷問受訪者，大多會成為無疾而終的採訪。質性研究的採訪多為情境式的對話（contextual dialogue）。在不同情境下（如氣氛、情感及壓力都是情境的一部分），受訪者將會與採訪者有不同的對話內涵。如何抓對角度，在氣氛佳的情況下讓對方掏出有價值的資料，是研究者一大挑戰。

技巧五：明查暗訪，找到詮釋性資料

在調查一家食品公司的資訊系統失敗個案中。我們發覺資訊人員似乎對業務部之配合度有很大的抱怨。業務部經理也不允許任何人採訪。我們後來和業務人員一起吃午餐，一邊打橋牌。不消一刻，所有資訊系統的問題就浮上檯面。但由於研究倫理之故，在報告中不能透露這段情報。

在進行田野調查時，我們會將現場收集的資料分為三類[10]。第一類是表徵性資料（presentational data），是受訪者告訴你他對某件事情的看法，通常主觀性較強。第二類是操作性資料（operational data），研究者可以透過受訪者在社會情境中的行動、反應而收集到的資訊。第三類是詮釋性資料（interpretation data），是當受訪者說明他們為何有如此的看法，以及為何如此做時所給予的解釋。這三類資料的關係有點似洋蔥，需層層剝開後，研究者才能打開受訪者的心門，找到趨近事實的「真相」。

要收集到表徵性與操作性資料，研究者只要進行個人訪談與現場觀察即可。但是要收集到詮釋性資料，研究者通常就必須求助於「理論」。在進行田野調查時，不只是一直採訪及觀察而已，更重要的是如何善用「理論」去取得詮釋性資料。

以下用以一個專訪例子來說明如何逐漸挖掘一家學校的轉型手法。這是 2013 年 4 月 18 日，訪問當時桃園市文昌國中校長宋慶瑋，以便理解他在教育領域中如何開展劣勢創新。文昌國中原本因為招生不足而被教育部檢討，面臨廢校。宋慶瑋校長如何在七年內改變劣勢，轉型為擠破頭的明星國中？一間原本被戲稱為蚊（文）子、蒼（昌）蠅多的學校，要如何翻轉？採訪的核心任務是理解文昌國中如何從一所即將被廢除的學校轉型，並成立英語村、樂活運動教室等特色活動，班級數更是從 14 班增加至 43 班。在這少子化的年代裡，算得上是教育奇蹟。以下摘要採訪宋校長的過程。

問：民國95年的文昌國中面臨到什麼問題？（先找出歷史脈絡，表徵性資料）

答（宋慶瑋校長）：我在民國95到任文昌國中擔任校長，當時連續在文昌大學區範圍內成立了五所新設的國中，嚴重造成文昌減班的事實。尤其近十年來成立了四所新國中，大有、同德（92學年度）、會稽（93學年度）、經國（96學年度），慈文國中也是文昌的學區，成立較早（83學年度）。在慈文國中成立後，文昌開始減班，其影響逐年加大，儘管社區快速發展，人口持續增長。但是每成立一所新設國中，必定減文昌的班級。文昌地處老舊社區，發展有限，因而在分割學區與社區發展緩慢的雙重因素下，幾乎瀕臨廢校的命運。曾經市府有意以BOT（Build, Operate and Transfer）或承租或轉賣給私校經營的方式來解決文昌的問題。然而，礙於法令與老舊校地徵收種種複雜問題而作罷。這是當時文昌國中面臨到最大的問題。

問：那您當時怎麼解決學區被瓜分的問題？（探索劣勢條件，操作性資料）

答：我在上任初期很努力請求縣府與市公所協調各校重劃學區時還給文昌，但都因學校太密集，大家都不願返還。所以只好靠「招生祕招」。上任滿半年多，設定約十餘所國小招生，至今每年約20所。DM、海報、摺頁我都親自與主任們商討細節複印。只要國小有運動會、親子教育日或是○○成果發表會，我一定會到場致意，發放DM招生摺頁。

各國小經常有不定期的家長餐會，我從沒放過任何一場。有時候運動會旺季，一晚連趕三、四場是經常有的事。如今回想，真不知身體的負荷是如何撐過來的。還有到學區外的里長家拜訪，大部分都是冷漠的。印象最深刻的是某里長說：「宋校長你不用進來了，我的里民沒人會讀你的學校。」我仍厚著臉皮，只盼給我幾分鐘將水果禮盒送達，並談上幾句拜託的話。就是這樣的精神，一次、二次、多次，如今曾拒我於門外的里長，現在會主動拜託我，為選民服務而就讀文昌。

招生祕笈其實就是：彎腰帶頭拚招生。我在招生會場也會表演「吹笛

子」，讓學生耳目一新，記得文昌國中。對我來說，只要能招到學生的方法就是好方法，幾乎可以說是無所不用其極。

問：辦學還需要經費，您的經費都從哪裡來？（探索解決方案，操作性資料）

答：校務推動的經費來源不外乎以班級數編列的政府預算、社會人士捐款、家長會募款、企業贊助、民意代表地方建設款（簡稱議員款）等。每種經費都非常重要，但是都需要很努力經營公共關係才能有斬獲。就拿議員款來說，首先要與民代保持良好關係。面對民代到校的選民服務，一定要妥善處理，尤其是學校借場地、轉學生、新生班級安排、選舉期間的應對、校內活動民代到場的介紹、校外活動與民代的互動等，都要很有操作技術，小心為妙。

如果能妥當處理民代的公共關係，請求議員款才會比較順利。更重要的是，學校在向民代提出預算請求時，千萬不要獅子大開口，也不要超過民代答應的額度。可以將案子分兩次申請，「用兩個伍毛換一個壹元」的精神，比較容易成功，但卻是要辛苦兩倍。

問：除了體制內的資源可以爭取外，您如何爭取體制外的資源？（探索制度問題，詮釋性資料）

答：擔任校長職務要如何獲取體制外的資源，相信有很多的校長前輩都有不錯的點子。但個人淺見是，除了有心，還要有技術。有心，相信是每一位校長的天職，但技術卻是人人不同。從結果論來推斷，資源獲取多的，技術一定好，技術的帷幄當然也跟體力、健康有關。如果下班後從不出門做公關，或是場子少、待的時間短、互動不多，又不知如何炒熱氣氛、「練肖話」（台語：說俏皮話），甚至滴酒不沾，相信要獲得資源必定很難。然而，在台灣的社交文化裡，總免不了會以酒來作為溝通的媒介。如果堅持不沾，久而久之，風格建立之後，場子必定減少，機會也會減半。這是台灣社交文化的必然，此種酒國文化相信絕大部分的人是知曉與默認的。

問：您在任期間做了哪些建設與改革，讓大家搶破頭要念文昌國中？
（探索轉型方式，詮釋性資料）

答：我在任期間，總募款超過1.3億。當然，經費的爭取在前面提到過
了，很辛苦。但是要怎麼運用更是需要技巧。我在任期間設立英語村，
爭取八位外師，將英語情境例如搭飛機、餐廳禮儀、市場買水果等等的
情境布置得幾乎是擬真。學生可以在擬真的情境下學習英文。還有設立
樂活運動教室，讓學生學習之餘也可以運動放鬆身心。除了軟體部分加
強外，硬體也非常重要。我班班設置冷氣、有學生專車、獎學金等等。
這些都需要錢，除了募款外，更重要的是如何「節流」。

問：可以與我們分享要如何「節流」嗎？（探索轉型方式，操作性資
料）

宋：舉一個簡單的例子，一間教室燈管的排列其實有很大的問題。大家
辦公的地方都集中在教室的中間，其實把燈管集中在教室中間就好，邊
邊角落或是垃圾桶上方可以減少燈管。解決方法其實很簡單，就是把天
花板換一換就好了。一般人都不知道，其實天花板一格一格的可以模組
式地更換。我就帶著工友們做。不但達到節能減碳，更可以減少每月電
費開銷，累積起來不少呢。秉持著這樣的精神，在每個小地方都可以節
流。

問：您如何讓老師願意跟著一起轉型呢？（探索轉型方式，表徵性與操
作性資料）

答：我們常說經費好解決，人的問題難解決。對我來說，帶領團隊很重
要的就是「激勵方法」。對於我們學校的老師除了每學期期末都有尾牙
與餐會之外，畢業敬師禮品也是每年愈來愈好。我們的尾牙和餐會摸彩
的獎金都很高，不輸外面的尾牙，還有畢業班的禮品從腳踏車、平板電
腦等都有。老師的辛苦受到肯定，帶領學生也就愈帶愈有力。

問：原來校長辦校就跟經營企業一樣。有激勵制度，員工就會提升績
效，資源的挹注也就愈來愈多。校長還有其他管理妙招嗎？（繼續探索

轉型方式，表徵性與操作性資料）

答：有啊，我在學校都運用「走動式管理」。我隨身都會帶數位相機，每天都會巡視校園，看到哪裡漏水、破洞需要補都馬上拍照下來，回辦公室馬上上傳請組長盡快處理。我也不喜歡開冗長的會議，所以在巡視校園過程中，能夠解決的我就先解決，開會的時候就盡量減短，精準的做結論。這樣的管理方式，不僅學生開心，老師們也開心。

問：真是佩服校長的管理方式，還有什麼是希望可以跟我們分享的嗎？（表徵性資料，也讓受訪者知道準備要結束了）

答：文昌的創新不是一蹴可幾，整個變化就是「特色學校」最佳的典範。因為特色學校經營強調的是自主、創新。團隊的危機意識、領導者的特質、藍海創新策略等，都是關鍵因素。面對十二年國教即將上路，唯有保持特色學校的優勢，才能具有磁吸效應。文昌辦得到，其他學校也能辦得到。

技巧六：記憶猶新快錄音

　　若要錄音或錄影採訪過程，必須先徵得受訪者同意。不過，受訪者看到錄音機往往就退避三舍。研究者可以不經意地將一張紙蓋在錄音機上，可穩定受訪者情緒。如果採訪過程無法錄音，資料又很重要，也可以在採訪後立刻找個安靜的地方，趁記憶猶新時自己對自己邊錄音邊回顧剛剛採訪的內容，錄下自己的「回憶錄」。不管如何，研究者要謹記在心，你所採訪到的只是受訪者所相信的情節，不一定是事情真正發生的經過。

　　採訪後，首要之務便是謄寫逐字稿（transcription）。若無法錄音則只好以重點摘要筆記。由於田野調查動輒需採訪數十（或數百）人，田野調查筆記累計上百頁是很平常的事。這些筆記有時記錄所見所聞，有時記載研究者心得與感想。有些研究者則習慣以電腦（例如NUDIST程式）去綜合分析其內容。也有人靠直覺去「嗅

出」資料中的璞玉。現在有許多軟體應用程式與手機結合，可以幫助我們快速整理逐字稿，當我們一邊採訪，軟體就會自動把採訪過程轉換成文字，準確率可以達到七成，這已經可以大量節省謄寫的時間。不過，有些採訪並不適合用逐字稿整理，而是需要將採訪內容智慧化，去蕪存菁地摘要，留下重要的證據即可。

　　研究者更需勤做研究日誌（research diary），將自己對現象的一些觀察與省思記錄下來，往往理論就在字句斟酌之間醞釀出來。寫研究日誌需要毅力，千萬不可寫上三天就收筆。在日誌中除了省思之外，還可記錄討論過什麼事、讀過什麼文章、有哪些想法對你的觀察產生影響。在回首自己的研究過程時，便可以回顧知識的累積、對問題的認識以及詮釋的演變過程。在回首研究時，這些資訊會提供寶貴線索，重溫採訪現場情景。如果能附上一些圖表式分析也會有助於後期資料整理[11]。

技巧七：用物件引出隱情

　　在採訪一家運輸公司的資訊系統導入個案中，我們採訪過一位資訊主管。一見面，這位經理劈頭就說：「我沒深入參與這個專案，所以了解不深。」於是，採訪馬上遇到瓶頸。明明他是關鍵人物，又挑明拒絕透露（可能擔心公司內的政治問題）。我們就轉移話題，先請教他在公司任職多久，藉以理解他的職業生涯與此資訊系統開發之關聯。一面聊天中，我觀察到這位經理井條有序地將檔案歸類，以電腦標籤注明每個檔案的用途。但是，有一部分檔案全是黃色標籤而且未注明用途。一邊聊，我們一邊稱讚他的歸檔功夫。不久，他便津津有趣地談到檔案管理的獨門心法。原來，那些黃色檔案是「X 檔案」，裡面都是資訊系統導入的問題。觀察周遭環境往往可以察覺到許多隱性的知識。

　　此外，運用疆界物件（boundary object）也可以引出故事。疆界物件就是以某種物件來跨越溝通的疆界，例如建築師運用設計藍圖與顧客溝通。分析架構（概念圖）就是一種疆界物件。一次，我們去會晤一位在英國某石油公司任職的首席資訊

長。我和一位英國同事想了解該公司導入資訊系統的策略。這位首席資訊長經驗豐富但沉默寡言，大部分時間是封口不言，只聽我們說明來意。我們聽說他其實很喜歡學術理論，也在《哈佛商業評論》寫過文章，於是心生一計，找了一個科技變革的理論，並問他對此架構有什麼想法。

他想了一下，便提起如果他來導入資訊系統，作法會與這個架構大為不同。他舉例說明，公司最近導入的知識管理系統如何刻意延後資訊系統的導入，先輔導行為調適，在石化工程師降低恐懼後，才正式導入電腦化作業。接下來，他與幹部熱烈地討論這個理論。我們就在一旁全力地做筆記。

另一種作法是留意受訪者身上的物件。在一項衛星派遣系統研究中，我們必須採訪計程車司機。有一位林司機，聽說他每月接到的派遣數將近350通，而一般的使用者大約只有90到100通。為什麼有這麼懸殊的差距，我們希望採訪林司機，以便了解他的成功率祕訣。

問：為什麼你每個月能夠接到這麼多派遣？

答：因為我很努力，永不懈怠，所以才會這麼成功。（這樣的回答很令人傻眼，因為完全是個人的偏見，而不是證據）

問：能不能分享你有什麼獨家的作法？

答：這套衛星系統非常好用，我走到哪裡就接到哪裡，這就是我的祕訣。（這根本不是祕訣，是個人的偏見，他可能自己都不知道自己為什麼會這麼厲害）

問：請問你手上為什麼一直提著這個黑色的公事包？（我注意到他很謹慎地隨身帶著這個物件）

答：因為公事包裡面有「黃金點」，我做生意都必須靠它。

問：什麼是「黃金點」？

答：就是客人上車的時間跟地點，我都會做紀錄，而且我也組成一個168（一路發）讀書俱樂部，一共有八個人。我們每個禮拜五聚會，當然不是去唸書。他們會把記錄下來的資料交給我，我會用Excel匯整這些資料，按照每二十分鐘爲一個單位，整理這些「黃金點」，印成手冊，分爲早上與晚上。然後，我再根據不同的地區，是大安區、信義區、文山區來分類。不管我們走到哪裡，都可以馬上拿出手冊，找到最近的「黃金點」，只要在那邊等，派遣很快就會進來。

就這樣，資料如同石油一般湧出。透過物件，找出「黃金點」，也就了解這一類計程車司機的工作祕訣。採訪的時候不僅要注意周遭的環境，更要注意受訪者身上有什麼物件，也許就可以從物件去引導出調查的線索。

技巧八：小心資料厭食症

田野調查的後期，一個常見的問題便是「資料厭食症」（data asphyxiation）。得此症者，看到資料就想吐，可是又不得不繼續收集資料，但資料愈多反而愈不知有何用，因而愈加「厭食」（資料的收集）[12]。要跨幾個時空點收集資訊與訪談，所需耗費的功夫更大。更沮喪該算是當一、兩百份訪談紀錄整理下來時，竟然一點線索都沒有。

一位同事在英國研究教育管理與高層決策，她每天要如影隨形地跟蹤（shadow）三位校長的行程，了解每位校長背後決策的動態。三個月下來，研究室堆滿兩百多份訪談資料。在研究初期，這些資料看來好像一堆八卦常識，與理論扯不上關係。她失望好一陣子，也在辦公室哭了好幾次。她一看到資料晚上就吃不下飯，這下資料厭食轉爲眞的厭食。後來突發奇想，將每位校長的行事曆中所有見過的人及談過的事，以網狀圖繪出之後，才看到原來每個校長做最後決策時，會依其領導統御風格而建構社會網絡，即行事曆中所決定見的人。她也終於發覺到過去收集的八卦資料開始變得很有意義[13]。

技巧九：三角交叉檢驗

　　資料就是證據，而呈現證據不可以偏概全。所以，我們還要呈現三方驗證。例如用不同的來源取得資料，聽聽不同角色如何解讀同一個事件。研究者要確保資料品質，常用的技巧是三角交叉檢定法。這原是古代水手航海時利用兩個星座定位找到第三點（即航船所在的位置）。在質性研究中，三角交叉檢定法是指利用不同資料來源來了解資料的可靠度。研究者可以找不同部門的人、對同樣的問題進行說明、又如何做不同的解釋，以了解問題的複雜性。另外，研究者可由不同的資料來源（例如公司內部報告）來檢驗受訪者談話的真實性。例如，有家公司宣稱電子商務導入狀況盛況空前，若上網去瀏覽該公司網頁，或分析點閱率與交易量，就可檢驗其說法。交叉檢驗的目的不在取得一致性的資料，而在確認資料的可信度。由此，研究者便可以了解為何不同的人對同樣現象，會做出不同的解釋。

　　例如，在一個資訊系統導入失敗的研究中，我們採訪一家便利連鎖超商。這家公司嘗試導入資源規劃系統已好幾年，一直不成功。資訊經理人說這是因為系統不穩定，資料庫太龐大，所以只要換上關聯式資料庫系統（Relational Data Base Management），這一切困難就會迎刃而解。可是，企劃部經理說，真正的問題是因為公司過於守成，已經超出資訊部門的能力。如果能夠引進外部顧問，就會成功。業務部門是使用者，一位資深業務經理無力地說：「其實資訊部門和企劃部門都不了解我們的問題。這幾年來系統之所以導入不成功是因為經銷商抗拒，你要知道我們公司和這些經銷夥伴已經合作十多年了，許多經銷商政策根本就過時。新的資訊系統只會讓現有的經銷商政策更加混亂。公司根本不需要一台昂貴的計算機，我們需要的是新的經銷商方案。」

　　到底誰說的是對的？也許只是看的角度不同，也許只是以管窺天，也許都在說謊。若只是聽到一面之詞，只採訪特定對象，那麼可能只會看到現象的片面。

三角檢驗可以探訪三個來自不同部門（或立場不同）的受訪者，先問一些基本問題：人（who）、時（when）、事（what）、地（where）、物（which）、如何（how）、爲何（why）、多少（how many）。然後，鎖定一個重點問題，再連續問五個「爲什麼」（why），通常就會有結果。

　　資料收集的優劣，會直接影響質性研究的品質。資料如何收集也決定於一份研究的思考邏輯嚴謹與否。進行現場採訪固然可以拿到最眞實的資料，同時也會掉入無法自拔的陷阱。就像福爾摩斯於小說所說的：「最容易欺騙人的，莫過明顯的事實。」社會中充滿假象，受訪者由於各種不同的原因，會提供出「假資料」，甚至於刻意誤導研究者的調查方向，如果我們不能夠看穿這些假象，最後所形成的論文就眞的會變成一部虛幻小說。田野調查的成敗關鍵，就在於我們是否能夠成爲專業陌生人。

風格篇

Chapter 10

對偶互動：好萊塢找創意
—— Creativity in Hollywood Pitching

我對一些事會抱著保守的態度，另一些事則是很開放。當我聽說某人可以歸納成某種類別，擁有這種類別的所有特質，我總是很懷疑的[1]。

——路易斯・賽克力（Louis Szekely），美國喜劇演員、電視電影製作人、導演，以演出《路易不容易》被人熟知。

誰真的有創意？

如何判斷一個人是否有創意？這是一個業界與學術界都關心的議題。對企業來說，找到一位鬼才，就會帶動產品創新、生產效率、最佳決策，以及各種具創意的解決方案。微軟就花費巨資，希望能夠找到具創造力的員工從事研發工作。學者亦費盡心力想要發展出一套理論來評估「創意」，使經理人能更有效地找到「鬼才」，為組織效力。可是，我們要靠什麼方法才能知道一個人到底有沒有創意？

加州大學戴維斯分校的金伯利・艾爾巴克（Kimberly Elsbach）以及史丹福大學的羅德瑞克・克雷默（Roderick Kramer）兩位學者針對此問題發表一篇饒富趣味的作品[2]。他們兩位都是社會心理學背景出身，所以辯證的角度自然是從認知心理學出發，著眼於人的心理狀態如何受到各種不同社會力量的影響，產生對事物的認知問題。

過去研究者在處理「創意評量」議題時大多是打量對方的角色、地位與聲譽。如果對方是某大公司的創意總監、行銷專員、企劃經理，當看到此人頭銜，我們就已經對此人之「創意潛力」有正面的評價。如果又知道此人曾經發表知名作品或曾得獎，那八成我們會認定這個人滿有「創意」的。另外，有人會用「智力測驗」的方法來檢測對方是否具有創意特質。

當然，要看一個人有沒有創意最直接的方法就是丟一個企劃案給對方，看看對方的反應與產出的成效。有家公司在面試新人時，是先丟給受試者一些零散的樂高玩具（積木遊戲），接著出個題目，例如：教育的價值，然後受試者必須在二十分鐘之內以積木堆出他們心中對教育的詮釋。二十分鐘後，主管會看受試者用樂高堆出什麼「教育」意涵，又如何詮釋他們的作品。如此，創意的潛力大致已無所遁形。這種測試會令濫竽充數者，馬上見光死。

　　可是，有時經理人必須在資訊模糊的狀況下進行創意評量。可能受試者所提供的資訊有限，例如甄試者無法取得受試者完整的背景資料，或者因為時間很短，甄試者沒法充分調查受試者的身家背景、學經歷及作品。甄試者只能靠短暫的面試來評斷對方的創意資質。很遺憾，大多數人評估受試者多是靠瞎子摸象式的揣測。受試人的創意潛力可能完全取決於甄試者當時心情與主觀判斷，而缺乏科學依據。

　　美國有一個節目叫《以假亂真》（*Faking it*），會找一個大外行，請四位專家給予一週的訓練。然後，再找三位真正的專業人士（如服裝設計師）與這位大外行一起接受考核，讓專業評審去判斷到底哪一位才是濫竽充數者。節目顯示出，大多專業評審其實都是靠個人喜好去評定對方的創意與能力，而大多時候都猜錯。

　　在缺乏客觀證據的情況下，甄試者該如何靠直覺挑出「濫竽」而識出人才？甄試者是否能在模糊與時間緊迫的狀況下，擷取一些特定的線索，來評估對方的創意潛力？這個問題便是這篇作品要調查的重點。有趣的是，他們調查的個案是眾星雲集的美國好萊塢。這個地方是全世界創意的集結地。導演與編劇每天收到上千份稿子，他們得謹慎地過濾，才能找到饒富市場潛力的腳本，也才不會與佳作失之交臂。

　　像《哈利波特》這本暢銷書早期未能找到伯樂，因此拖好久才與世人見面。好萊塢的過濾機制就是導演與劇本編劇的試鏡會議（pitch meeting）。其實，這種會議倒不是真的叫編劇來試鏡，而是把編劇找來，在製作人與導演面前，套句中國相聲的術語，抖幾個「包袱」來看看。這篇質性研究以好萊塢為素材來調查「創意評量」，布局一開始就非常吸引人。這份作品的辯證布局，也就是浮睿明，整理如圖10-1。

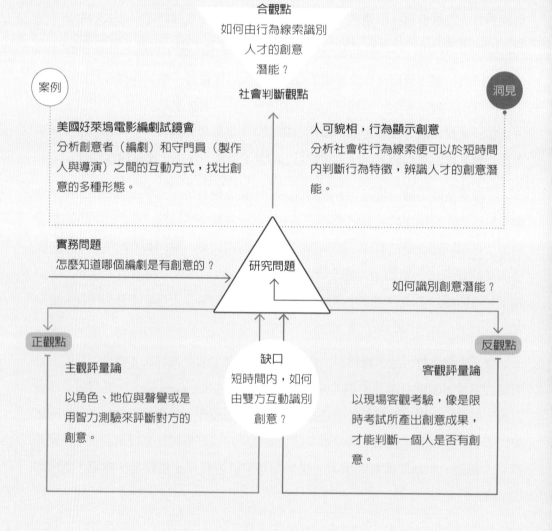

圖 10-1　好萊塢找創意的浮睿明

人可以貌相：對偶互動法

作者發現，過去研究大多著重於性向測驗來理解受試者的人格特質，測試他們是否具有創意因子。這種作法與星相學很類似，例如一般印象中，一個雙子座特質的人可能就會比金牛座特質的人來得有創意。但是，這種評定太一般化，好像把人當成既定的產品，而且也看不到甄試者在評估創意時所運用的研判技巧。研究者並沒有分析甄試者的創意研判過程，以及當他們分析創意潛力時，如何形成好或壞的印象。

大多時候，專業人士在評估一個對手有沒有「創意」，是根據某些主觀來形成第一印象，然後作出決策（例如，拒絕投資某家公司）。當今研究中也存在另一個問題：太多研究是找學生來作為甄試者或受試者，而非專業人士。如果你要研究一位律師有沒有創意，你必須去找真正在法律事務所工作的律師，而不是法律系的學生。此外，由於當前研究多是以實驗來模擬創意評估，真實度也因此大大降低了。這種實驗無法使研究者觀察到專業人士如何研判對方的創意潛能。

還有一些研究是去詢問甄試者的研判技巧。但這也只能讓甄試者回想過程，自圓其說地解釋他們的研判技巧。例如，你叫一位藝術家回想，他當時是如何研判某一位受試者的創意，他可能早已忘記當時的情況，而編出一篇大道理來唬你。這類研究結果自然大有商榷的餘地。

所以，研究創意評量絕不可以離開活生生的實況，更不能只用實驗。我們必須在真實的環境中，去觀察專業人士如何研判受試者的創意能力。最好可以由創意者（受試者）與守門員（甄試者）之間的互動下手。我們可以把創意看為一種溝通的過程，創意者是來源方，他們提供訊息，而甄試者是接收方。或者，創意者是投手（pitcher），而甄試者是捕手（catcher）。

在不同的產業中，每位甄試者會呈現產業相關的評估準則。在時尚業，如果一

個人穿著土土的，那甄試者可能很快就會研判此人缺乏時尚特質。人，是可以貌相的；這是社會性研判理論（social judgement theory）的觀點。甄試者可以依據對方的行為線索（behavioural cues），判定他的創意潛力。如此，我們可以觀察創意者（投手）與甄試者（捕手）之間的互動。如果投手投出球，而捕手不願意接（或漏接），沒有辦法取得對方具創意的行為線索，那麼就可以判定投手的創意潛能是不佳的。反之，就可以預測投手可能是具備創意潛能的（參見圖 10-2）。

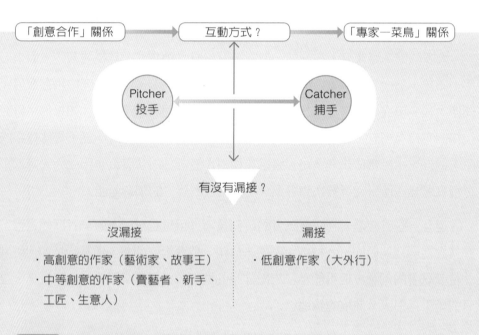

步驟一	從受訪者的意見中定義「創意」和「非創意」的指標，像是原創性、獨特性的潛力或是缺乏創意等。
步驟二	找出幾種投球的原型。在此階段找出七種投手的類型。
步驟三	找證據，驗證前兩階段的論點，焦點放在投手和捕手之間的關係。
步驟四	透過第二次訪談，驗證「對偶關係」和「自我感知」的線索，與第一次訪談進行比較。

圖 10-2　對偶式互動的分析架構

作者提出兩個嶄新的問題。一、在現實環境中，專家必須掌握什麼的行為線索來研判一個人的創意？二、專家如何由實際情境取得行為線索，來判斷受試者的創意潛力？提出這兩個問題，馬上就有辯證的基礎，也讓人了解到這是一個非得用質性方法才能進行的研究。

這類型研究之目的在使理論「精緻化」，使一些較抽象或未經詳加闡釋的理論能透過個案豐富其詮釋能力。這和紮根理論不同，紮根理論是在研究者找不到合適的理論時，靠第一手資料，由無到有開始，建構一個全新的理論。在這個好萊塢研究中，既有理論已經足以支援研究者繼續探索現象。這篇文章以「社會性研判」的角度下手，所以分析時必須找到甄試者與受試者，分析雙方互動的過程，以了解創意是如何被評估的。

拿編劇當受試者，導演與製作人當甄試者，使得這篇研究格外生動有趣。這些編劇是「投手」，而導演與製作人是「捕手」。通常導演不會真的看完整份劇本，只會看「投手」如何投球（或抖包袱）。當投手投球（賣點子）而捕手願意接球，代表這位編劇的行為線索被接收到了，也就是創意受到肯定；相反的，如果捕手不想接投手的球，那就代表編劇的行為線索沒被接收到，創意不受肯定，肯定會被退稿。

這其中還有許多學問，捕手看的不只是劇本內容好不好。如果是部電影，編劇通常必須在拍攝過程中依狀況不斷修改劇本；如果是部連續劇，編劇必須有足夠的創意，把接下來十多集的劇本也寫出來。捕手看的是，這位編劇是否有能力隨狀況修改劇本，以符合市場需求。更困難的是，投手通常只有二十分鐘來說服捕手，要是表現不好馬上就要走人。想在數以百計的競爭者中脫穎而出，投手必須渾身解數施展創意。捕手對這種試鏡會議也格外謹慎，因為一不小心可能會與佳作失之交臂，喪失上億商機。著名的《外星人》（*ET*）、《星際大戰》（*Star Wars*）、《楚門的世界》（*The Truman Show*）以及《魔戒》（*Lord of the Rings*）就是在這些激烈試鏡中挑選出來的。

　　作者的田野調查由 1996 年秋天開始，一直到 2001 年夏天才完成，整整耗費五年。這或許也是為什麼很多學生常擔心，花五年寫一篇文章，怎麼會有經濟效益？在學術界中，好的研究往往是由學者的好奇心驅策；在多采多姿的好萊塢中，花上五年可能是有必要的。

　　這兩位教授在五年中進行密集田野調查。他們採用「對偶互動」的分析方式，將評量者看成投手，受評者視為捕手。他們採訪默默無聞的投手，因為編劇如果太有名，也就無需研究他有沒有創意。在製片場有時候是兩、三位投手同時被一位捕手試鏡；有時是五、六個捕手同時考評一個投手。為了解個別投手與捕手之間創意評估過程，他們只選「一對一試鏡會」當作觀察對象。

　　在正式採訪中，他們挑選三十六位受訪者，其中有十七位編劇、十三位製作人、六位經紀人（代表編劇）。別看這人數好像不多，他們可都是來自名門。如製作人來自 ABC（美國廣播電視網）、NBC（全國電視網）、CBS（哥倫比亞廣播公司）電視網，也有華納、MGM（米高梅製片公司）、派拉蒙製片廠。這些編劇有人專門寫電影腳本，也有人寫電視劇或紀錄片。這些製作人與編劇有些更兼具擔當捕手與投手的經驗。

　　採訪過程中，作者問受訪者他們如何研判創意，並舉例說明捕手與投手交手時，雙方如何勾心鬥智。作者並追蹤每一個成功與失敗的試鏡中，捕手依據什麼印象來判斷投手的創意潛力。最後，作者追蹤這些捕手是在什麼情況下改變對投手的看法（不管變好或變壞）。除了這些正式採訪，兩位教授還實地觀察二十八場試鏡會議，其中七場有錄影帶存證（由製片公司錄下）。他們參與其中五場試鏡，其餘二十三場只是當觀察員。

　　研究者並選出十六場試鏡會，讓受訪者照原來情境重演一次，以回顧他們如何研判創意。這種重演也是花二十分鐘，而且全程錄影與文字記錄。第一位研究者為

更深入了解整個試鏡過程，更徵求三位編劇的同意，參加這些編劇在南加州大學開辦的劇本寫作課程。這三門課每堂約一小時並全程錄影。課程中的講師全部是資深投手與捕手，這些課所用的講義也全部收集，作為研究者了解創意產生的背景與過程。

　　這篇文章用相當大篇幅在分析「如何研判創意」。研究者把資料分為兩大類。第一類依照個人特質分析出七種型態，並依創意潛力的高中低分之。有兩種型態是高創意的編劇（藝術家、故事王），有四類是中等創意的編劇（賣藝者、新手、工匠、生意人），最後一種是低創意編劇（大外行）。創意特質高的編劇所表現出的說服技巧令人耳目一新，呈現內容獨特、出乎意料，而且扣人心弦；反之，創意力低的作者說服力不強，令人覺得作品平凡無奇。

　　兩位教授還發現兩種創意評估方式，以關係型態分類。第一種是「創意合作」關係，投手能夠在短短二十分鐘內與捕手有緊密的創意互動，讓捕手一起融入劇情，發揮想像力，與投手成為創意合作夥伴，這種投手的創意力被認定是最高的。第二類是「專家─菜鳥」關係，也就是投手在展現創意的過程中，把捕手當成學生，試鏡變成說教。這種關係一旦形成，捕手就會認為投手是沒什麼創意的平庸之才。

　　這個研究把創意評量的過程，透過好萊塢製作人篩選劇本的情境呈現出來，這樣的安排本身就很有創意，讓我們不得不佩服這兩位教授的才華。這兩種過程不但可以協助甄試者了解如何研判受試者是否有創意，更可以幫助受試者了解自己要如何提升創意實力，以贏得捕手的青睞。我們接下來看看這兩種創意評量有趣的地方（參見圖10-3與10-4）。

七種創意評量法

這七種特質是捕手在研判創意潛力時，所觀察的肢體語言與行為線索。細讀這些分類時，令人莞爾而笑。我擔任過創業投資案的評審，有些報告人的行為與這七種分類不謀而合。質性研究能寫到如此風趣生動，是令人佩服的（參見圖10-3）。

第一類：藝術家

這種編劇通常會表現出有些自閉的行為，不大擅長與人交往，是典型的藝術家。這種看起來有點傲氣，又有點「宅宅」的編劇，反而是導演心中的鬼才，被認為可能會寫出很好的作品。大概因為他們都關在自己的世界中，根本不想浪費時間去處理人際關係。所以，當你看到一個人不修邊幅、目中無人，又有點自閉，要小心，這人可能是創意鬼才。

第二類：故事王

這種編劇與藝術家有很大的不同，他們擅長自我表現，個性活潑又充滿活力，愛說故事，動不動就舉例用譬，又不時引經據典。故事王不會先給一個架構，再告訴捕手這個故事的主旨、目標及各種人生大道理。在試鏡時，故事王常以一個場景開幕，讓捕手好像看到故事中主角的所聽、所聞、所見，然後娓娓把故事道出。故事王是製作人的最愛，因為這類編劇不但可以寫出好劇本，也可以在連續劇進行的過程中說學逗唱，使演員及工作人員都可以入戲，達到最佳戲劇效果。

第三類：新手

通常這類編劇是剛入行的，充滿理想抱負，創意也是高。但是他們一開口就穿幫，讓捕手知道他們經驗不足。捕手會認為他們太天真，雖然很有創意，但新手的創意往往流於空想，而思考不夠縝密。

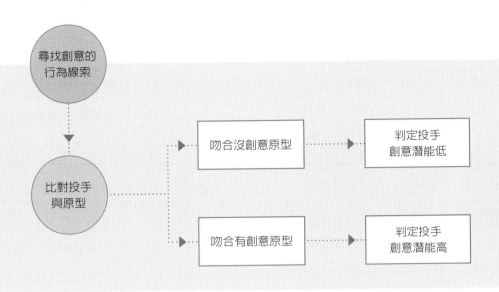

類型	說明	創意潛力
藝術家	創意鬼才，有些自閉行為，不善常與人交往。	高
故事王	擅長自我表現，個性外向，愛說故事，通常會用一個場景開始說故事，再娓娓道來。	高
新手	剛入行，有創意、充滿抱負；但往往過於天真，思考不周延。	中
賣藝者	創意高，但不及藝術家和故事王。不過會帶動氣氛。	中
工匠	經驗老到，但是故事通常會依特定公式進行，雖然有產出效率，但是通常太匠氣。	中
生意人	捕手通常不認為這類人是作家。通常不會強調作品的精采度，而是依套路分析，提出解決方案。	中
大外行	給人平庸、缺乏熱情、懶散、語無倫次的感覺，被認為是大外行、沒有創意的庸才。	低

圖 10-3　判定七種類型的創意潛能

第四類：賣藝者

　　這類編劇的創意雖高，但是遠遠比不上藝術家及故事王的想像力。不過捕手對賣藝者的創意潛力評價也不低。原因在於捕手著重的不只是這類編劇在劇本上的天分，更多是在他們能帶動氣氛，並有很好的溝通能力，這種編劇會帶捕手「入戲」。這類編劇雖然像江湖賣藝者，具備銷售天分，可是這並不代表他們的作品有創意。

第五類：工匠

　　此類編劇經驗老道，深知劇本寫作的規則，該有的主角、配角一定會有，該有的懸疑劇情也都會放進去，只是故事多半公式化，而且有點老掉牙。工匠通常比較著重在促銷作品的商業價值及產出效率。因為他們的作品一般不需用太多精心選角就可以製作出來，劇本多帶有一點譁眾取寵的效果。製作人對工匠有一種愛恨交加的情感，一方面製作人滿尊敬這種資深工匠，因為他們都入行多年。當你擔心劇本寫不出來時，找到工匠一定可以馬上拍板定案，讓節目不會中斷。但製作人認為這種工匠太過匠氣，不有趣，所以製作人也只會把他們當「公僕」，而不會與他們一起午餐或參加私人社交活動。

第六類：生意人

　　捕手一般不認為這類編劇是「作家」，因為他們更像來談生意，而不是來展出作品。這類編劇不會一開場就強調作品的精采度，而是分析該片廠或電視台當時的強勢、弱勢、威脅與機會，然後如生意人一般提出解決方案。雖然作品不具原創性，卻也常一針見血、對症下藥。雖然捕手覺得他們的作品不具創意，但肯定他們的生意腦筋，佩服他們在商務策略上的創意。

第七類：大外行

　　在試鏡過程中，投手給人的印象若是平庸、缺乏熱情、懶散、語無倫次，那麼這類編劇馬上就會被認為是「大外行」，而被認定是缺乏創意的庸才。特別是當大外行愈積極地賣點子，捕手就愈感到他們已經黔驢技窮，讓捕手懷疑這些作品是不是抄來的。這種編劇為掩飾自己才華不足，常會不斷提出一堆新點子。這些點子要不是抄來的，就是光說不練（作品裡根本看不到這些點子）。很遺憾，捕手一旦遇上這種大外行，通常不會給第二次機會。

兩種關係評量創意

　　前面的分析是以投手的行為特質來判定創意人格。研究者也由捕手與投手之間所形成的關係，來評定投手的創意特質。例如，如果捕手在試鏡過程中，感覺自己被投手的故事所深深吸引，那代表捕手已經肯定投手的創意。因為在製片過程中，導演需要與編劇緊密地合作，對捕手來說，創意包含的不只是作品，編劇本身也是創意的一部分。投手與捕手能否合作無間，也決定創意是否能落實。在互動過程中，如果捕手也覺得自己變得有創意，那麼投手的「感染能力」也是受捕手欣賞的創意之一。圖10-4點出兩種創意關係。

型態一：合作型創意關係

　　這是捕手最喜歡的型態，也是肯定投手創意的評量重點。在試鏡過程中，如果捕手感覺自己被吸引，涉入故事的情節，不由自主地參與創意過程，想把故事編得更有趣，覺得自己的想像力被投手激發，那麼投手會被評定為有創意。例如，當編劇解釋，他這部劇本會以全新的方法來處理《小紅帽》的故事時，製作人可能就迫不及待幽默地接下去：「這一次野狼是不是變成好人，小紅帽變成恐怖情人呢。」

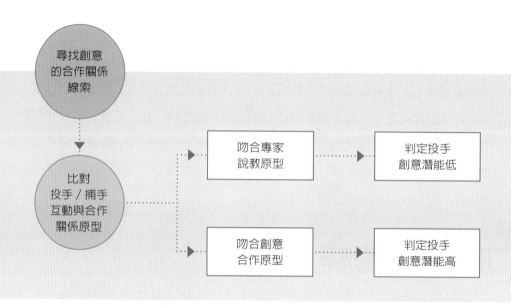

投—捕 關係類型	定義	創意潛能
合作型創意關係	捕手肯定投手的創意，在試鏡過程中感覺自己深深涉入情節，並參與創意過程，想把故事編得更有趣。此時捕手對投手的創意評價最高。	高
說教型創意關係	捕手覺得投手寫的故事像是在說教，甚至令人厭煩，因此會認定投手的創意潛力不足。這種關係形成後，捕手往往會認為自己是指導者，因而質疑投手的創意能力。	低

圖 10-4　評量創意的兩種關係類型

然後，編劇與製作人你來我往，就把整個劇情的輪廓描述出來。結束後，兩人皆大歡喜並邁入合作階段。

型態二：說教型創意關係

　　反之，當捕手覺得投手寫故事像在說教，內容乏善可陳，甚至有點令人厭煩，那麼捕手馬上認定投手的創意潛力不足。這種關係形成後，捕手往往會覺得自己好像是指導老師，必須指導前來試鏡的投手，於是會質疑投手的創意能力。更慘的是，當捕手覺得聽君一席話，不但沒勝讀十年書，反而使自己腦死全輸。如此，捕手對投手創意力評價會更差。

怎麼變成星座式的核對？

　　這篇作品點出好萊塢的創意祕笈，除了在學術理論上的貢獻外，對不同專業在進行創意評鑑時，有很大的啟發。例如，廣告公司常需要找創意總監來執行重大專案，便可以參考這七種創意型態來遴選人才。在應徵過程中，甄試者可以觀察受試者的行為特質，藉以評估對方的創意潛力。創投業面對前來找投資的創業家，也可以運用好萊塢試鏡會議的甄試方法。

　　雖然這篇作品點出創意評量的兩種研判過程，但在推理上似乎有點唐突。這篇文章批判過去研究只用粗糙的人格特質測驗，以及抽象的評估方法，來檢驗創意是否存在。作者則由行為線索與實際情境下手，整理七種「以貌取人」的評量方式。但是，這七種創意特質分類仍存爭議。

　　首先，這篇文章所點出的七大分類，其實與十二星相的占星術沒多大差別，只是分類方式不同而已。這七種分類也都在意料之中，在各種場合都可以遇過這七類的創意工作者。這樣的分析多在義理之中，而無驚豔之處。兩種創意關係的分析雖

有趣,但也沒有到很不尋常。

其次,這種條列式分析有點過於簡化,而缺乏動態。例如,有些創意人會依情境改變他們的創意行為,這點並未被討論。例如,有沒有人會由「工匠」變成「故事王」?這對創意評估有何影響?七種人格特質與兩種創意關係型態有沒有關聯?這篇研究強調的是創意的「過程」,可是文中所引用的例子與舉證卻都是片段的資料,只是將捕手與投手的意見歸納,而未將他們之間的創意評判過程解讀出來。只是用受訪者的意見來「證明」七種創意特質,在真實度與可信度上略有瑕疵。「藝術家」在甄試過程中如何展現創意?這樣的過程並沒有被解讀,只是憑藉甄試者片面之詞去證明「藝術家」是有創意的,而未說明「藝術家」的創意展現方式(不只是行為特質),這樣的分析真實度不夠。

研究者似乎把創意與溝通能力、商務分析力、創意執行能力以及表演能力混為一談。這對創意評量會不會造成偏見?「故事王」展現的是溝通能力,「生意人」展現的是商務上的分析能力,「工匠」展現的是經驗與執行力,「賣藝者」展現的是表演能力,然而這些似乎都不一定是「創意」。這使得作品在邏輯推理上有所不足。

最後,這篇文章的批判度仍有待增強。它並沒有挑戰既有的假設與想法。例如,我們可以問:創意與先天人格特質真的有絕對的關聯嗎?創意會不會是後天養成的?以既有的人格特質來評估創意,會不會有什麼偏頗之處?目前我們對創意本質的了解有什麼問題,為何需要透過行為線索來研判創意?我們也可以用天秤座、雙子座、牡羊座等星座特質,或是命理學紫薇斗數裡的文昌星、文曲星、七殺星來判別某人是否有創意特質。為何要用粗略的七種行為特質來分析創意呢?如果這項研究號稱耗費五年時間才完成,我們會希望看到作者對「創意」有更深入的解析。當然,這種批評也許並不公允,因為作者可能把這些問題放在別的文章中討論,沒有列為這篇文章的解析重點。

　　話說回來，我還是覺得這篇好萊塢作品很有參考價值，以「對偶互動」的方式來分析創意，是初學者臨摹的好範本。進一步，初學者還可以改變這樣的分析風格，像是將「對偶互動」分為「多偶分析」，讓不同類型的受試者與同一群甄試者互動；或是改變互動的方式，讓投手與捕手之間多一位「裁判」；或是分析行為線索的擷取過程，理解捕手如何「捕捉」到對方的行為線索，不是只有簡單的接住或漏接兩種結果；又或是，分析行為線索的類型，而不是創意人的類型。這些手法都可以讓「對偶互動」的分析風格變得多采多姿。

　　一篇好的研究起於對知識有系統的分類，這篇文章正展示出這樣的範例。但是也需留意，當我們很肯定地將某人歸納為某種類別，並擁有此類別的所有特徵時，這樣的歸類總是令人懷疑的。

Chapter 11

層次變化：快樂的電子郵件

——Finding a Happy Medium

當你快樂時，深察你的內心吧；你將發現，那曾讓你悲傷過的，正是帶給你現在快樂的源泉。當你悲傷時，再次深察你的內心吧；你將明白，你現在正為那些曾讓自己快樂的事物而哭泣呢。

——紀伯倫，詩人與哲學家

　　這篇研究探討組織引進電子郵件所可能引發的負面效益[1]。電子郵件已是廣為使用的資訊科技，現在討論這個議題或許覺得有點過時，但該研究進行的時間約在 1991 至 1992 年左右，在當時，這是一個廣受關注的主題。那時由於互聯網剛起步，所以大家對於電子郵件應用感到滿新鮮的。過去，我們對資訊科技的研究大多採取「科技主宰」的思維。「科技主宰」觀點假設，不管使用者樂不樂意接受科技，最後他們還是會臣服於科技的威力。這個研究即使經過多年，所提出的洞見仍是歷久彌新。

電子郵件的愛與恨

　　使用電子郵件其實不只是一項科技問題，更是一個溝通問題。記得我在採訪一家航太公司時，一些引擎工程師便因為電子郵件的濫用而鬧得天翻地覆。有些工程師看來一派斯文，沒想到使用電子郵件後，變成無禮的惡徒。本來公司冀望使用電子郵件後可以省下紙張成本，結果適得其反。公司內的用紙不但增加，工程師還藉電子郵件的便利，把動輒數兆位元的設計資料當成附件到處傳送，造成資訊垃圾。電子郵件結果成為夢魘。

　　電子化溝通媒介也會產生負面效果。電子郵件更容易使人與人之間產生誤會、造成疏離。大家通常將這些負面效果歸咎到技術特性上，諸如電子溝通媒介無法傳達面對面溝通時的表情、語氣、手勢及聲調等。這些特性在人際溝通時常扮演重要的角色。

　　電子郵件這種科技媒介藏有許多溝通的議題。這篇文章提出三個具有層次感的研究問題：一、在公司中，員工如何使用電子郵件，又打算用電子郵件完成什麼工作；二、人與人的溝通過程中，使用電子郵件可能產生什麼正面或負面效應；三、會有人惡意地使用電子郵件，造成負面效應嗎？如果真有此事，是如何進行的；我

們應該如何預防電子郵件所產生的負面效應。

　　這三個問題內含懸念，並不如字義上簡單。其實，作者是利用這三個問題來形成四個層次的分析：電子郵件會帶來怎樣的正面效應、電子郵件會帶來怎樣的負面效應、電子郵件的正面效應會帶來怎樣的負面效應、電子郵件的負面效應又會帶來怎樣的正面效應。高段的質性研究者會在文章中嵌入許多懸念，也因此讀者往往會看不懂作者要表達的內隱意涵。

分析科技效應：層次變化

　　辯證上（浮睿明局），作者提出正方是理性意圖論（Rational Actor），反方是科技決定論（Technology Determinism），而「合」的觀點是漸衍過程論（Perspective of Emergent Process）。這實在令人難以理解。讓我們用科普化的方式來解釋。研究設計參考圖 11-1。

　　「理性意圖論」提出理性自利的觀點，認為造成電子郵件負面效應的因素並非科技本身，而是人們如何使用這項科技。就好像，核能可以用來發電，也可以製造核彈頭；科技本身是無罪的，端視使用者的理性選擇。他們會追求自己認為是對的（理性的）決策。因此，電子郵件會產生哪種效應，是使用者可以理性決定的。如果可以預期運用科技的負面效應，公司就可以採取因應措施，讓使用者理性地運用科技，促進生產力。

　　「科技決定論」認為科技就是主宰，不管使用者樂不樂意接受科技，最後他們還是會臣服於科技的威力。由此角度來看，科技是禍源，產生負面效應是因為電子郵件設計得不好，種種問題都該怪罪於科技不良的功能設計。這個觀點認為，只要適切地導入科技，組織變革就會依照計畫發生，取得預期成果。

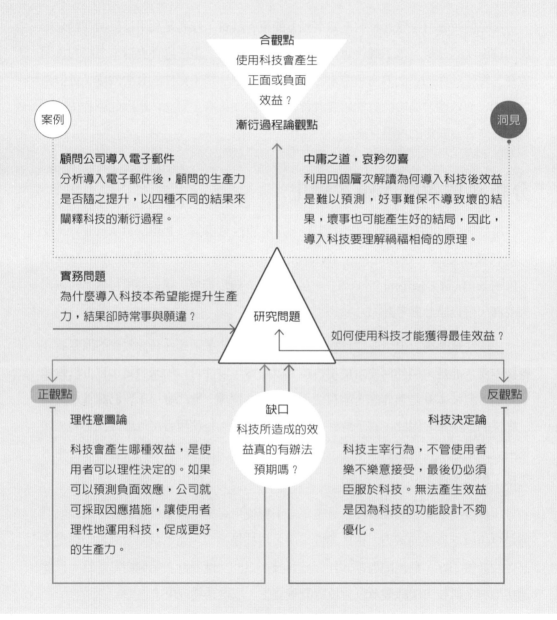

圖 11-1　快樂電子郵件的浮睿明

　　這個「科技決定論」常讓我想起一個不怎麼愉快的經驗。有一次朋友送我一張某咖啡店的兌換餐券，我高興地起個大早，特地到烏節路（新加坡最熱鬧的商店區），想去享用一頓免費早餐。雖然餐券上說明能兌換一杯熱咖啡和一份蛋糕，可是我想吃的卻是熱牛奶再配上可頌麵包。我請求店員讓我將熱咖啡更換爲熱牛奶，把蛋糕更換爲可頌麵包。最後，連店經理都請出來，卻仍然無法更換。爲什麼呢？因爲這家咖啡店的收帳軟體程式（科技）限定允許更換的項目。即使店經理熱心有餘，也愛莫能助，無法幫我更改成我想要的可頌麵包，除非我自己另掏腰包。如此，科技「決定」人所可以擁有的選擇。

　　科技造成社交行爲的負面效應，眞的是理性意圖或是科技決定嗎？這篇研究嘗試運用另一個新視角來分析電子郵件的人性問題。作者採用的是「漸衍過程」觀點，意思是：科技運用往往不能單方面決定人的行爲會如何改變，或組織應如何重整。人會主動改變科技運用的方式，導致與原先期望不同的結果。這個理論稱爲「純屬意外」也滿貼切的，因爲科技的運用常會有很多意外情況產生。這些意外情況並非單由理性意圖或科技所決定，而是經過科技與人的互動中衍生出來。也因此，運用科技的結果往往不在預期之中。

　　如果我們延續上一個例子來說明。也許，我會堅持要求更換蛋糕，爲我的可頌麵包而戰。所以，我決定槓上店經理。這時店經理心裡也許會想，這個客人看起來好像不太好惹，看樣子耗下去也無法擺脫這位難纏的客人。於是她心生一計，決定連蛋糕與可頌麵包、咖啡與熱牛奶一起送我，把差額部分以報廢處理，以跳脫電腦程式的制約。皆大歡喜之後，我覺得有點對不起她，所以購買數倍於可頌麵包的周邊商品，之後還變成朋友。

　　在這個故事中有許多「意外」產生。首先，咖啡店使用兌換餐券原先是要提升買氣，但是電腦局限餐券上的選擇。遇到我這樣的客戶，兌換餐券反而造成麻煩。

促銷活動因為電腦的制約而衍生出服務問題，一直到機警的店經理重新定義科技的運用方式，才消弭這場危機。可是，引進科技原本是為使作業流程更有效率，結果反而制約公司的促銷活動，最後科技問題卻演變成「不打不相識」的結局；這些都是純屬意外、始料未及的。

這篇研究運用不同於「理性意圖論」與「科技決定論」的觀點，重新審視電子郵件的運用。這個「純屬意外」觀點使我們看到，雖然使用者運用電子郵件是為提升溝通效率、帶來工作生產力，可是它的負面效益並不是原先所能預期。例如，導入電子郵件後，員工之間漸漸不開口說話，關係因此反而疏離。使用電子郵件也可能擴大人與人之間的摩擦，例如員工擔心自己送出的電子郵件成為他人「借刀殺人」的工具。一位員工便指出：「如果我今天透過電子郵件轉送一些訊息給別人，再經由別人轉送的話，我根本不知道對方會不會修改原先的郵件內容，扭曲我原本的意思。」

不快樂的電子郵件

使用電子郵件的正面效應與負面效應是什麼呢？此研究以HCP公司（匿名）為背景，分析引進電子郵件產生的溝通問題。公司主管不遺餘力地推廣電子郵件作為企業內的溝通媒介。他甚至表示使用電子郵件是雇用的條件之一。在適應電子郵件之後，一位員工表示：「系統掛掉時，我們都會抓狂。如果系統掛掉，一整天也就毀了。比起電話，我們都太仰賴電子郵件了。」

公司內更有不少人討厭電子郵件。有人反映：「我相信電子郵件真正的負面效應在人際之間，有人會用電郵去說一些是非，而這些是非用電話或當著面是不會說出來的。被電子郵件暗算的人實在是太多了。」

理性意圖論認為，使用電子郵件會產生負面的效應，是因為使用者有意造成

的。在 HCP 公司中，是否有證據支援這樣的論點呢？作者發問卷，要填答者回答，在帶著衝突、厭惡、憤怒、威嚇之類的負面情緒時，最好的溝通媒介是什麼？結果電子郵件都是首選。這樣的結果指出，當使用者不希望有私人互動時，電子郵件所具備的技術特性，例如非同步的溝通，反而對使用者有利。

案例中有一個事件，主角是雷德拉（Nedra），她是支援服務部門的主管，直接對HCP大老闆負責；再來是伊薇特（Yvette），她是某幕僚部門的員工，曾服務於此部門；第三位是瑪莎（Martha）是顧客服務部負責人，伊薇特的上司，職級較雷德拉低。同時，公司也另成立一個新單位來處理特殊的客服作業，雷德拉是這個新單位的主管。

兩個單位的責任範圍有部分重疊，組織衝突也如預期發生。雷德拉常需要瑪莎的單位提供訊息，所以用電子郵件與瑪莎的部屬接觸，伊薇特也是其一。雖然同在一棟大樓工作，但因樓層不同，雷德拉與伊薇特尚未碰過面。雷德拉對瑪莎的評價很好，對於自己與瑪莎的關係也很滿意，但對伊薇特則印象不佳，平常盡量避不見面。一次，伊薇特發出一封電子郵件給雷德拉要求開個會：「嗨！今天稍早我與瑪莎談過，她也解釋妳們今天在會議中討論的事。我只是想說，一直以來，我非常尊敬妳。」

伊薇特在電子郵件裡使用正式的用語，內容很低調。這樣的溝通策略顯然奏效，雷德拉同意會面，兩人關係一度修好。但瑪莎離職後，伊薇特暫代其職的一段時間裡，兩人關係又落為冰點。兩人只用電子郵件溝通。

利用電子郵件溝通，雙方不需面對面接觸，可以在任何時間發送與接收訊息，訊息的發送與接收不同步，這正是發送訊息者希望的特性，有緩衝時間來回應對方需求，公事可以公辦。由理性意圖論觀點來看，使用者心中很清楚如何運用數位媒介以達到間接溝通的目的。

　　HCP的主管相信，雖然使用電子郵件會產生某些負面效果，但可以透過一些措施來預防。例如，有員工回應：「我和部屬每週會有一次電話溝通，無論需要與否，我們都會聊些私事。」也有人說：「我認為只使用電子郵件可能太冷漠了，會妨礙人際關係的發展，偶爾使用電話來溝通是必要的。」或者是：「當我在電子郵件上看到部屬有點挫折感的時候，我會打通電話給他。」認為使用電子郵件會產生負面作用的主管，會主動採取預防措施，借助電話與會面等作法來減少這些負面作用。

　　有些員工則顧慮：「公司過於倚賴電子郵件，用它取代其他的溝通方式。電子郵件取代了電話交談，但溝通才是人性的根本需求啊。」雖然大部分的員工都不全然討厭電子郵件，大家也都覺得電子郵件可能產生的負面影響有限，但也沒有很喜歡用電子郵件。電子郵件的內容在轉發時是可以被修改的，這對發信人就構成威脅，深怕自己的信件內容被轉寄，被加油添醋地注解。結果，員工在信件的用字遣詞上會特別斟酌，免得信件被轉寄時造成麻煩。使用者很清楚科技會產生的副作用，會在使用時採取預防措施。

　　但是，某些負面效應並非使用者可預想到的。有時候，立意甚佳的方法反而產生意外的負面效應。例如，為確保電子郵件發揮即時溝通的效用，HCP希望員工能立刻回應所有郵件，以免大家又回過頭去使用電話，如此反而降低工作效率。結果，為即時回覆電子郵作，員工常一邊回覆電子郵件，一邊心不在焉地接待訪客。一位區域副總經理便表示：「泰德老是被嗶聲給打斷。我在他的辦公室時，他一聽到嗶聲就轉過身去，對著電腦螢幕開始回信。我都要被搞瘋了，他應該和我講話的呀！」

　　另一意料之外的負面效應是濫用。許多簡單的事卻要用電子郵件協調，反而化簡為繁，浪費時間。有人表示：「好像每件事都要在電子郵件裡寫下來，即使只是一個很簡單的問題，打完電話後，他又把剛剛所有的談話內容在電子郵件裡再寫一

遍，這真的很浪費時間而且很煩人。」這種電子郵件所產生的紀錄狂行為，讓科技的美意大打折扣。

洞見：科技中庸論

結合問卷的案例研究：就真實度來說，這份研究結合質與量的資料，使詮釋更加豐富。作者將資料分成兩個階段收集。首先，作者訪問總管理處的二十九位員工，包括總裁、十二位副總裁、七位經理以及九位行政助理。每次訪問為時四十五分鐘至兩小時，採用開放式、非結構式的晤談。其次，由於該公司地理區域分散，總公司外還有許多分支單位。若僅以總公司為訪問對象，可能無法得知該公司對使用電子郵件遭遇的問題。所以，作者發放半開放式問卷調查，以單位及層級來分類，依照總管理處及分公司的人數比例，以及各管理階層的人數比例，來決定問卷發放數量。問卷回收375份，回收率是77%。

將問卷與採訪資料結合，可以使分析更加豐富，文中許多小故事也都很生動。但是這樣的安排卻也造成片段詮釋。作者想解釋衍生過程中的負面效應，而這種負面效應又是源自電子郵件使用的正面效益。所以，我們需要更多科技運用的動態描述。在 HCP 公司中，是不是有特定的社群產生這種負面影響呢[2]？社群影響力如何造成負面效應呢？這篇文章雖豐富，但詮釋卻不夠鞭辟入裡。

導正意圖，方能走向正途：作者提醒，不要以為引進資訊科技就可以得到預期結果，例如生產力。從「理性意圖」的觀點來詮釋，使用者在清楚科技特性後，就會有選擇性地按照需要來使用它[3]。當組織引進新科技時，還要看組織目標與個人目標有沒有衝突，否則就會產生「上有政策，下有對策」。如果個人與群體的利益產生對立，科技效益就會大打折扣。

　　電子郵件的科技功能不是問題，問題是員工使用電子郵件的意圖，以及所引發的負面效益。慣用電子郵件的人常有這樣的感覺：每天用電子郵件原本是要查重要消息，或以電子郵件來協調工作進度。但在收信時，看著好友寄來的信件，常會讓我們迷失焦點，最後花一兩個鐘頭在看電子郵件。正事沒做，可是卻完成一堆不相干的事，例如上網看新聞或找一些突然想到的資料。要讓科技走向正途，必須先導正使用者的意圖。

　　不過，「理性意圖」卻忽略科技強大的制約力。以「科技決定論」來看，員工所有的行動都會被科技所限制。電子郵件所產生的負面效應，並非導正「意圖」就可以解決。科技規範工作流程、分工內容、職責權限，讓你有好意圖也沒有用。除非修正系統的模式，否則員工就必須跟著科技走。科技設計精良，就可以帶來生產

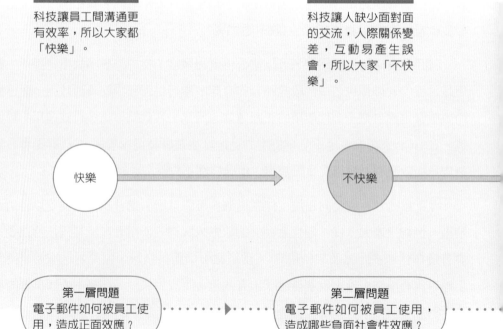

科技讓員工間溝通更有效率，所以大家都「快樂」。

科技讓人缺少面對面的交流，人際關係變差，互動易產生誤會，所以大家「不快樂」。

快樂

不快樂

第一層問題
電子郵件如何被員工使用，造成正面效應？

第二層問題
電子郵件如何被員工使用，造成哪些負面社會性效應？

圖11-2　層次演化的分析架構

力、提升溝通效率、合作更加密切、帶來歡樂環境；沒設計好，就會帶來負面效
應。

　　科技漸衍，禍福相倚：運用「純屬意外」的角度重新審視，使我們理解科技的
負面效益並不是我們的意圖所能預期，也不是科技功能所能規範的。例如，電子郵
件雖然增加效率，但員工之間都漸漸不交談，人與人之間的摩擦也擴大。科技帶來
便利，也讓人產生依賴、恐懼與不安，反而帶來更不快樂的生活。另一方面，雖然
使用電子郵件會造成人際關係的疏離，或者引發逃避科技的心態，卻可以讓原本不
合的員工透過科技協作，不至於影響企業運作。圖 11-2 說明四個層次衍生過程：科
技帶來快樂，科技也帶來不快樂；快樂會帶來不快樂，不快樂卻也能帶來快樂。

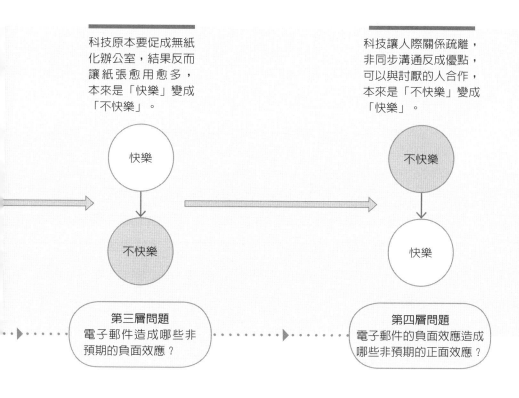

　　資料原本平凡，卻因分析手法而精采。〈快樂的電子郵件〉呈現四個層次的變化：有科技會帶來快樂，但是科技也會帶來不快樂；科技所帶來的快樂可能會引發不快樂，科技所帶來的不快樂也可能會引發快樂的結果。這其實是科技版的塞翁失馬。利用四個層次來解讀為什麼科技導入過程雖可以預測，但科技的應用卻難以預測其結果。看似好事，難保不導致壞的結果。初期看起來的壞事，說不定也會導致好的結果。這是以中庸之道點出「合」的觀點，以漸衍過程去凸顯個案的張力，讓我們對科技的效益有全新認識。

　　詩人哲學家紀伯倫在《先知》書中提到，一位居民問先知：「如何才能找到快樂？」先知回答：「當你快樂時，深察你的內心吧；你將發現，那曾讓你悲傷過的，正是帶給你現在快樂的源泉。當你悲傷時，再次深察你的內心吧；你將明白，你現在正為那些曾讓自己快樂的事物而哭泣呢。」

　　原來科技的功效不是絕對的，而是一種福禍相倚的概念。過世的蘋果電腦傳奇人物賈伯斯（Steve Jobs），在回想自己被公司放逐的日子中反省：「我被否定了，可是我還是愛著所做過的那些事，所以我決定從頭來過。當時我沒發現，但現在看來，被蘋果電腦開除是我所經歷過最好的事情。成功的沉重被從頭來過的輕鬆所取代，每件事情都不那麼確定，讓我重獲自由，進入這輩子最有創意的年代。」

　　當世人一味追求科技快速功效時，馬克斯（Lynn Markus）教授卻一語驚醒夢中人。回頭看看標題，〈Finding a Happy Medium〉，其中原來隱含著雙關語。「Golden Medium（黃金中間值）」在西方的意義，就是東方的「中庸之道」。「我們真的能夠找到一個（快樂的）中庸之道嗎（Can we really find a happy/golden medium）？」作者說，難也，你只能不斷地「找尋」（finding，現在進行式），但不可能找到。因為，中庸之道不是一種最佳狀態，而是維持哀矜莫喜的智慧；福會變成禍，禍中又藏有福，綿延不止。我們只能以平常心對待科技的應用，以及科技

隨之所產生的結果。不因科技而喜，也不因科技而悲。這種以哲學的方式來貫穿整份文章的風格，很值得喜好哲理的初學者臨摹。

Chapter 12

對比反差：擾人的例規

——Disruptive Routines

⚠️

官僚體系最容易被感染的疾病，也通常是他們的死因，就是（僵化的）例規[1]。

——約翰·史都華·彌爾，英國哲學家與經濟學家，是自由主義的提倡者，也是提出最大幸福原理的人。

　　這麼多企業導入新科技，為何有些採納成功，有些卻差強人意？最被簡化的方式就是分析科技接受度。若是科技設計的不友善，採納就不佳；組織氣氛不好，缺乏信任，採納就不佳；公司各部門間協作不好，採納就不佳；科技與組織間不契合，採納就不佳。這類研究已經汗牛充棟，變成老生常談。作者艾米・愛孟生（Amy Edmondson）一路都是哈佛大學，本科讀工程與設計，研究所攻讀心理學，博士學位轉而研究組織行為，現在是哈佛大學商學院的教授，主攻團隊學習。她與其他兩位同事跨領域合作，一位來自經濟，另一位來自醫學。我們先聚焦在主角愛孟生。

對比反差

　　在這篇文章中，愛孟生研究16家導入心臟導管手術設備的醫院，有的成功，有的失敗，她想理解其中緣故[2]。她運用「對比反差」的手法，凸顯成功與不成功的原因，讓兩者產生反差，讓讀者看見衝突。她雖然聲稱要分析「導入不成功」，但其實是探討導入科技為何沒那麼有效，而不是「失敗」。這樣的對比是很有趣的，告訴我們平凡與超凡的差異。當你有很多案例，可以區分呈兩種對比的概念，便可以考慮運用這種「對比反差」的分析風格。

　　作者提出，這樣的差異是用「組織例規」（organizational routine）來探討。在成長過程中，組織會發展出某種「例規」。這是一種摸索過程，一邊接受環境挑戰、對手挑戰、客戶挑戰；一邊回應，也一邊發展出因應的方式。因應方式有用，穩住了，就變成例規，而且一直遵循例規的結果，就會讓組織穩定。不過，若是例規一成不變，沒有與時俱進，就會變成僵固。除非，組織會在發展過程中不斷自我調整，持續強化而不是讓例規僵化。

　　她提出用「心理安全感」（psychological safety）來分析組織例規，探索新科技

（或任何一種創新）的採納成效。這是頗為新鮮感的切入點。然而，愛孟生可能想追求論述的完美，所以放進兩種理論，結果卻有點失焦，造成邏輯瑕疵。我們的鑑賞應該是放在這份研究的「對比反差」手法，看作者如何分析創新採納並要留意這篇文章推理上的問題。

這篇文章的辯證布局不是很容易看清楚，讓我重新解讀一下（參見圖 12-1）。正方觀點是由組織面來看科技採納（adoption），反方觀點是由技術面來看科技採納，「合」觀點則是科技「吸納」（assimilation）。愛孟生點出，科技導入不能夠只看組織面的障礙，或是科技面的制約，更要了解科技干擾（disruption）的過程。「干擾」什麼呢？怎麼樣用「干擾」來研究科技採納問題呢？創新文獻中有破壞創新（disruptive innovation）的觀念，所以disruption這個字常被翻譯為「破壞」。然而，此處比較合宜的解釋應該是「干擾」，而不是破壞或是顛覆（destruction）。

定義組織例規

現在企業不可能不導入科技，以新科技來強化競爭力。但是，導入科技並不容易，成功者少，失敗者多。科技採納不成功原因不外乎是組織面的層層障礙，或是技術面的多重阻撓。在組織層面的障礙有：導入時機不恰當，不得民心；企業缺乏識別能力，看不見新科技所帶來的衝擊；企業的先導知識不夠，沒法消化新科技複雜的功能；主管不支持，投入資源不夠；使用者對新科技觀感不好，經理人態度導入被動等因素。

技術面的阻礙則包括：科技無法識別架構式創新，科技複雜難懂，採納自然不容易；使用介面設計不夠友善；技術人員與使用者之間發生衝突；科技導入之後，組織沒有跟著一起改變，成為換湯不換藥等因素；科技採納通常會經歷數個階段，不同階段各有挑戰，關關難過，也會阻礙導入。

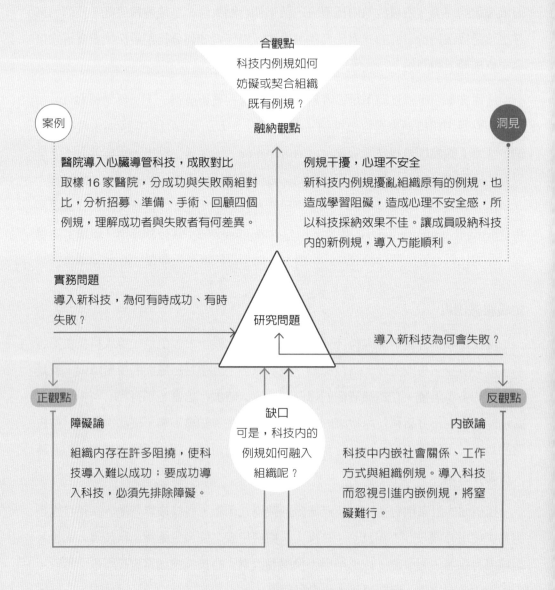

圖 12-1   擾人例規的浮睿明

　　不過，這兩方都是由限制面來看採納，卻忽視科技中除了技術性知識以外，還內含著社會性知識，像是原本的人際關係會被改變[3]；或是整個工作方式、運作方法、權力結構都會受到衝擊[4]。組織原先就有習慣性的作法，建立某些規矩，形塑某種持續性的活動，以維持組織的日常運作，稱之爲「組織例規」[5]。組織例規就是一種慣性，維持企業運作的穩定，一旦受到干擾，就會覺得格格不入而反抗。引入科技，更會強化例規的運作，像是飛機駕駛艙作業就是被科技引導，變成標準作業程序。然而，導入新科技必將衝擊到原有組織例規，干擾即有的作法。

　　遭遇反抗時，如果組織能夠學習調適，吸納科技所帶來的干擾，成功率就會增加。相反地，如果組織不願意調適，也沒有辦法建立新的行爲模式、新的組織例規；沒法與科技磨合，失敗率就高。愛孟生提出，這樣的「干擾」卻很少人去研究。我們亟需分析，干擾發生時，組織如何能建立新例規與科技磨合。組織要學習，團隊也要學習，才能順利調適；調適則必須讓成員理解科技所帶來的衝擊，以吸納干擾所帶來的負面效果。

　　若將組織學習聚焦於團隊學習，有三項要素需考量：權威結構、心理安全、團隊穩定（參見圖12-2）。第一，權威結構指的是，領導人（主管）會影響大家對於

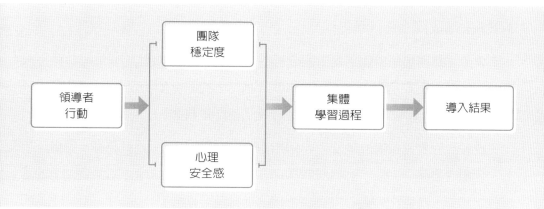

圖 12-2　心理安全感如何影響導入結果

科技導入的看法，領導人若是死腦筋，讓大家都無法參與，就會影響集體學習的成效。第二，因爲領導人讓大家覺得心理不安全，擔心說錯話會被處罰，增加人際關係之間的衝突，心理安全感就會比較低，組織學習也就會受到阻礙。第三，團隊如果穩定，人員不會常常流動，協調就會比較順暢，工作起來就會有默契。

愛孟生這樣的邏輯布局看起來不錯，當主流都由組織與技術層面來看科技採納，她卻認爲應該由組織學習觀點來理解科技融合議題。導入科技會帶來干擾，吹皺組織一池春水；所以組織要與科技調適，要學習透過改變例規來吸納科技所帶來的干擾。所以，分析重點是心理安全感如何影響團隊的穩定運作，讓組織能順利調適以吸納科技所帶來的干擾。

愛孟生提出，引進新科技會破壞例規，干擾組織平常的作業。例規調適得好，就能駕馭新科技；難以調適的企業，則會被新科技所駕馭。隨著新科技的衝擊，組織要有效調適，就必須要有好的心理安全感，就是「組織氣氛」的狀態。老闆獨裁領導、剛愎自用，訂出很多制度處罰人；或是組織中各部門相互猜忌、不信任，員工心理感到不安全，自然就噤若寒蟬，不敢提出意見。寒蟬效應會遏止員工學習，因而無法去調整即有例規與接納新科技，採納自然就不順利。

對比反差看成敗

愛孟生是運用「對比落差」的分析手法。取樣 16 家醫院，分爲成功與不成功，產生對比效果，比較成功者的例規與不成功者的例規有何不同。由此推理，成功者的例規應該比較能吸納科技帶來的干擾（參見圖 12-3）。

比較的方式分爲兩個階段。第一階段聚焦導入的過程，比較招募、準備、手術、回顧四個程序。第二階段比較成功者與不成功者雙方對於新科技在認知上的落差。加起來，就是看例規（作法上）的落差，以及思維框架（想法上，認知上）的落差。兩種落差解釋新科技導入的吸納問題。爲何採納出問題？愛孟生發現，因爲

步驟1：招募 精挑細選	步驟2：準備 場外練習	步驟3：手術 新例規預演	步驟4：反思 事後檢討
∨	∨	∨	∨
領導者行動 ▸ 選擇優質隊員 ▸ 定義角色與責任 ▸ 解釋動機	領導者行動 ▸ 主持演練 ▸ 建立心理安全感 ▸ 解釋改變的需要 ▸ 開放的協作溝通模式	領導者行動 ▸ 發送友善訊號 ▸ 邀請成員反饋 ▸ 即時協助成員 ▸ 避免排斥組員行為	領導者行動 ▸ 回顧醫療資料 ▸ 引導過程檢討 ▸ 傾聽成員心聲
組織行動 ▸ 接受招募 ▸ 感到榮譽 ▸ 全力配合	組織行動 ▸ 傾聽 ▸ 非正式訓練 ▸ 參與逼真演練	組織行動 ▸ 關注領導者訊號 ▸ 危機提醒與預防 ▸ 有錯即改，不推託	組織行動 ▸ 收集資料 ▸ 回顧資料 ▸ 參與行動

多次反覆

導入結果　　　科技內嵌的新例規被接受，並且逐漸融入組織

圖 12-3　對比落差──例規內化的分析架構

團隊沒有發展出一套新的組織例規；成員在想法上也沒準備好，對科技有錯誤的認知，因此組織沒法學習以吸納新科技。

　　這種落差比較的方式看起來一目了然，說服力高。不過，研究設計似乎有邏輯上的問題，我們稍後再討論。

　　比較手術的例規：案例的背景是 1990 年後期，美國導入心血管手術的新科技，就是心臟導管手術，又稱為冠狀動脈繞道術。之前，醫院大多採用侵入式的心臟手術，就是要切開胸骨，先停止心臟跳動，灌注師將血管連接到心肺偏流機，讓心臟在停止時繼續提供氧氣與輸血。這時候灌注師再將大動脈止血，防止血液逆

流，讓外科醫生有機會修補受損器官。最後，手術完成時再重新啟動心臟，切斷設備，縫合傷口。缺點是，病人在手術後，麻醉一旦退掉，全身疼痛不已，而且需要很長的復原時間。

MISA（Minimally Invasive Surgical Associates）協會專門投注於非侵入式手術，發展出一種心導管科技，讓病人可以不用開胸，就可以完成心臟手術，叫做MICS（Minimally Invasive Cardiac Surgery），非侵入式心血管手術。這種作法必須要從肋骨切入，連上導管，透過腹股溝中的動脈與靜脈，用線穿入一個小氣球，進入大動脈，手術開始前將氣球充氣，就可以防止血液倒流。這種作法的難度是，必須用超音波來導引氣球的路徑，沒有辦法用目視。也因為這樣，外科醫生必須要改變自己的角色，手術過程中不能夠只下命令（像個權威專家，高高在上），而必須要團隊合作，共同完成手術。一位外科醫生便幽默地說：「這項新科技把痛苦由病人身上，轉移到外科醫生的肩上。」

這項研究的田野調查分為兩個階段進行。

階段一：作者從協會下手，先參加為期三天的培訓課程，再去追蹤一項手術的全過程，採訪手術中所參與的外科醫生、灌注師（心臟停止的時候，負責將血液與氧氣輸送到全身）、麻醉師、護理師、心臟科專家以及行政人員。準備期研究團隊由四個醫院著手，進行先導調查，研擬出採訪計畫。

階段二：作者總共拜訪16家醫院，大約五個月時間，採訪165人次（參見表12-1）。每次拜訪至少兩、三人搭配，訪談約30到90分鐘，每家醫院平均採訪10人次。在這個階段，研究團隊還建立「科技導入成功指標」，也就是評估醫院導入系統六個月之後，是否還繼續使用。分析重點就是招募、準備、手術、回顧這四項過程中的組織例規，將成功與不成功的作法並列。招募過程指的是如何選擇手術團隊成員；準備過程指的是手術前的預演與籌備工作；手術過程是實際動手術時發生什麼事；反思過程就是醫生回顧手術過程中有哪些問題。

表 12-1　醫院的樣本數，分為成功與不成功

醫院（假名）	手術次數	採訪次數	成功指標	績效
Urban Hospital	560	10	30	高
Janus Medical Center	1,100	10	29	高
University Hospital	1,200	9	41	高
Mountain Medical Center	1,200	11	33	高
Western Hospital	1,636	7	30	高
Southern Medical Center	1,900	10	27	高
Suburban Hospital	2,507	11	26	高
Saints Hospital	1,000	7	23	無效
St. John Hospital	1,300	8	24	無效
Chelsea Hospital	378	9	15	低
State Univeristy Hospital	600	11	15	低
City Hospital	800	7	14	低
Memorial Hospital	1,444	7	10	低
Eastern Medical Center	1,600	11	12	低
Decorum Hospital	1,330	12	6	低
Regional Heart Center	3,678	8	9	低

注：參見原文第七頁，本研究重新整理。

擾人的例規

在研究發現中，作者將資料分為兩大部分，首先呈現導入成功醫院的組織例規，然後再對比導入不成功醫院的組織例規（參見表12-2）。

成功的例規

導入成功的醫院在招募手術團隊時會格外謹慎，仔細了解成員的專長，釐清手術中所要負責的任務，並且向成員說明邀請他們的原因，讓成員之間有機會可以交流。在準備的過程中，外科醫生會召開先導會議，讓相關成員能一起預演手術進行方式。過程中，大家可以暢所欲言，把擔心的問題提出來，團隊成員間相互學習。手術進行時，外科醫生會聆聽各方專家建議；團隊成員也會互相提醒，並即時地相互支援。反思過程中，外科醫生會召開檢討會議，回顧手術過程的資料，討論有哪些改善方案。

因為原文中沒有特別解釋，所以我就自行來解讀這些例規。第一，準備過程中，成功手術團隊所建立的新例規是「選賢與能」。一位外科醫生說：「被選上都是部門中最棒的專才。」一位行政人員解釋：「組成團隊時，要兼顧臨床手術所需要的專長，最好會訓練別人。」一對被選上的護理師說：「我倆被選上是因為我們都是很有實踐力的，我倆不僅合作無間，而且我們很會帶人。」

在準備過程中，成功手術團隊所建立的新例規是「豫則立，勤練兵」。一位外科醫生說：「準備第一個手術時，我們會先非正式見面，討論所有可能出錯狀況。我們會試運行，模擬手術情境。」一位護理師說：「我們會一起過一遍，每一步驟醫師會問我們『現在發生什麼事了？』然後將整個手術過一遍，幫我們預習。」一位灌注師說：「前一晚我們全部人一起討論，而且一步一步地預演一遍，大概花了兩三小時。」

表 12-2　對比反差—成功與不成功的例規

分析要項	成功的例規	不成功的例規
招募過程	新例規：選賢與能 他們被選上都是部門中最棒的（外科醫生）。組成團隊時，要兼顧臨床手術所需要的專長，最好會訓練別人（行政人員）。我倆被選上是因為我們都很有實踐力（護理師）。	例規：方便式挑選 是不是因為這幾個人剛好有空，所以就被挑上了，好像被派去出公差（外科醫生）。我們護理師都沒有被邀請去培訓，心中有點受傷（護理師）。
準備過程	新例規：豫則立，勤練兵 手術前，我們會先非正式見面，模擬手術情境（外科醫生）。我們會一起過一遍，每一步驟醫師會幫我們預習（護理師）。	例規：不覺得需要準備 MICS的技術面沒那難，不用試運行，直接訓練比較重要（外科醫師）。雖然感覺有點不安，但應該可以吧（外科醫師）。
手術過程	新例規：演習逼真、溝通即時 互動很多，對工作很有啟發（護理師）。團隊成員都會分享，誰錯就會被指正（灌注師）。我們樂於分享知識，一次插導管時，我一沒注意，結果抓錯管線，馬上就被提醒（護理師）。	例規：沒事不用溝通 沒事我不會開口的，除非有人命關天的錯誤（麻醉師）。我們各司其職，不需要太多溝通的，我們都是經驗豐富的（灌注師）。若是真有事，是一定會說的，但要看時間（護理師）。
反思過程	新例規：開放性檢視 手術前後，團隊會討論20分鐘，回顧手術過程（外科醫師）。我們會回顧過去案例與檢視即將臨床的案例，並看著錄影帶，討論我們應該如何調整（外科醫生）。	例規：檢討可有可無 也許會有手術前非正式會議，但沒有正式會議（灌注師）。我們從沒有開什麼檢討會（麻醉師）。手術資料會另外存放，有人要索取，隨時都有（外科醫生）。
思維框架 （認知）	心態：MICS會帶來變革 MICS心臟手術不只是技術，還有新型態的手術團隊互動方式（外科醫師）。大家要協作，與傳統方式完全不同（麻醉師）。MICS需團隊合作才行（灌注師）。讀手冊時，我難以相信這跟標準手術竟如此不同（護理師）。	心態：MICS是工具性科技 手術面的挑戰不大，不需要勞師動眾地預演（外科醫師）。比較不一樣的是止血鉗手術吧，必須要全程監督，不然跟傳統手術差不多（灌注師）。MICS是例常作業，只需準備更多設備（護理師）。

　　在手術過程中，成功手術團隊所建立的新例規是「演習逼真、溝通即時」。一位護理師說：「我們很像是 OR（Operating Room）團隊，沒想到互動會如此多，對工作很啟發。」一位灌注師說：「團隊中每個人都會分享，不會有人成為『犧牲品』的，如果誰錯就會被指正。」另一位護理師說：「我們都需要隨時分享與支援。一次我們需要重新插入導管，我沒注意，結果抓錯管線，另外一個護理師馬上就提醒我。這是很棒的團隊合作。」

　　在反思過程中，成功手術團隊所建立的新例規是「開放性檢視」。外科醫師說：「手術前後，每個案子我們整個團隊都會討論 20 分鐘。」另一位外科醫師說：「手術後，我會與兩位醫師坐下來，很快回顧手術過程，討論怎麼改善。」又一位外科醫生解釋：「每週六我們會回顧過去案例與檢視即將臨床的案例，我們會看著錄影帶，討論也許我們應該做這樣或那樣的調整。」

　　作者總結，成功醫院的心態是：相信 MICS 會帶來變革。一位外科醫師說：「MICS 是心臟手術的典範轉移，不只是技術，還有整個手術團隊的運作方式，都是嶄新的互動方式。」一位麻醉師說：「這種手術需要大家協作，與傳統方式完全不同。」一位心臟科專家表示：「這種手術方式過去根本不可能存在。」一位灌注師說：「MICS 不能一人獨裁，要團隊合作才行。」一位護理師則指出：「讀手冊時，我難以相信這套方法竟然跟標準手術有如此的差異。」

不成功的例規

　　科技導入不成功的醫院在招募過程中只是找手術團隊成員進來，並沒有告訴他們原因，有人以為是出公差。只有被邀請到的成員，才會去參加講習。在準備過程，外科醫生一般不會招開先導會議，認為只要按照傳統方法進行就可以，新科技只不過是一項工具。手術過程中，外科醫生還是跟傳統一樣下命令，讓團隊成員跟著走，其他手術成員也不敢多說話。反思過程時，外科醫生不會召開檢討會議。雖

然會整理手術相關資料，但多數只是爲了學術發表或者是因應部門要求。

　　導入不成功醫院的招募過程例規是「方便式挑選」。一位外科醫生表示：「是不是因爲這幾個人剛好有空，所以就被挑上了。去參與這項手術好像是被派去出公差的感覺。」一位護理師說：「我們護理師都沒有被邀請去培訓，心中還有點受傷呢。」

　　導入不成功醫院的準備例規是「不覺得需要準備」。一位外科醫師說：「MICS的技術面沒那難吧，不用試運行，直接訓練比較重要。」外科醫師：「沒有事前預演準備，雖然感覺有點不安，但是應該可以吧。」

　　導入不成功醫院的手術例規是「沒事不用溝通」。一位麻醉師說：「沒事我不會開口的，除非有人命關天的錯誤。」一位灌注師說：「我們各司其職，不需要太多溝通的，我們都是經驗豐富的。」護理師：「若是眞有事，是一定會說的，但要看時機。」

　　導入不成功醫院的反思例規是「檢討可有可無」。一位灌注師說：「灌注師也許會有手術前的非正式會議，但正式會議是沒有的。」一位麻醉師說：「我們從沒有開什麼MICS正式檢討會。」一位外科醫生指出：「每六個月我們會檢視手術資料，會另外存放著，有人要索取，隨時都有。」

　　作者總結，導入不成功醫院所抱持的心態是：相信MICS是工具性科技，可以即插即用。一位外科醫師說：「手術面的挑戰還好啦，應該不需要勞師動衆地預演。」一位灌注師點出：「比較不一樣的可能就是止血鉗手術吧，必須要全程監督，不然也跟傳統手術差不多。」一位護理師說：「MICS是例常作業，只需要準備更多設備而已。」

洞見：融入新例規，吸納科技干擾

　　整篇文章的立論是：新科技干擾組織例規，干擾成員的學習，造成心理不安全感，所以造成採納效果不佳。善於學習的組織則能夠融入新例規，使得科技成功導入。新科技改變組織例規的問題雖然討論者多，但解釋者少。愛孟生認為，他們這份研究解釋新例規是如何被發展出來，正是學理上一大貢獻。導入成功的祕訣就是團體學習，兼顧領導的角色、建立心理安全及維持團隊穩定度，這些因素決定科技導入成敗。

　　身為手術團隊領導（外科醫生），要營造開放的環境，讓成員暢所欲言，無顧慮地溝通，而且要讓成員認知科技的轉型力量。導入失敗的原因是，白色巨塔的權力結構令外科醫生難以改變權威性格。這就帶出心理安全問題，低階的成員（像是護理師）受影響特別深，手術中就不願意多說。雖然這些手術團隊都是任務性組合，但若是無法形成開放性溝通，團隊的穩定度就會受衝擊，知識無法於手術中即時分享，協作就會不順暢。

　　愛孟生認為，文章的核心貢獻就是以組織學習來分析例規的調適，表12-2中這四個過程（導入成功醫院所展現的例規）就是調適後的結果。給企業的實務啟發是，發展這些新例規可引導組織學習，確保導入成功。不然，若是死抱著舊例規，不願調適自己的作法，科技導入後則難以契合組織現有的運作方式。主管如何影響成員理解科技，也決定組織學習是否順暢與導入的成敗。只是將科技當作工具的企業，導入勢必遇到重重的困難。

　　愛孟生的洞見是：外來科技會威脅到在地例規，領導人要學習建構一個心理安全的環境，讓成員能一起學習，不受威脅，使科技導入能與團隊協作和諧調配。文章最後的討論似乎有點草率結束，可能是篇幅不夠，也可能是後繼無力。雖然佩服愛孟生的努力，走訪這麼多家醫院，還去學習心臟手術的種種知識；以「組織學

習」的觀點分析例規與重新認識科技採納，也是亮點。但是，由創新採納的角度來看，這篇文章的推理似乎也問題重重。

沒落差的例規

總結起來，愛孟生的這份論文有三大令人憂慮之處，造成真實度、可信度、批判度都在某種程度受到妥協，讀者吸取其經驗時必須要留意。

問題一：組織例規本來是主角，結果卻消失。這份論文的根本假設是，新科技會干擾現有例規，所以組織必須展開學習與調適，因應科技創新，發展出合適的例規：一方面讓例規加入一些新意，一方面讓新科技也調整，更適用於組織。這篇論文以四個導入過程（招募、準備、手術、反思）去呈現「例規」。然而，這些是專案管理「例規」，與心臟手術的「例規」不同。這是推理上的瑕疵。

愛孟生的分析，對這些被評為「不成功」的醫院也有些不公平。有些外科醫師很厲害，經驗豐富，不需要太多準備就可以上手術台，這並不代表科技採納不好。若是真要分析採納問題，應該要看的是：新例規如何影響心導管手術的純熟度與手術結果？我了解，這些問題過於偏醫學技術，不是商學院的人可以深入的。不過，話說回來，愛孟生團隊中不是有一位醫學背景的學者嗎？我怎麼覺得她似乎沒有讓經濟、醫學、商學這三個專業好好地跨領域一下。用「準備可能不夠好」來認定某家醫院的科技採納不佳，這邏輯是有問題的。更何況，愛孟生呈現的引言大多是意見，而不是證據。護理師或醫生只是指出他們有沒有參加預備會議，這與例規實際如何運作，沒有因果關係。這是推理嚴謹度與資料真實性上的缺失。

這篇論文，嚴格說來，是談專案管理沒做好，而不是科技採納的成敗，或是組織例規的改變。凡事豫則立，不豫則廢。有些醫院準備工作做得謹慎，所以採納好；反之，採納不好。這樣的結論顯得有點過於簡化組織例規。專案管理的

問題是常識，無驚人之處（參見表 12-2 的受訪者證詞）。表 12-1 中，高績效醫院 Suburban Hospital 的手術運作達 2,507 次，是最高的。低績效醫院 Regional Heart Center 的手術運作達 3,678 次，比那家高績效醫院更多。做的多爲何卻被評成績效差，難道這些醫院手術不成功？文中並未清楚交代，也造成推理的混淆。

　　愛孟生應該分析的是：非侵入性心導管科技，內含怎樣的組織例規？成功採納的醫院發展出哪些例規？當引進新科技時，這些醫院如何「獨到地」調整組織例規，使新科技成功融入？這些成功導入醫院中，原本的舊例規與所發展出的新例規有何差異？導入不成功的醫院現行例規爲何？爲什麼這些醫院難以啓動學習，以調整組織例規？沒調整好例規，爲何這些醫院還可以順利完成手術？有多少醫院因爲組織例規被干擾，又沒調適好，因而使得手術不順利或失敗？這些議題都被愛孟生忽略。結果，沒看到例規的干擾，反而被愛孟生的分析手法所困擾。

　　問題二：心理安全感變成「沒感」。愛孟生認爲，團隊要學習，首要是心理安全感。這可以理解。但是，整篇論文都沒分析心理安全的問題。護理師沒有被邀請去參加新科技的研習，有點不高興，這並不代表護理師的心理有「不安全感」。外科醫生覺得沒必要開行手術前籌備會，也不代表這樣會造成灌注師或護理師有任何心理不安全感。論文中也沒看到外科醫生以權威造成組織無法學習。到底哪裡心理不安全？組織學習如何被科技干擾？手術過程因爲心理不安全而效率變差，或品質受影響？這些議題也都被愛孟生忽略。

　　如果愛孟生要分析組織學習議題，應該要解釋組織內有哪些心理「防禦行爲」[6]。例如，護理師收到醫師權威的制約，因此心生不滿，故意在手術過程中不配合。或是，手術醫師做了某些事，使灌注師沒有辦法接受，在暗處中抵制科技的導入。這篇文章都沒有提到，科技導入過程中，不同人員之間到底發生哪些衝突。如果沒有衝突，怎麼會有心理安全的問題呢？更何況，這麼多手術中，也沒有任何手術是因爲心理安全問題而失敗，這樣的結論於批判度上有不妥之處。

　　問題三：思維制約怎麼突然跑出來？前面文獻回顧都沒預警，突然出現一項重大結論：醫院導入新科技，成功與不成功的關鍵就在思維制約。導入成功的醫院相信，新科技是可以轉變的；不成功的醫院則相信，新科技只不過是工具。不過，這算是制約嗎？思維制約是指個人或組織，因為某種信仰，讓自己必須堅持某種作法，外人用任何硬道理都難以說服[7]。例如，工程背景的員工喜歡技術，很難讓他們認知到使用者的重要，這才是思維制約。愛孟生提出雙方對科技的理解有所不同，但那與思維制約是無關的。

　　欣賞這份論文時，千萬也要留意論文中所存在的一些邏輯問題。這樣臨摹「對比落差」時方能運用其精髓。我認為，如果能調整一下愛孟生的設計，「對比落差」可以運用得更好。例如，我們可以聚焦在主題：組織例規。我不建議對比成功與不成功醫院，這樣的對比可能掉入主觀陷阱。我會建議對比心導管手術內含的組織例規，以及醫院現行的（手術）例規；點出外科醫生、心臟專家、灌注師、護理師，各角色的工作實務如何被新科技所干擾，又帶出怎樣的心理不安全感。如果能做出這樣的結果，組織例規才是名副其實的主角。

Chapter 13

解讀意涵：
劍橋大學的晚餐
——Formal Dining at Cambridge Colleges

牛津看似沒教你什麼學問，可是卻很少人能將你考倒。

劍橋教的看似沒什麼學問，然而一出口你卻字字珠璣。[1]

對劍橋大學歷史背景不了解的話，看到這篇文章標題〈Formal Dining at Cambridge Colleges〉，肯定滿頭霧水[2]。在大學裡吃晚餐有什麼可以研究的？吃正式的晚餐又如何？況且，劍橋大學怎麼會變成劍橋學院呢，而且還是複數。然後，又要由儀式去分析如何維繫機構的存在。我選這篇文章作為賞析有兩個原因。一則是它可以讓我們理解在質性研究中如何進行「解讀意涵」。另一個原因則是，我的求學歲月中，有一大部分時間是與劍橋大學息息相關。由於我不時必須去劍橋，無形中也對這個地方產生感情，自然可以補充的資料也比較多。我們先剖析一下這篇文章的架構，然後再欣賞作者如何解讀劍橋晚餐中的儀式，最後來看看作者對機構理論提出怎樣的高見，他們的看法又有哪些問題。

顯微鏡下看機構

這篇文章要討論機構（institution）的問題，所以我們先來了解一下機構的定義。機構的概念可以有三個方向理解。第一，機構是一種公共性組織，具有某種公權力，例如教育機構就包含教育部、各縣市教育局以及公協會（像是教師協會）。機構的公權力可以發揮制約的力量，規範我們可以做什麼，不可以做什麼，藉此穩定社會秩序。

第二，機構會形成這套制度，自成一套體系，去執行監督的任務。如果有違背制度者，機構會給予處分，聽從者則給予獎勵。制度行之有年後，會漸漸習以為常，成員會乖乖就範而不知。最後不需要機構監督，也會按照制度的期望行事[3]。

第三，機構的力量可以展現在三個層面：規範、習俗、認知[4]。機構頒訂制度來規範成員的行為，劃出可容忍的界線，讓不合法的行為受到約束。機構也會形成習俗，運用祭典、節慶建立約定成俗的作法。成員經年累月地奉行之後，就會形成傳統。有的成為民間風俗，有的則稱為祖先規矩。制度下做久了，想法就會被同

化，在自己的認知中深信規章、習俗、傳統的價值，並且捍衛與傳承這個制度。

　　機構理論就是建立在這樣的基礎上。這篇文章探索的議題是：機構如何持久維繫而不墜？有些制度會因為不合時代而被廢除，像是黑奴制度，或是君王統治制度。可是，有些制度卻能夠經過千年之後仍然流傳，像是中秋節要團圓、吃月餅。能夠讓制度不被淘汰的作法到底是什麼，這個問題揭開本文的序曲。有人認為，維繫制度必須要廣泛地複製，讓制度遍地開花，然後不斷地強化制度的合法性，奉行不疑，形塑出制度期望的行為以及價值觀，然後代代相傳。另外有人則認為，維持成員的互動方式便可以維繫制度，並且與時俱進。就像機器要更新零件，制度也要隨著時代的進展，改變規範方式、調整習俗、灌輸新的認知。如此，制度才能夠維持主流的優勢，機構可久存而不亡。

　　這篇文章由另一個角度切入：儀式（研究布局請參見圖13-1）。感覺有點文不對題，因為本是要討論制度的存廢，怎麼突然又變成儀式。這是因為目前制度研究存在一個根本問題：只有巨觀，沒有微觀。不管複製和互動，機構的討論都是巨觀的，打高空的。看教育制度卻不分析老師與學生；看文創制度卻不去了解策展人與觀眾；看經濟制度卻沒有去關心買方與賣方。這樣的研究必然造成偏差，制度需要被微觀地理解，需要放在顯微鏡下觀察，才能夠理解制度如何被維繫下來。所以，我們不能只分析制度，而必須分析制度下的成員如何建構意義、如何維持信仰、行為如何被精準地規範。儀式便是顯微鏡，讓我們看見制度如何透過意義的傳達、社群的凝聚、社會持續的重建，使得制度能夠傳承下來，沒有在時間的洪流中被淹沒，沒有成為博物館的化石。

　　儀式是文化顯微鏡，像是一套文化展演的腳本，施展特定風格的行為，伴隨著某些文化物件，傳達某種意義。常見的儀式有宗教祭典、結婚典禮、成人禮、民俗節慶，像是日本東北青森縣有睡魔祭。學理上，儀式是一種集體創生的結構化戲劇，產生一套框架，讓人以某種制約下的方式去體驗社會的現象[5]。將習俗正規化、

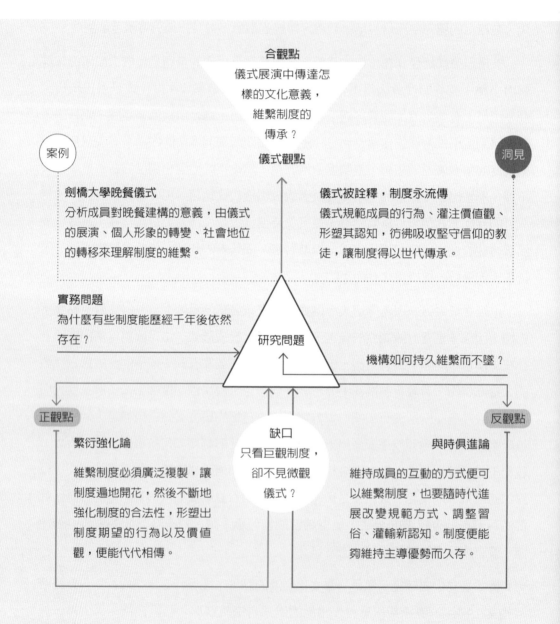

圖 13-1   劍橋晚餐的浮睿明

制度化，便產生儀式。人在儀式中，就如演員在戲劇裡，扮演特定角色。在暫時的空間中，演出所賦予的腳本，共同展演制度所期望的劇情。

挑選劍橋大學是因為，作者透過學院奉行百年的晚餐儀式來解讀英國的菁英制度。在英國菁英制度隱藏著社會階級，這不只是生產體系中人所占的位置，像是執行長的階級比科長高。社會階級還包括出身背景、祖先名號、說話口音、教育程度、穿著方式、生活風尚等面向。

例如，英國社會中不成文地形成三個階級制度：貴族、中產、勞工（農夫），可以由口音辨識一個人的社會階級。貴族上層階級的口音又可以成為女皇英文（Queen's English）或者BBC（British Broadcasting Company）英文。也因此，女王說話的腔調，或者是BBC電視台記者播報新聞的口音，就似乎象徵紳士與淑女的優雅標準。這個階級說話很少明示，多數暗喻，像是打啞謎，去考驗對方的智商。中產階級說話的口音比較聽得懂，比較少敬語，是一般大學畢業生所操的口音。工人與農夫階級的口音則是聽不太懂的方言，說話直接，有時候會令人感到無禮，甚至有些冒犯。不過，現代英國種族多元化，這樣的分級已經有點不合時宜。

牛津與劍橋被認為是英國大學中的貴族學校。兩校在傳統、教育方式上都極為相近。劍橋更是英國教育傳奇，聚集皇宮貴族、達官顯要於一堂，也匯聚名人菁英於一室。劍橋大學很明顯是維繫菁英制度的機構。1209年成立，至今已經有九百多年歷史，一共創立31個學院，150多個系所。劍橋大學充滿各種傳統儀式，服裝有儀式（黑袍）、划船有儀式、晚餐儀式更多。開飯前，院長要用拉丁文祈禱，學生與老師要穿著中世紀的黑袍，宴會廳富麗堂皇，要向女皇舉杯敬酒，這些繁文縟節按道理早應該被淘汰才是，卻延續百年還在推行著。

為什麼解讀劍橋晚餐儀式，可以理解英國如何維繫菁英制度？作者指出，劍橋大學似乎就是上流社會的菁英製造機。畢業校友占據全英國最重要的黃金職位，像

是法院（約81%是劍橋牛津學生）、主流媒體記者（45%）、政治（34%），非白人學生占15%。劍橋牛津的學生幾乎占據所有尊榮的工作。作者認為，研究劍橋的晚餐儀式也許可以揭開菁英制度的面紗。劍橋的晚餐不只是功能性的吃吃喝喝，其中似乎還有更深層的含義。

　　這份研究的調查工作主力應該是後兩位作者，都是劍橋商學院的教授。卡麥爾・慕尼（Kamal Munir）原本研究科技社會學，後來轉向研究第三國家的社經發展。保羅・崔西（Paul Tracey）研究創業、機構變革以及社會企業創新。按理說，資料都是他們倆收集的，可是第一作者卻是來自加拿大的蒂納・達辛（Tina Dacin）。為什麼？我猜想，這是因為他們當時對質性研究還不是很熟悉，雖然手上有資料，卻不知道如何解讀才能夠登上頂級期刊。所以，他們找來資深學者幫忙。達辛發表過許多機構理論的文章，平凡的資料到她手上往往可以讓樸石變寶玉。

　　他們進行的29場觀察，也許應該說他們大約參與 29 頓的晚餐，總共採訪 57 人，分為三個類別（參考表 13-1，重新整理）：儀式主持人（院長與院士）、儀式信徒（學生、校友）、儀式守護者（管家、餐飲服務員）。雖然作者號稱用紮根理論來分析資料，但分析資料結構圖後會發現，他們其實使用預設流程（priori process）來整理資料。預設流程是使用某種預定的格式去整理資料，例如：「輸入—運算—輸出」就是一種可以預套的格式；「企劃—執行—檢視—查核」是另外一種例子。這篇文章是用「過程—結果—後果」來整理資料（參考圖 13-2）。雖然略顯簡單，但可以接受。因為目的是要解讀儀式的制度內涵，而不是儀式的演化歷程。

表 13-1　劍橋晚餐儀式研究的田野調查（訪問人次）

| 學院 | 主持人 | | 信徒 | | 守護者 | 晚餐 |
	院長	院士	學生	校友	職員	
Clare College			1			1
Churchill College		1				2
Darwin College		1	2			1
Downing College		1	5		1	2 + 2
Gonville and Caius College		1	2			1
Girton College		1	2			2
Huges Hall		2	1			2
King's College		1	3	1	1	2
Magdalene College		1	2			2
Pembroke College		1	4			1
Queen's College		1	1			1
St. Catherine's College		1			2	1
Sidney Sussex College		3		1	4	4
St John's College		1	1	1	6	1
Trinity College			2	1		1
Corpus Christie College		1	2			
Jesus College		1	4	1		2
Homerton College		1				
St Edmund's College		2	5			1
Newham College			1			
All colleges above	2					

備注：Downing College 中的 2＋2 代表兩場學院晚餐，兩場品酒社團活動。

A. 展演：如舞台般的設計，有燈光、古董家具、名人畫像、歷史文物等，創造出劇院般的氛圍。
B. 典禮：參與者彷彿按照劇本行禮如儀，演出一場古老而莊嚴的典禮。

C. 成員：符號與空間區隔三類不同的成員：教主（與神父）、教徒、執行者（福音幹事）。
D. 信仰：成員對於晚餐的儀式感到驕傲，這也凸顯內在成員與外在成員的區別。

E. 監督：透過守護者全面地監督儀式的進行，以維持傳統。
F. 反抗：有些成員因為不適應這樣的儀式，而產生反抗或者是不參與，最後逐漸孤立於社群之外。

G. 期待：學生重新檢視自己的生活，也重新評估自我的期望，對自己有更高的期待。
H. 轉變：學生取得新的社會特徵，如可說出英腔口音，並且學會享受生活，如品嚐美酒佳餚。

I. 榮耀：中等家庭的劍橋學生親友對於自己的子弟產生較高的期待，為家中出劍橋生感到榮耀。
J. 派頭：學生與非劍橋人互動時會自律，行為展現上流社會的應對進退。

K. 同化：學生對於學院周遭的環境不再感到陌生，對儀式與晚餐逐漸熟悉。
L. 網絡：學生進入校友圈的關係網絡，分享劍橋晚餐的經驗，也藉此肯定彼此菁英身分。

M. 紳士：在劍橋校友聚餐中展現禮節、餐飲知識與生活品味，刻意展現上流紳士的好印象。
N. 社交：晚餐中所內化的社交技巧，讓學生在校友之間左右逢源。

O. 信任：運用牛津、劍橋校友關係網絡來作為信任篩選的機制。
P. 特權：劍橋畢業生這樣的特權感會投射高不可攀的印象，偶而會與外人產生社交摩擦。

圖 13-2　紮根式的資料分析架構

社交戲劇的演出

角色與疆界的劃分

控制衝突的機制

儀式的展演

劍橋識別的轉換

個人印象的轉換

個人的轉變

社會菁英的解謎

孕育文化性知識

特權的社交網絡

地位的轉移

劍橋晚餐中的儀式

這篇作品的研究發現分為三個主題呈現。儀式的展演（過程）、個人的轉變（結果）、地位的轉移（後果），參見圖 13-2。這是紮根式的資料分析架構，也就是層層歸納資料，先不用特定的分析架構去解讀，而是根據現場資料分為兩個層次，逐步地歸納出主題，而去解讀「劍橋晚餐」所可能呈現的意涵。

解讀一：儀式的展演

社交戲劇的演出：劍橋大學的晚餐就像演出一場儀式，每個人都有角色要扮演。在劍橋大學吃晚餐就像在參加一場人生劇場。完成這項社交活動就如同演一齣戲劇，有布景、有道具、有燈光、有主角、有劇本。走進餐廳看到的，不是一般大學簡陋的食堂，而是比五星級飯店更不尋常的宴會廳。走進去，彷彿到了貴族的城堡，餐桌上一絲不苟地擺設著餐盤、刀叉、桌巾。裝飾古雅的原木牆上，掛滿歷屆院長與傑出校友的肖像。你會看到拯救英國的邱吉爾、發現地心引力的牛頓、將政治結合文學的拜倫、提倡自由市場的凱因斯、提出演化論的達爾文、發明電腦的道寧，都是肖像中的人物。他們是在劍橋寫下歷史的前人，似乎在提醒著學生，有為者亦若是。

學生坐定之後，會被一排排搖曳的燭光所震撼，光影投射到高挑的天花板折射回來，讓你想起電影《哈利波特》的壯觀場面。男女同學身著正裝，外面穿著中世紀的黑袍，面前的銀色盤皿與陶瓷餐具，彷彿古代的神器，是對坐兩排學生相互聚焦的關注。院長搖鐘之後，吐出一連串難以理解的拉丁文，領導大家舉杯敬女王之後，晚餐才得以正式開始。

角色與疆界的劃分：過程中，席間交談、敬酒都必須合乎紳士淑女的禮節。學生不可以跑來跑去敬酒，也不可以隨意跑去找師長聊天。若是有來賓，不免俗地，

院士得要搬出學院的鬼故事來娛樂賓客。離席的時候，學生必須立送師長。大一的學生剛參加這種晚餐時總是會被震懾。一位學生表示：「牆壁上的肖像，或是一起用餐的氣氛，都不是普通大學可以體驗到的。」另一位學生則說：「你若吃過劍橋晚餐就會知道，一般大學食堂的食物有多難吃。」

餐會中似乎有明顯的楚河漢界。劇中的三位主角各司其職。院士在高位桌上示範如何涉入有內涵的知性交談。學生在下面觀察與練習學者應有的風範。一旁的管家像是守門員，驕傲地守護學院的傳統，上菜之後就神隱起來。就算管家與老師是很熟的朋友，在餐會上也不能相互打招呼和對談。一位校友解釋：「學員的晚餐儀式給人尊榮感，每天生活得像貴族一樣，久而久之都會認為自己與眾不同。」一位學生說：「學院的晚餐讓人有歸屬感，每次用餐都有回家的感覺。」

控制衝突的機制：管家的工作是確保晚餐的次序與每個人的行禮如儀。他們是劍橋傳統的守衛者。一位學生曾經戴棒球帽進場，馬上被管家很有禮貌地提醒，不聽勸者就斥責。在餐會上，任何叛逆行為都會被制止。有些老師不習慣，不想穿著正式服裝，也不想搭理這些繁文縟節。他們認為這種交談既無趣又沮喪，寧可外食。不過，如果一直不參加晚宴，老師似乎難以融入學術社群之中。也有學生一開始認為這種晚餐很折磨人，但久而久之也就習慣，而且還享受其中。

解讀二：個人的轉變

劍橋識別的轉換：經歷過晚餐儀式的學生，畢業後會對自我抱更大的期望，覺得自己以後應該會有一番作為，因為畢竟自己曾是劍橋傳奇的一部分。有些公立高中學校考進來的學生，一開始參加晚餐會覺得有些自卑，低人一等。但是，四年下來，講話口音變文雅，用字遣詞也開始細緻。明顯的轉變更來自行為。在多年晚餐之後，學生從對話、食物、品味都開始有所講究。一位學生說：「現在用餐的時候我會特別注意餐桌禮節，像是麵包要用切的才能入口，不可以直接用嘴巴咬，才不會不禮貌。」

個人印象的轉換：在劍橋大學所培養出的紳士行為讓學生擁有新形象，取得新識別。回到家時，也受到親人更高的期望，認為自己變成某種天才。但是要是學生與非劍橋大學的朋友相處，就要提醒自己必須恢復正常，以免被朋友誤會成「花花公子」，而被取笑。

解讀三：地位的轉移

社會菁英的解謎：四年的晚餐吃下來，學生慢慢培養出自信，也逐漸揭開劍橋菁英的祕密。學生對於學院周遭的環境不再感到陌生。他們擁有校友人脈網絡，進入校友圈的「老男孩」網絡（Old Boy Network），分享劍橋晚餐的經驗，也藉此肯定彼此的菁英身分。此刻，學生對劍橋晚餐儀式的種種繁文縟節不再感到陌生，「劍橋晚餐」的謎題被解開，他們也不再迷惘。

孕育文化性知識：劍橋學生畢業後也具備足夠的文化知識，跟網絡中的校友交談。畢業後，晚餐並沒結束，倫敦市中心有一個牛津劍橋校友聯合俱樂部。於此處，他們會在劍橋校友聚餐中展現禮節以及餐飲的知識與品味，展現出自己上流紳士的好印象。晚餐中所內化的社交技巧，讓劍橋學生在校友之間左右逢源。他們共同的話題往往是酒出產的年份、食物的精細度、知性的話題等。這些社交技巧形成融入上流社會的印象。

特權的社交網絡：成為校友後，他們會運用牛津劍橋網絡來作為信任篩選的機制。剛畢業的劍橋學生在求職時，要是遇到學長一聊起劍橋學院的晚餐，話匣子就打開了，自然在工作上也就無往不利。劍橋畢業生這樣的特權感會投射高不可攀的印象，偶爾會與外人產生社交摩擦。然而，劍橋的晚餐形成校友間特權式的文化印記，擁有共同的文化知識，建立特殊的社交網絡，鞏固上層社會的角色，也形成英國特有的菁英制度。

　　雖然我對劍橋大學認識有限，卻也不免擔心起來，這樣的分析劍橋晚餐以及菁英制度，似乎有些不妥。

不完整的晚餐，不到位的解讀

　　這份作品精采的地方在點出，如何以微觀的儀式去解讀巨觀的機構。對不了解劍橋大學的讀者來說，這篇文章解開劍橋學院神祕的面紗，讓我們一窺劍橋培育學生的重要儀式──晚餐。這篇文章的重點是：劍橋晚餐是培育菁英的重要儀式，這個儀式薰陶出的學生，到社會上成為上流社會的一員，是維繫英國社會階級制度不墜的主角。不過，這樣的推理對映到現實中，存在不少問題，讓我們歸納兩點來討論。

問題一：儀式在哪裡？

　　這篇文章的主軸是解讀劍橋大學晚餐中展演著什麼樣的儀式，可是這部分的分析只占研究發現的三分之一。另外兩個主題是討論學生經歷過這些儀式後在行為面的改變，以及社會階層的提升。每段都是浮空掠影的描述。到底，劍橋晚餐的儀式在哪裡，背後的含義又是什麼？

　　表面類似宗教儀式的確顯而易見：用拉丁文祈禱、用餐要端莊、要立送教授。可是，看不見的儀式呢？兩位作者本身就是劍橋的內線，至少吃過 29 場晚餐，應該要能說出更深刻的觀察才對。有形的儀式背後通常隱含著無形的密碼，在發展比較精緻的文化中，讓無形的密碼顯形才是解讀的任務。讓我們來看看劍橋晚餐裡面可能蘊含的儀式密碼。

　　第一，拉丁文祈禱背後會不會是養士制度。劍橋大學過去是修道院，供奉上帝，後來改變成學院，被皇室供養；之後則是有國家與貴族支持。除了以拉丁文祈

禱（以前貴族才會學的語言），還要舉杯敬女皇。在現代，這樣的祈福儀式會不會隱含著國家的養士制度，就像戰國時的孟嘗君；或是漢武帝成立太學，要培養自己的智庫，儲備國家棟樑。畢竟千臣可取，一相難覓；萬兵易得，一將難求。國家若可以在劍橋培養出幾個諸葛亮和王陽明，就可永保國運昌隆。

第二，餐桌禮儀的背後會不會是紳士的教化。英國特別講究紳士文化，以前在皇宮貴族之間要表現得宜的禮節、合適的談吐。這種紳士氣質不是一朝一夕可以養成，必須耳濡目染，成為生活習慣，才能夠完成這樣的禮儀教化。每週數次的晚餐會不會是在持續性內化紳士氣質的演練。

第三，把酒言歡，背後會不會是培育思辯的制度。晚餐不可能獨自一人默默地吃，學生之間必須要交流。那談什麼呢？在宴會廳中，你若只是聊八卦或連續劇，可能就會被人看不起。所以，你得聊你在做什麼研究，或者探索什麼主題，讓別人挑戰你，而你必須學習回應，於過程中取得各領域同學給的建議，也不斷精進自己的想法。這樣的思辯交談，連續磨練四年下來，腦袋很難不變聰明。聽君一席話，勝讀十年書。同時也培養出知識份子的特質。所以，晚餐儀式背後可能是劍橋培育思辯的制度，讓學生養成知識份子特質。

第四，高位桌的背後，會不會是一套導師制度。晚餐後，學生回家休息，老師們續攤。院長一搖鈴，學院管家就帶領老師與貴賓魚貫走到另一棟交誼廳。這時送上水果、餐後酒，老師與來賓的座次又被調整，讓老師可以遇到更多不同領域的學者。之前的桌友是法律系的，你們剛聊完企業變革的法律問題。第二場你卻遇到學宗教的，必須要談談死刑的合法性。喝完一輪，吃完水果，院長又會搖鈴，管家帶著大家走向二樓。這時候送上的是咖啡和英式伯爵茶，配上餅乾與起司。這次你又遇到來自澳洲的訪問學者，聊的是數學。

這是劍橋給老師的俱樂部般尊榮待遇。院士平常除了要上課，還要當家教，往

往是一對一的上課。這便是劍橋著名的導師制度。古時，劍橋學生爲了因應高難度的考試，會私下找老師補習。但老師不好收錢，學生就必須每週將補習費悄悄地放在容易發現的角落，大家心照不宣，而老師也會盡全力做好家教，以貼補家計。古時候，學院規定院士不能結婚，這是源自修士的單身制度。所以老師就把老婆、小孩藏在劍橋郊外，稱爲「外家」。老師在內家賺錢，去養外家，一直這樣無法見光。1882年，一位塞維克（Sidgwick）老師對抗機構，推翻院士單身制，也將補習費制度合法化，由此演變出導師制[6]。

在劍橋，老師不叫Teacher、Tutor或Supervisor，而是叫做Don（源自拉丁文Dominus）。這名字很霸氣，字義上翻譯爲「黑道老大」（crime boss）。這麼說起來，劍橋晚餐不也就是「黑道」俱樂部了嗎？那背後是否有導師制度的權力問題？

如果，作者還能夠將劍橋儀式擴大，解讀應該會更到位。劍橋除了晚餐外，還有許多儀式彰顯其獨特性，像是划船賽。每年，劍橋與牛津各自挑出代表隊，兩隊到倫敦泰晤士河去決賽。全英國只有這兩家學校有此特權。划船隊也是一種儀式，可以搭配晚餐儀式解讀[7]。

劍橋大學每學期也會籌備辯論賽，由時事到國事都可以評論，不需論輸贏，只需練聰明。這些儀式背後其實是一套「華山論劍」的制度。透過不斷地競爭切磋，讓學生思路敏捷、技冠群雄。辯論題目也是晚餐中學生們興致勃勃討論的議題。如此四年下來，劍橋大學培養出的學生與普通大學一比，立刻分出高下。不過，這是指能善用這套制度的學生。也有學生不適應劍橋這套制度，或者外籍生打不進英國社交圈。如此，這種劍橋菁英教育對他們就可能沒有實質幫助。

問題二：制度在哪裡？

這份作品假設，劍橋晚餐儀式支撐數百年來英國的社會階級制度。可是，文中並沒有分析晚餐跟社會階級的關係，更未說明如何能從晚餐看見維護機構的作法。

會犯這樣的錯誤，可能是因爲作者把制度的層面拉得太高。維繫社會階級的作法有很多，像是實施威權的統治、教育人民（接受自己的階級）、組成俱樂部（富者聯盟）、壟斷金融體系、建立貴族學校（富二代俱樂部）等。把小孩子送進劍橋大學只是手段之一。劍橋晚餐只不過是諸多培養紳士風度的一種方法。類似作法其他大學也有，像是各種舞會、宴會、節慶（Gala），都是西方社交教育常見的作法。上流社會透過某種晚餐儀式培養下一代的社交禮儀，並不代表劍橋晚餐儀式可維繫上流社會階級於不墜。

但是我們可以說，晚餐儀式是劍橋諸多儀式中的一種。目的在強化劍橋大學所要強調的菁英教育理念，並不一定與社會階級有直接關係。英國社會中的知識份子也是菁英階級的一部分，也講究學者必須要有紳士風範以及懂得待人接物的道理。這是任何一個文明國家都會有的規範。就如孔子也強調的君子之道。君子除了要有內涵外，還要注重儀表談吐，否則「文勝質則史」；沒有內涵卻假裝君子，就會顯得虛僞浮誇。「質勝文則野」也不好，你很有內涵，可是外表狂狷，穿著不顧禮節，就會讓人覺得粗野。「文質彬彬，然後君子」，所以要有學問，又要有禮貌，才稱得上是君子，才能算是紳士。上流階級會想成爲君子，可透過這類禮教式的晚餐；但培養君子的晚餐卻不一定能維護階級制度。

劍橋晚餐要培養學者的特質以及紳士的氣質。晚餐杯觥交錯之時，不聊八卦，不談生意，而是專心切磋學問。中世紀的傳統黑袍，內搭正式服裝，是爲了讓剛由高中畢業的「小屁孩」開始學習當大學生的禮儀，以四年去教化，讓他們變成風度翩翩的紳士，讓他們未來可以成爲各方領袖，做出智慧的決定，避免愚蠢的政策。

劍橋大學晚餐維繫的是劍橋的菁英教育制度，而非英國的社會階級制度。了解劍橋晚餐中的儀式，讓我們理解劍橋菁英教育的獨特作法。你也許會問，這種菁英制度到底是什麼？如果我們以牛津劍橋常常自諷的一句話來看：「牛津看似沒教你

什麼學問，可是卻很少人能將你考倒。劍橋教的看似沒什麼學問，然而一出口你卻字字珠璣。」這兩段話倒過來說也行，都點出教育模式的差異。牛津的教，潛移默化；劍橋的學，大智若愚。雙方強調的都是思辯，而非硬塞的知識。

無怪乎，旅英學者陳之藩在《劍橋倒影》會說：「劍橋大學將學生當作生物關心，著重在栽培與成長。一般大學將學生當作礦物，注重在製模與塑形。」這篇作品真正要批判的，並不是英國的階級制度，而是當前大家對劍橋大學教育的誤解與迷思。

劍橋的菁英制度不一定是階級性的，而是知識上的菁英。晚餐儀式讓我們看見劍橋大學對知識與傳統的重視，對潛移默化的重視，以及對思辯創意的重視。劍橋大學透過晚餐儀式希望學生自行培養出洞見；一般大學卻愈來愈像工廠，要硬塞知識給學生。這也許才是這份作品要我們反思的真諦。培養菁英對國家一直是重要任務。誠如諾貝爾經濟學獎得主諾斯（Douglas North）所言，由長期角度來看，決定社會的興衰，是人的思維模式，也就是看社會中的菁英思考有多嚴謹，以解讀棘手的管理問題與因應各種錯綜複雜的社會現象。由晚餐儀式中，我們得以窺見劍橋大學的教學模式，讓我們理解英國神祕的菁英培育過程。

Chapter 14

因果循環：決策失速陷阱

——Speed Trap

無欲速，無見小利。 欲速則不達，見小利則大事不成。

——論語

　　前幾篇作品都是以案例去分析單向性的因果關係。〈好萊塢找創意〉案例透過「對偶互動」來分析行為與創意的關係。〈快樂的電子郵件〉案例以三個「層次變化」來說明科技的福禍相倚。〈擾人的例規〉案例運用成功與失敗導入的「對比反差」來分析組織例規如何影響科技的採納。〈劍橋大學的晚餐〉案例以一個古老大學的晚餐來「解讀」菁英教育的意涵。這些案例雖複雜，但探討都是單向的因果關係，一個因素造成某種結果。

　　接下來這份案例所挑戰的卻是因果循環的複雜關係，探討科技公司內的決策，如何在時間脈絡中衍生出許多問題[1]。第一位作者的專長是研究組織成員間的工作互動；第二位作者則是決策衝突與談判專家；第三位是組織流程改善的專家，是專長於系統動態學（system dynamics）。三人的跨領域合作很值得我們參考。這篇文章對系統動態學尤其有象徵性的意義。第一、三位作者都是師承麻省理工學院，是系統動態學開山祖師弗瑞斯特（Jay Forrester）駐點的大學[2]。早期系統動態學都是以量化作為研究方法，多數學者都是設計各種變數去驗證系統的表現。第二代弟子中以史特門（John Sterman）為首，讓系統動態學成為顯學[3]。第二代中也出了另一位以質性研究為主的聖吉（Peter Senge），強調系統動態學不應該只有量化，也可以用模型對現象進行解讀，而非驗證[4]。坡蘿（Leslie Perlow）與瑞片寧（Nelson Repenning）應屬第三代弟子，脫離量化主流作法，而以質性手法來解讀決策過程，是一份難得的好作品。

　　分析因果循環正是系統動態學的強項，有三個要點：首先，系統動態學分析一項行動所造成的「強化環路」（reinforcing loop），也就是分析一項行動如何促發一系列行動；像是口碑促發商品的搶購，又強化口碑，兩者互為因果，如此便稱為強化環路。其次，系統動態學分析一項行動所造成的「平衡環路」（balancing loop）；也就是一項行動會如何抑制後續的行動，例如死亡率會抑制總人口數，平衡高出生率所帶來的人口數。最後，環路中會有「延遲」（delay）現象，一項行動

有時會等一陣子才會看到效果；像是借酒澆愁，一開始會感覺效果不錯，但是必須過一陣子後才會發現酒精成癮，難以戒除，而工作卻每況愈下，因爲本來可以花在改善工作的時間都用來喝酒澆愁。這三項元素交互運用，便可以呈現千變萬化的系統動態，解釋事件演化的循環過程，像是爲何某制度推出後形成良性循環，而一些號稱良善的政策推出後卻形成惡性循環。

系統動態學如何能呈現環環相扣的因果關係？接下來，我們先分析這份作品如何設計研究問題。

決策慢郎中，行動總落空

企業決策應該慢還是快？有人認爲做決策應該謹慎評估，三思而後行，以免一步錯，滿盤皆落索。然而，效率與成長往往是與行動緊密地扣連在一起。企業普遍認爲，行動快可以取得先行者優勢，而行動慢則錯失良機。行動要快，決策就要快。就連孫子兵法都提倡「兵貴速，不貴久」。若是分析過度而遲遲不決，恐怕會因分析癱瘓決策[5]。也因此，坐而慢言，不如起而快行，就成爲現代科技業奉行的「速度論」。

「環境論」卻不這樣認爲。環境決定產業結構，這樣的結構形塑了產業特性。所以，速度要快或要慢是由不得企業的，而是由環境來決定速度。例如，科技產業每三個月就必須推出新產品，也因此行動必須要迅速，決策必須要快速[6]。互聯網產業必須要更快，分秒必爭，才能在激烈的競爭中取得生存的希望。相對地，傳統產業就不需要那麼快，只要按部就班管理好生產線就可以。影視產業也是快不來，一項優質的電影往往需要拍攝兩三年才能殺青。製藥產業更是沒辦法快，研發一項新藥動輒需要數年，必須要慢工出細活。由環境論來看，決策速度快不快，是產業結構使然，並不是企業自己能說了算。

　　速度論認為，快有快的好處，慢有慢的優點。可是，環境論又說，結構決定速度。在這樣的爭議之中，這份作品研究的問題是：企業如何決定決策的速度？這是由決策病理學（decision pathology）來重新檢驗速度的問題。決策到底要快還是慢，背後問題是企業的成長速度。所以，企業要加速成長，就會造成決策加速，那對組織會產生怎樣的後果呢？這個問題讓我們必須由決策速度轉移到決策過程的分析。決策速度不應是分析的重點，由決策的脈絡去觀察因速度所可能發生的問題，才是研究的新方向。為探索速度對決策的影響，作者提出一項有趣的研究任務：快速決策過程中會遭遇哪些陷阱？圖14-1說明這篇文章的研究布局。

　　這篇文章挑選一家互聯網公司，且叫做 Notes.com，一開始主要是在網路上為美國大學生提供課堂筆記，是資訊平台的模式。這家公司隆重開張，原先只涵蓋 7 所院校，在第二學期快速成長至 86 所，在第三學期即刻擴展成為 150 所，可是 19 個月後就在驚嘆中倒閉。從會議時間和決策數量的比例來看，Notes.com 一開始每個決策平均花 206 分鐘，後來縮短到 58 分鐘；決策數量也從一開始 9 個變成 29 個。這代表問題愈多，討論時間卻愈少。這家公司由一開始啟動快速的決策，到後來變成超速的決策，最終變成失速的結果，很符合這篇研究所需的理論取樣原則。

　　第一作者原本是這家公司的顧問，也因此能取得豐富的資料。他們以 19 個月的時程，由 1999 年 3 月 1 日到 2000 年 2 月 2 日，在公司實地勘查。第一作者每週花 20 至 40 小時在這家公司進行田野調查。另外，他們請一位助理每週花 60 小時至現場記錄公司發展的狀況。訪談對象除了創辦人、早期員工、資深經理人、顧問、天使投資人、創投基金贊助人等，也會採訪員工家長與配偶，估計是為取得內幕資料。

　　Notes.com 的營運模式是在每所學校聘請一位駐校協調員，管理約 50 名記錄員，到不同的課堂上「抄筆記」（類似醫學院的「共筆」模式）。營運部門原先

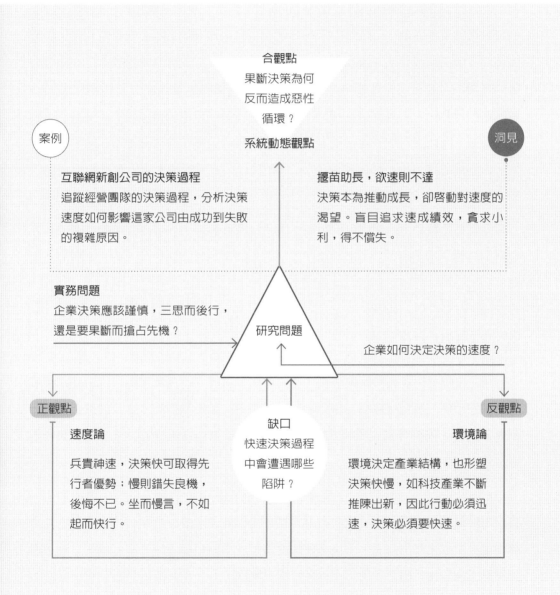

圖 14-1　失速陷阱的浮睿明

有125名員工;第二學期快速成長為3,000名;到第三學期又增加為8,000名。總部的職員數原本僅有4名,巔峰時期聘用52名。Notes.com以87.5萬美元起家,主要來自親友與天使投資人。九個月後,創業團隊募得1,130萬美元的資金。之後,該公司延攬一位執行長,並網羅一群至少有十年經驗的專業經理人。19個月後,一家網路公司University.com要併購Notes.com。經營團隊由於資金需求,又擔心股票市場動盪,因此決定以1.25億美元被低於市價併購,本預計隨後上市。出乎意料之外,市場卻急遽衰退,University.com只好裁員;不但無法上市,更在出售三個月後,Notes.com以破產收尾。

為何有此戲劇化的創業與倒閉呢?由決策速度著手,作者以因果動態圖帶我們觀察到四個「速度陷阱」,理解速度如何帶來決策品質的惡化,引發一系列惡性循環。

超速的四大陷阱

在原文中,作者將系統動態圖切為六個部分來說明,逐步呈現決策速度如何變成循環性結構。可是這樣有點複雜,對一般讀者比較不易理解。讓我們重新整理一張圖來說明。先解釋基本環路B1的作用,再說明R1~R4四個環路所帶來的「陷阱」效應(參見圖14-2)。

初始狀況:一開始先看B1速度調節環路。每當產能提升(駐校人員增加),實際用戶量就會成長,用戶量缺口就會縮小,因此急迫感就會減緩,讓決策速度趨於穩定。所以,沒急迫感,就沒必要加速決策。業績目標達成,就可以休息,不用那麼急。由於用戶數愈多對下一輪募資愈有幫助,若是當實際用戶數沒有達標時,Notes.com的創業團隊就會緊張,然後注入更高的產能(也就是更快速產出更多筆記)來吸收用戶數(見B1平衡環路)。

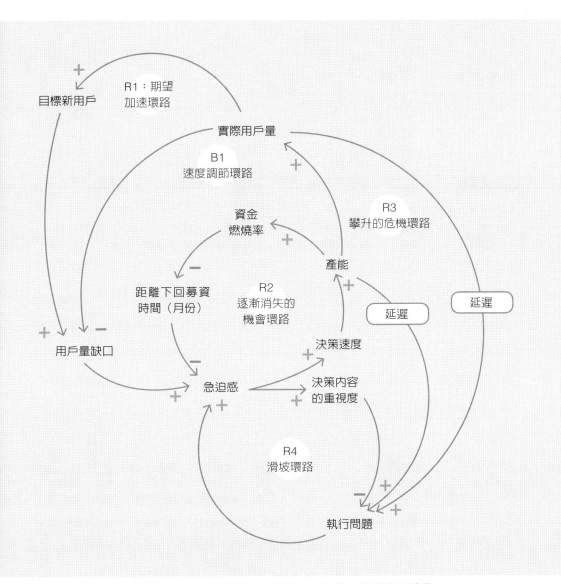

圖 14-2　因果循環的分析架構──加速決策造成惡循環

　　陷阱一：不斷擴大的期望值。 按理說，目標達成時就可以正常營運。但是 Notes.com 卻不是如此，當業績達標時，公司並沒有讓速度減緩。每當用戶量與業績一達標，創辦人就提升期望值，設定更高的目標。在 1999 年到 2000 年期間，營收期望值由 5.6 萬美元攀升到 25 萬美元，然後又提高成 55 萬美元。這是因為每次達標後，創辦人會認為公司應該是低估自己的潛力，所以提出更高的目標。就這樣，用戶量與營收缺口隨著創辦人的期望只增不減。夢想愈大，目標愈遠，急迫感益增，讓公司裡的人愈來愈忙。速度加快，決策就開始草率，因此演變成惡性循環（參見 R1 增強環路）。

　　陷阱二：逐漸消失的機會。 為了達標，公司只好快速擴增記錄員，並拓展更多學校。Notes.com 成立時有 7 所學校，過三個月就成長到 86 所，再過三個月就拓展到 150 所，這是大約 20 倍的成長。員工數也同步增長，開業時有 125 名，到第三學期增加為 8,000 名。擴大業務與增聘員工就代表更快速地燒錢，而錢愈燒愈快，就需要趕快籌備下一輪募資，不然就面臨倒閉的命運。這導致急迫感劇增，促使更快的決策，更大幅的拓展業績，更快地燒錢，愈需要挹注新資金，就如此演變成另一項惡性循環（參見 R2 增強環路）。

　　陷阱三：攀升的危機。 快速擴充容量，還引發一系列潛在問題，延遲到後期才逐漸浮出水面。迅速擴大規模，Notes.com 開始遭遇四大危機。第一是法令危機，由於該公司吸引到媒體的關注，《舊金山紀事報》（*San Francisco Chronicle*）的一位記者密訪一家學校，旁聽課程後比對網路上的筆記，發現 Notes.com 的筆記品質粗糙。這條頭版新聞重創該公司的名望。大學老師也發現，該公司不經同意就將課程筆記張貼到網路上販售，是侵犯著作權的不法行為。有些學校提出告訴，有些大學則規定學生禁止使用 Notes.com（參見 R3 增強環路）。

　　創辦人並沒有採取合法途徑去解決此違法問題。為解決大學的反對聲浪，創辦人反而建議快速與教授建立夥伴關係。這個新思維在一個月內就在會議上通過，並

匆忙地付諸實行。當然，結果是投入龐大資源卻無功而返，而更快地燒錢。

第二是技術性危機。由於快速擴張，網頁容量過載而當機，因此用戶逐漸退出。領導團隊很快聘請技術顧問來解決網站問題。技術顧問建議更換程式語言，雖然有工程師反對，擔心公司裡沒有人能修改這種新的程式語言，但領導團隊還是堅持要做。領導團隊認為，這個時候不是要問對錯，而是要搶時效，先做了再決定是否對不對。工程結束之後，結果網站仍然無法啓用，更無法驗收，也沒有人會修復，顧問公司也不認帳。於是Notes.com只好投入更多資源去換回原來的程式語言。

第三是人事流動危機。由於法令的問題，公司必須要關閉某些大學校園的生意，因此就必須要開除這些校園的記錄員。發生這麼多事以後，有些員工也紛紛離職。遣散員工需要錢，招聘員工也需要錢，協調與管理人員的招募更花費許多時間。這些使得創業資金更快地被燃燒掉。

第四是文化危機。引進專業經理人後，公司中漸漸分成兩派，年輕創業者與資深經理人形成兩種格格不入的文化。專業經理人要求公司要制度化，年輕創業者卻認為這是官僚的作法，建立這些管理程序只會減緩公司發展的速度。這樣的內鬨使得公司在解決問題時產生不同的意見，而演變成內部衝突。

陷阱四：滑坡環路。之前這三個速度陷阱一旦形成惡性循環後，加起來又造成另一個惡性循環。當急迫感不斷地上升，公司內對於決策的內容就愈來愈不在意，導致解決方案變得更為草率。在正常的狀況下，領導團隊應該要靜下心來思考有哪些解決方案，再從不同的方案中去找出最佳的選項。可是急迫感取代理智，反過來急迫感又強化急迫感，於是不斷地加快決策速度，不斷地犯錯，週而復始。這時，整個公司已經被速度沖昏頭，任何提出警告的人都會被視為是不成熟的舉動，因為他們會被認為是在延誤決策，造成公司沒辦法快速成長，以便取得下一輪的募資（參見R4增強環路）。如此，這家公司只能一路下滑，沉淪到底。

因果循環中，理解欲速則不達

　　在課堂中討論此案例時，受歡迎之程度出乎意料。我本以為這種系統動態圖牽涉複雜的因果關係，環環相扣而且又似是而非。但學員竟然在課後熱烈地討論起來。原來他們覺得，這種行為與當代許多公共政策造成的問題很類似。許多立意良善的政策，推出後卻導致惡果。這是因為人往往見樹不見林；顧著一項行動，卻不去理解這行動所帶來的許多副作用。

　　時間更往往掩蓋這些因果關係，使決策隨著時間衍生出更多複雜的負面效果，最終形成惡性循環。在這家互聯網公司中，快速的行動本希望造成內部的成長動能，卻啟動對決策速度的渴望。然而，為了加快決策速度，企業卻義無反顧地邁向死亡。這份研究讓我們理解，只分析個別的決策往往會帶來偏見，而無法看見整個過程。透過因果循環的分析，我們可以看到成員的行動會如何產生某種無形的結構，而這樣的結構又會如何制約成員的行動，最後行動又強化結構。一個問題的背後通常不會只是對照單一的因素，而是被嵌入環環相扣的錯綜複雜。這份研究讓我們認識速度的病理學，理解決策的解剖學。

　　就實務而言，企業常認為是產業結構逼組織快速成長，要快才能贏得先機。可是，這到底是產業結構性的問題，或是自作孽的結果，是每位經理人需要自省的問題。我們急著「完成」許多事，真的代表我們成就了這些事嗎？例如，想學好英語卻沒耐心學文法，只想背背單字或去找補習班速成，更不想去理解英美文化。這樣的學習最後一定是失落的。同理，一心想多發表幾篇學術論文，卻不想練好基本功，也不要苦練歸納與思辯的技巧；就算發表許多論文，最後實力可能只成一場空。

　　以因果循環模式來分析案例深具啟發，但這個速度陷阱案例的解讀卻仍嫌單薄。點出速度陷阱，卻缺乏解讀性資料作為佐證。例如，「攀升的危機」陷阱中的

文化衝突（年輕創業者與資深經理人）究竟如何發生，就著墨不多。產能問題如何因延遲而累積更多的危機，也需要更詳細的解說。由創業到倒閉這19個月出現過哪些重要決策點，如果能呈現歷史脈絡尤佳。此外，這些速度陷阱會不會發生在不同類的企業中（像是文創產業或國家政策），也值得討論。以決策來推理速度，很有懸念；但是快速決策的背後應該是這些創業家急於求成的心態。若能以成長迷思來解讀決策速度，也許更容易被理解。

孔子提醒我們「欲速則不達」的確是有其深意。許多事是急不來的，需要循序漸進，甚至需要以「十年磨一劍」的精神去實踐。盲目追求速成的績效，貪求小利，想揠苗助長，最後仍是得不償失。俗話說得好，磨刀不誤砍柴功。花多點時間將刀磨利，才能更有效率地砍柴。

這份作品的洞見是，願望愈大，目標就離得愈遠，一不小心貪念就會讓人掉入速度的陷阱，而難以自拔。但真正陷阱可能不是決策的速度，而是由快速、加速到失速去做出情非得已的決策[7]。

Chapter 15

策略回應：
愛迪生計中計
——When Innovations Meet Institutions

⚠

太過激烈的創新，會遭受機構鎮壓，使得創新者出師未捷身先死。可是太過柔順的創新，難以產生社會變革。創新的挑戰是，如何能入境隨俗，又能移風易俗。

——安卓・哈格頓（Andrew Hargadon），科技管理教授，Charls J. Soderquist Chair in Entrepreneurship, UC Davis, California University

「柔韌」設計

許多人常問：質性研究是不是一定要到實地進行田野調查呢？正常狀況下，質性研究需要採訪夠多受訪者、謄寫逐字稿、做內容分析，然後引用很多受訪人提供的資料，讓現場重現，進行深度詮釋。其實，質性研究作法繁多，每位研究者對質性資料的處理方式雖不同，但背後的精神是不變的：運用不同的詮釋手法，對「社會現象」進行批判與辯證。你可以用第一手田野資料來辯證，也可以用次級歷史資料來辯證。這篇文章探討「電燈」這項發明如何最初被「機構」所鎮壓，最後終於被大眾接受，對社會造成重大影響。加州大學哈格頓（Andrew Hargadon）以及佛羅里達大學冶羅黎・道格拉斯（Yellowlees Douglas）運用歷史資料分析創新的擴散，是初學者最佳臨摹範本[1]。

創新是推動人類文明前進的一大動力。火車、飛機、電腦就是最佳例證，這些發明影響文明的演進並改變人類生活型態。對發明家而言，能在有生之年研發出驚世佳作，為後人所景仰，是畢生的夢想。賈伯斯創立蘋果電腦，重新定義電腦、平板、手機的使用行為，也使他成為億萬富翁。十年寒窗無人知，一朝發明天下聞，正是所有創新者的夢想。

然而，創新者在開發新產品或推出新觀念時，都會面臨一個兩難的情況。一方面這項發明必須和現有的環境相契合，不能太過離經叛道，否則很難為眾人所接受。可是另一方面，這項發明又不可以流俗，必須在眾多競爭者中脫穎而出。創新必須新鮮，但這種新鮮感又必須能讓社會大眾所接受，如此使用者才能融入創新到自己價值觀中。所以，當一項創新在社會中出現時，會有兩股矛盾的力量彼此拉扯。一股力量要求這項發明不要反叛既有的社會體系，而另一股力量則希望藉發明改變這個社會既有的規範，發展出嶄新的次序。

這個案例分析創新如何由環境制約到被接受的過程。推出新發明時，創新者要

如何善用謀略，使創新能在不友善的環境中擴散？愛迪生擴散電燈泡的過程，是探索這類兩難現象的最佳案例。

在過去，當我們探討為何某一個創新成功，而另一個卻夭折時，我們會分析這項創新在功能特色以及經濟效益。如果一項創新能推出功能新穎而且又物超所值的產品，那麼在市場上被消費者接受的機率就很高；例如，風靡年輕人的iPod，取代隨身聽。一項創新如果要造成市場的風靡，它必須摧毀既有競爭者的能力，並且排除社會上不同機構（如政府、商會及各類利益相關組織）的阻力。

在功能上，產品要做得比競爭者更優越，這是基本條件，就像練武功要紮馬步；可是會紮馬步並不代表你就可以練好武功。同樣的，競爭者固然需排除，可是排除這些障礙，也並不代表創新就會被「機構」所接受。像是要推出電燈泡，當時主導的瓦斯燈產業（機構）就不會輕易答應。創新要被消費者接受，並在社會中造成風潮，而不是短暫的流行，光靠新功能與打敗競爭者是不夠的，還必須考慮機構所設下的障礙。

創新之所以能持續存在某一社會環境中，必須要考量兩個要素。第一，產品本身的設計，不只是功能，也含整體觀感的設計，是否能被使用者所接受。使用者所形成的社群網絡，不只是不同年齡層與地域性消費群偏好，更隱含對該產品的價值觀。例如，互聯網企業剛興起時，還不能被當時的使用者所理解與接納，所以難以擴散。第二，當該產品牴觸機構的規範與利益時，便會遭遇阻力。我們要關切的不只是法令規範，更要理解不同組織中的「利益團體」（stakeholders）是如何詮釋一項創新，而造成對該創新的接納或排斥。創新能否擴散，和這些利益團體對創新的「詮釋」息息相關。有一些合法的，不一定合理；合理的，卻又不一定被當權者認為合法。

創新的設計不僅需結合當地接受者的價值觀，也不能使現有的社會體制覺得它

是離經叛道的，而又同時要凸顯與現有競爭者的不同。創新克服這兩項挑戰之後，還要有力量在使用者接受創新設計後，進而改變使用者的習慣，甚至於改革整個社會體制。由入境隨俗，進而移風易俗。例如，蘋果電腦iMac推出之後，不但改變使用者操作電腦的習慣及期望（電腦不再是硬邦邦的機器，而是具美感的現代藝術品），更改變整個資訊產業的軟體與硬體設計及生產方式。後來，如視窗式介面和電腦滑鼠等設計都被微軟及各電腦周邊廠商所採用。由設計中的硬體視覺呈現與觸覺，到抽象的心靈感受，背後可以說是一場創新面對使用者及社會機構的戰爭。研究設計請參見圖15-1。

　　最能理解這個現象，就是分析愛迪生如何將電燈帶入美國社會，進而影響全球。電燈泡這項技術設計的背後有哪些「計謀」呢？這篇文章提出一個很有趣的詞，以字面翻譯稱為「強力設計」（Robust Design），例如汽車評量耐撞程度就叫做強力測試，目標是檢驗這項產品有多堅固。但是這樣的翻譯並不到位，所以我們翻譯成「柔韌設計」，強調其彈性應變的特質[2]。這一詞源自拉佛（Leifer）分析西洋棋選手下棋的策略。他發覺大多棋士並不是靠策略公式在下棋，而是判斷當時的狀況與對手的習性，來調整下棋的策略。拉佛稱這種下棋手法為「柔韌行動」（Robust Action）：真正厲害的棋手是在面對不穩定情境時，能隨時調整自己棋招，見招拆招。

　　同理，真正「強而有力」的創新是柔韌的，是使設計的各種細節能觸發使用者的新鮮感，但同時又不會新鮮到讓使用者難以接受。〈當創新遇上機構：愛迪生與電燈的設計〉這個研究追蹤電燈發明的歷程，調查創新擴散的謀略內幕。柔韌設計其實就類似太極拳，以柔軟的身法去承受對方攻擊，然後借力使力、以柔克剛，躲過攻擊後若有機會，就順勢回擊，讓對手措手不及。說來容易，實際上當創新者遇上強勢的機構阻力時該怎麼做呢？這篇文章以「策略回應」的手法來分析創新者與機構這一來一往的過招，值得學習[3]。

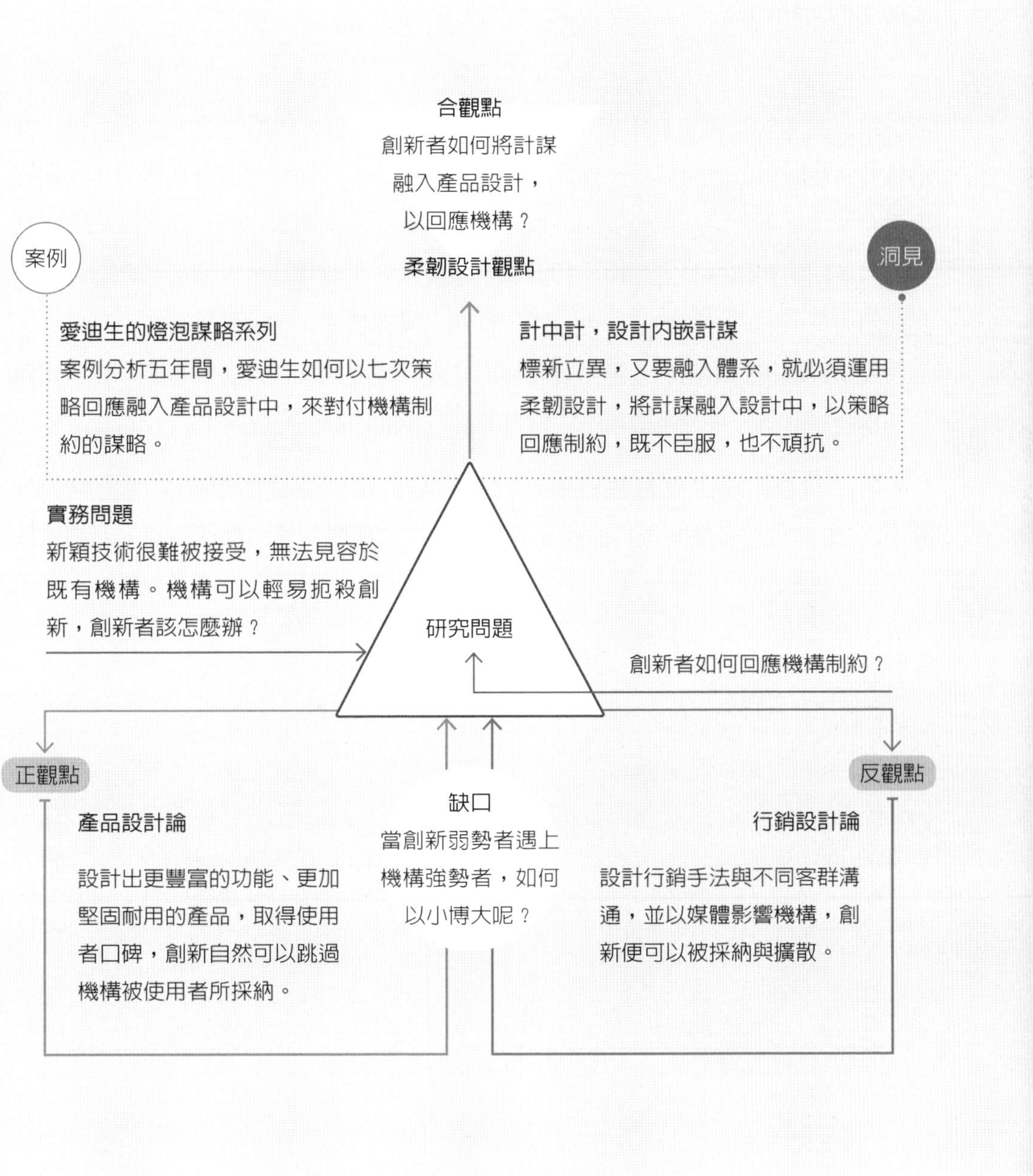

合觀點
創新者如何將計謀
融入產品設計，
以回應機構？

柔韌設計觀點

案例

洞見

愛迪生的燈泡謀略系列
案例分析五年間，愛迪生如何以七次策略回應融入產品設計中，來對付機構制約的謀略。

計中計，設計內嵌計謀
標新立異，又要融入體系，就必須運用柔韌設計，將計謀融入設計中，以策略回應制約，既不臣服，也不頑抗。

實務問題
新穎技術很難被接受，無法見容於既有機構。機構可以輕易扼殺創新，創新者該怎麼辦？

研究問題

創新者如何回應機構制約？

正觀點

反觀點

產品設計論

設計出更豐富的功能、更加堅固耐用的產品，取得使用者口碑，創新自然可以跳過機構被使用者所採納。

缺口
當創新弱勢者遇上機構強勢者，如何以小博大呢？

行銷設計論

設計行銷手法與不同客群溝通，並以媒體影響機構，創新便可以被採納與擴散。

圖 15-1　愛迪生計中計的浮睿明

愛迪生的策略回應

電燈問世之前，瓦斯燈產業在美國社會主導了近半個世紀，取代蠟燭及油燈，成為燈照產業的主流。瓦斯燈是在1816年第一次出現於紐約街頭。不久之後，因為威脅到蠟燭製造商而被禁。1825年，以煤氣為主的瓦斯燈終於取代蠟燭，瓦斯管線遍布城市之下，將瓦斯燈送到各家各戶。當瓦斯產業興起之後，隨之形成各種利益團體，政府在國會制定瓦斯燈相關法令，投資者相繼興起，供應商也紛紛投入。瓦斯照明不僅形成一個產業，更形成一整套「機構體系」（institutional systems）。面對瓦斯燈機構的牽制，愛迪生要如何回應呢？由於原文寫得有點艱澀，以下重新整理為七個回合，來說明機構的攻擊以及創新者的回應（參見圖15-2）。

第一回合：攻之以荒謬科學，回之以借力使力。瓦斯燈產業透過科學家在1878年宣布，商業生產白熾燈光科學上是不可能的。這一群「御用」科學家攻

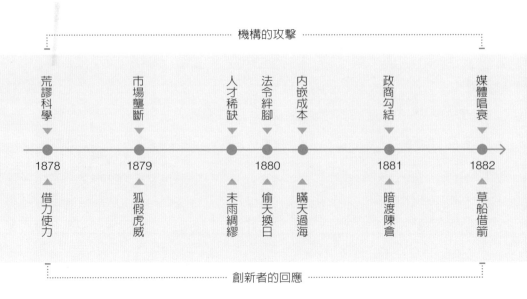

圖 15-2　策略回應——強勢者的攻與弱勢者的防

擊愛迪生的電燈泡計畫是荒謬的，欠缺對電路運作的知識。這讓投資者與大眾對愛迪生一度失去信心。愛迪生不但不氣餒，反而透過《紐約太陽報》宣布，他的研發團隊發現如何用電力替代昂貴的瓦斯照明，並指出電力除照明之外，還可以用於電梯、裁縫機與其他機械的裝置，而電力轉成熱力還可烹煮食物。他指出，目前除電報機之外，各種器材都可以使用電力驅動。科學家的攻擊反而讓愛迪生獲得媒體曝光率，一舉成名。

　　第二回合：攻之以市場壟斷，回之以狐假虎威。電力照明不只是拉拉銅線，安裝燈泡，附上開關就可以。在愛迪生的1830年代，輸配電技術仍不是很發達，所以發電廠必須建於半英里的半徑範圍。可是那時發電技術仍未成熟。就投資面來說，光是買銅線的資本就占總資本的三分之一，再蓋一座發電廠，需要更大筆資金的投入。但投資人對愛迪生的創業計畫仍然卻步。

　　瓦斯照明業投資超過十五億美金，業者有特許執照，享壟斷的高利潤，更設下高障礙讓愛迪生難以進入市場。不過，愛迪生也不是省油的燈。他轉去邀請一位最大的瓦斯投資人威廉・凡德畢克（William Vanderbilt）入股。愛迪生向凡德畢克解釋，投資時必須兼顧新舊科技，舊科技可以即時獲利，但新科技可以規避風險，以免舊科技被淘汰時全盤皆輸。這是「雞蛋不可以全放在一個籃子裡」的道理，凡德畢克當然一下子就聽懂。於是凡德畢克購買愛迪生公司的股票當作新科技的避險，成為愛迪生最大的投資者。如此，也就打破壟斷局面，凡德畢克開始阻擋瓦斯燈產業的追殺行動，讓愛迪生公司得以有喘息的時機。愛迪生更打著凡德畢克的招牌去集資，其他投資者看到大股東，就也陸續投入。然後，愛迪生把分散式電廠改成集中式電廠，雖然投資成本會增加，但這個策略是為了讓各主管機關能夠以瓦斯照明的概念來理解電力照明。

　　第三回合：攻之以人才稀缺，回之以未雨綢繆。當時布電線的技術必須將地板掀起來，在出入口蜿蜒伸展電線，需要合格的技術員。然而，技術員全掌握在瓦斯

燈公司手上。不只如此，要把瓦斯管線換掉，更是一大挑戰。愛迪生必須把電力管線藏在屋頂上，躲於門縫中，這種拉線技術當時只有裝警報鈴的技術員才會。

所以，就算電燈泡未來能普及美國，愛迪生也缺乏足夠技術員去施工。一籌莫展之際，愛迪生發現，當時許多技職學校都遭遇學生就業問題。於是，愛迪生遊說地區學校全力發展電力工程的學程，由愛迪生協助設計課程大綱，培訓警報器技術員去技職學校教學，並提出保證就業等措施，讓技職學校紛紛跟進。布局產學合作後，愛迪生終於有充沛的人才去安裝電線，解決管線鋪設的後勤難題。

第四回合：攻之以法令絆腳，回之以偷天換日。瓦斯燈產業政商勾結，早就嚴陣以待，要牽制電燈泡的發展。根據當時紐約的法令，只有瓦斯公司才可以挖道路、埋管線。愛迪生經營的是電力公司，埋管線、布電線全「不合法」。愛迪生心生一計，他申請一家瓦斯照明公司，取得合法執照以鋪設地下管線，完全仿效瓦斯燈的模式，只是瓦斯管線中埋的是電線。

第五回合：攻之以內嵌成本，回之以瞞天過海。瓦斯燈產業早與建商合作多年，所有的建築物管線早就內建瓦斯配送系統。面對顧客的慣性及巨額的成本，愛迪生很難說服建商去更換這些基礎設施。不過，愛迪生並沒有放棄，他沿用原先瓦斯燈的設計，像是開關與燈型，讓客戶感覺不出瓦斯燈與電燈的差別。為了讓照明顏色類似，還故意將電燈調暗一點。而且，當時尚未研發出電費計價方式，愛迪生就將計就計，讓儀表空轉，但聲稱只要是「早鳥顧客」可享受前一年的免費電力，一直到電錶成功推出才開始收費。如此，不只建商樂於採納，而且消費者更是覺得占便宜，而到處宣傳。到後來，由於市場需求，建商反過來要求與愛迪生合作。瓦斯燈產業不可能免費，也沒注意到愛迪生這招，於是愛迪生的電燈泡便悄悄地進入各家的新建案。

第六回合：攻之以政商勾結，回之以暗渡陳倉。瓦斯燈產業當時已經成為主導

的照明系統，以工廠大量製造，迅速地滲入各都市，賺取壟斷的利潤，並與政治的勢力掛鉤。瓦斯公司不需付鋪線費，只要付資產稅。相對的，愛迪生第一次申請營業執照時，便遭到紐約市政府拒發。為阻礙電燈進入市場，市議會要愛迪生支付每英里 1,000 美元，及 3% 的營收，才准鋪設線路。愛迪生表面同意支付巨額以拖延時間，暗中去找自己背後的金主——Drexel, Morgan & Company 去遊說市議會，後來降為每英里 $52.8 美元，並由金主補貼。

第七回合：攻之以媒體唱衰，回之以草船借箭。電力照明的早期發展也蒙上死亡的陰影。早期配電設備不是很完善，所以常因漏電而發生意外事件，電力照明被宣傳成「電線殺人犯」。颶風來臨時，消防隊員就得跑到街上進行預防觸電宣導。媒體人民多看到電力照明的缺點，而忘記比起瓦斯燈所製造的汙染，電力其實更乾淨。瓦斯燈產業抓到最佳時機，讓媒體報導電燈照明是「電力謀殺」。於是，紐約市要求拆卸這種危險的線纜。

愛迪生不回應媒體，卻策劃一場商業展覽，向世界展示第一座商業化大樓的電力應用。這些辦公室位於曼哈頓金融區，能見度高，距離紐約新聞中心也僅數街之遙。這一下，負面媒體宣傳卻成為最佳的宣傳者，大家都想一睹電力到底是「殺人魔」還是「未來能源」。最後，金融界反成為愛迪生創業初期的支持者，湧入充沛的資金。

電燈泡的入境隨俗

這篇研究鉅細靡遺地將愛迪生如何克服萬難，推出電力照明的歷史娓娓道出。在細讀此創新歷程中，除了佩服作者的史學修養，更令人體認到，一項創新要順利擴散，需要的不只是發明者的巧思與努力，也不只是產品的新穎功能；更重要的是，要克服消費者在心理、文化、喜好上的慣性，以及社會體系中既成的規範與利益既得者的排斥。愛迪生的奮鬥史中點出，電力照明的成功不僅僅是推出更有效、

更經濟、更乾淨的照明方式，其背後更是一個對抗社會體制的謀略。強勢機構出招阻擋，弱勢創新者（但不是「弱者」）根據情況巧妙回應。這種一來一回的模式，很適用分析於發生一連串事件的案例。

　　雖然這篇歷史研究有其巧思，但是在資料處理方式、分析手法及辯證思考的呈現上，仍存在不少問題。首先，在眞實度上，由於作者所使用都是次級資料，資料的分析與呈現難度特別高。作者引用許多歷史文獻，最重要的資料就是彙整愛迪生的歷史年表，由1878到1886年[4]。在整篇文章中，除了對瓦斯照明產業以及電力照明初期背景介紹外，對機構（瓦斯燈）只輕描淡寫。如此一來，這篇文章就無法呈現機構如何強勢「鎭壓」愛迪生，以及弱勢者如何柔韌反抗機構的過程。二手資料不一定會「失眞」，可是作者必須能將歷史資料加值，重新呈現，讓人見所不見。

　　其次，就可信度來說，既然作者要以「柔韌設計」的角度來分析，就必須將焦點轉換到「物件」上，而不是「事件」上。柔韌設計的精神是去分析「計中計」，一項產品「設計」的背後隱含著怎樣的「計謀」，分析的核心應該是「設計背後的計謀」。所以，作者應該先分析產品的設計，然後以物件的某些特質去解讀背後的計謀。例如，爲何電燈亮度被故意調暗？爲何電燈開關的外型要模仿瓦斯燈？爲何電表的刻度需要設計得類似瓦斯表？爲何要將電廠移到郊外，反而讓造價提升而效率降低？除了產品本身的特點外，在服務作法與商業模式上愛迪生是否也加入某種巧思，順利使阻力轉化爲助力？最後，電力照明是如何能入境而又能隨俗，進而移風易俗？這些分析皆不見於作品中。如果能由這些「設計」去浮現出背後的「計謀」，就會更像「柔韌設計」的分析。

　　此外，這篇文章談的是創新者如何轉化「創新」，使某一時空的機構阻力能化爲創新助力，而消費者也能欣然接受創新，擁抱隨之而來的社會變革。設計必須與當地社會主流價值相結合，卻不被同化，必須「入境隨俗」，才能使創新順利擴散。所以，柔韌設計的分析焦點是：弱勢者如何強化權勢，而後化阻力爲助力。能

「入境隨俗」的柔韌設計，到底是如何因人、因時、因地而衍生出來？這些設計細節又如何與社會習俗相結合，受到當地使用者與社會機構的接受？可惜作者卻未說明此權勢轉化以及阻力化解的浮現過程。缺少這些分析，使這篇歷史分析只成為一個有趣的「故事」，而在合理度上似乎失色許多，這也是推理上可改善之處。

　　最後，在批判度上，這篇文章似乎也缺了點力道。透過分析人性與社會面的內涵來了解創新擴散早已行之有年。在文章末尾，作者雖以「非凡網路」（Prodigy，一家早期的網路服務業者，亦譯為小神童）的失敗以及Tiv（取代錄影帶）的局部成功來支撐他的論點，可是這樣的辯證也不太具說服力，除非作者能說明這些案例在「柔韌設計」上具有哪些共通（或相異）之處。

　　整篇文章的論述其實未跳脫羅傑斯（Everett Rogers）早在 1988 年所提出的創新擴散理論[5]。他所提出的是產品設計要跟著當地情境「再脈絡」，也就是配合在地狀況調適與修改。例如，新產品推出時，除了要有新穎的設計外，也要考慮到這些新設計是否與使用習慣相容，是否能受當地文化接納。萬一推出的產品完全與世隔絕，自成一個體系，那麼被市場接納的機率就低。相容性、在地文化、使用者習慣等，都是讓創新順利擴散的要素。這與哈格頓教授所言的「柔韌設計」是相似的。那麼這篇研究要如何凸顯出不同的觀點呢？我相信是大不相同的，因為「柔韌設計」更強調弱勢者必須設計出「策略回應」，以對抗強勢者的攻擊與環境的制約，只是作者的詮釋尚不足。

　　我曾在倫敦政經學院聽過法國社會學家拉圖（Bruno Latour）的一門課，課中他提到巴斯卡疫苗創新擴散研究。他也是採用歷史研究法，追蹤當時著名的巴斯卡醫生如何以一套巧妙的策略，讓散居法國各地的畜牧農場主人理解接種疫苗的概念，並使法國科學界的死硬派人士無形中接受了「細菌」的觀念。巴斯卡的疫苗與愛迪生的電力照明對當代文明影響之巨已不用贅言，但巴斯卡的疫苗可是比愛迪生的電燈泡還難推展。在當時法國社會，一個人如果生病了，那麼大多醫生採用的多

是外科性作法，例如開刀，很少人會想到細菌或微生物的威脅。巴斯卡是先驅，他了解到細菌的存在與對健康的威脅，並發展出「疫苗」的觀念，讓人體預先產生抗體，用以毒攻毒的方法進行治療。

但是，以注射疫苗來殺死細菌這種觀念在當時若傳出去，不只駭人聽聞，更是危言聳聽，對當時的科學家與醫生也可能是「天理難容」。巴斯卡很早就理解到這個問題，所以他選擇不與「機構」（農夫與科學家體系）當面衝突，而故意延遲發表這項創世之舉，以免沒成英雄先成為烈士。他選擇到畜牧農場附近進行田野實驗。農夫們看到科學家來到窮鄉僻壤，當然覺得很新鮮，於是當地幾位為首的農夫就不時跑去巴斯卡工作的地方串門子。

當農夫問及巴斯卡到底一天到晚在做什麼？巴斯卡便藉機在閒談之際，教育農夫如何使牛羊健康的概念。他不談細菌、不說疫苗，只說如何可以促進牛羊的產乳量，並提升牛羊乳的鮮度與如何可常保牛羊少生病。這些小道消息經過這些意見領袖傳開時，疫苗的概念也漸漸形成，而且教會這些意見領袖後，他們會用農夫聽得懂的話去傳輸疫苗的知識。當然，其中也有面子作祟的因素，因為這些農夫也都想表現一下自己由「科學家」身上學到哪些知識。

當一個地區的宣導工作完成時，巴斯卡便轉到下一個農村，如法炮製他的田野調查與宣導課程。拉圖把巴斯卡的旅程整理出來，讓人一目了然巴斯卡如何用計謀使疫苗的觀念在法國普及開來。當巴斯卡在媒體正式發表疫苗概念時，法國農夫不但沒有恐慌，反而成為他的助選員。因為他們早知道這些觀念，而且由於農夫和巴斯卡已有私交，所以當然也樂見其成，並驕傲自己有這麼一位名人朋友。

在最難搞定的科學界中，巴斯卡也有一套入境隨俗的策略。首先，他在各種學術場合中隱約地透露他的田野調查研究，但絕口不談細菌與疫苗，只用當時生物學可以接受的概念與學者溝通。巴斯卡並刻意地分享研究過程中所遭遇的問題，並邀

請部分意見領袖共襄盛舉，一起發表他在田野所收集到的資料。唯不爭，故能與天下爭。巴斯卡把辛苦的研究成果策略性地與當時的科學家分享，不僅促進他對疫苗的研究，也爲他未來推出創新時，鋪下康莊大道。巴斯卡最後飽受推崇，讓創新順理成章地改善世人對健康與醫療的觀念。

　　儘管如此，哈格頓教授這篇文章仍然深具特色。除了豐富的故事性，以「柔韌設計」爲辯證主軸也是一大特色。只是在批判度上，他這篇作品未能與像拉圖這類作品產生深度的對話。例如，過去「入境隨俗」的研究有何不足之處？又要突破性創新，又要在地化，其中所牽涉到的兩難問題爲何？爲何愛迪生的電力照明不如巴斯卡疫苗創新來得順利？愛迪生的創新擴散過程與巴斯卡的經驗有何不同（或相同）之處？「柔韌設計」如何能結合在地脈絡而讓使用者移風易俗？作者如果由這些方向去批判，也許能使平鋪直敘的故事更具深思的內涵。

　　一篇質性作品不一定需要全用第一手資料，作者若能找到一個有趣的主題以及辯證的焦點，次級歷史資料也可達到詮釋的目的。〈愛迪生計中計〉這篇研究提供另一個辯證的新視野，以強弱勢對抗的歷史，創新者回應機構的策略，化阻力爲助力的巧思，來分析如何將破壞性創新帶入社會，是這篇文章最具原創性的貢獻。

調適歷程：
時時留意鏡中人
——Keeping an Eye on the Mirror

身是菩提樹，心如明鏡台。時時勤拂拭，莫使惹塵埃。

——神秀偈言

鏡子中看見的，是自己

　　對東方的讀者，這篇文章的標題可能不容易懂。照字面上翻譯，「Keeping an eye on something」是幫我留意、照應一下的意思。例如，我去上個廁所，麻煩你幫我留意一下行李，就是「keeping an eye on my luggage」。顧名思義，「keeping an eye on the mirror」，意思就是「你得留意一下鏡子」，隱喻為用一隻眼睛看鏡中的自己時，看到的是自己的外部「形象」（image），是別人定義你是誰。第二層意義，英文成語中「more than meets the eye」，指的是隱藏的動機，隱晦之意義或曖昧的事實。隱喻是：用一隻眼看自己的形象時，你也正在用另一隻閉起來的眼睛看著自己的內心；那是你對自我的期許，是自我設定的「識別」（identity），隱含著自己賦予自己的期望。

　　莎士比亞就寫了這樣的一首詩（Sonnet 62），描述一位年輕女子在鏡子前顧影自憐，自說自話，嘴裡碎碎唸著自己有多美麗，自我感覺良好，絲毫不管別人的想法。

> 「自戀這罪惡占據著我的眼睛、我的靈魂和我身體的各部位；這種罪什麼藥都無法醫，深深地紮入我的內心。看啊，我有嫵媚的雙眉，我有率真的氣質，加上溫柔寬廣的胸懷；面對這麼多優點的我，如何評估自己，真傷腦筋。怎麼看，不管從各個方面看，我好像都出類拔萃啊。」

　　中華文化中也有類似的詮釋。鏡指的是自己的另一個身分，人前的你，以及人後的你。唐朝張九齡就說到：「誰知明鏡裡，形影自相憐」（見《照鏡見白髮聯句》）。詩人李白也在《將進酒》中感嘆：「君不見，高堂明鏡悲白髮，朝如青絲暮如雪。」他在《秋浦歌》中又一次提到：「白髮三千丈，緣愁似個長。不知明鏡裡，何處得秋霜。」鏡子，也暗喻著時間。禪詩中提到鏡子指的就是心，當眼睛盯著鏡子看，其實就在試著反省自己的心靈（soul-searching）。

　　鏡子，在東西方的隱喻都是反思，由鏡子你看到自己的表象，也由鏡子看到自己的潛意識，更由鏡子裡檢視自己心中的善惡。這篇文章頗耐人尋味。組織就是像是人，一邊執行自己認定的任務，一邊反思自己生活的意義。當組織展開調適的時候，真正影響調適的路徑並不是環境的壓力，也不是組織的回應策略，而是組織裡的人怎麼看自己的心。內省自心，才是組織調適的羅盤。雖然案例說的是紐約港務局的遊民安置計畫，背後卻隱藏著「時時勤拂拭」的深奧道理。

　　這篇作品探討紐約與紐澤西港務局是如何處理遊民問題[1]。一般管理界學者比較關心企業的問題，喜好分析的主題都偏於新型態領導統御、組織管理的作法如何能提升營運的效率。可是，珍・達頓（Jane Dutton）與珍妮・杜克瑞曲（Janet Dukerich）在這篇作品卻是藉由組織學理論，表達她們對弱勢團體的關懷。達頓是管理學界的一代宗師，她在密西根大學創立正向組織學派（Positive Organization Scholarship），並於 2015 年獲得國際管理學會組織行為領域的終身成就獎。她認為，企業不能一味提倡工作效率，更要發揚人性光輝，在工作中注入使命感。這樣不僅能使個人工作獲得正面能量，整個組織也會因正面能量而繁榮。對達頓而言，企業成長不光來自效率，更重要的是個人內心的昇華，去促成工作上的改變。當注入正面的能量時，便可以將人才變成「仁才」。

　　這篇是她還在副教授的時候與杜克瑞曲助理教授合作的作品。兩個人那時候都還在為著學術升等而奮鬥。她們每天上下班的時候，腦中都是苦惱著學術問題，煩惱著家庭大小事。但是，她們由媒體意外發現，每天上下班搭車的地方，有一群無家可歸的遊民，必須要靠港務局才能夠有容身之處。為什麼港務局從一開始驅離這些遊民，到後來卻主動提供遊民安置中心？這個疑惑使得她們展開一場精采的探索旅程。她們開始分析港務局在這一段過程中，是如何調適自己的作法，去因應遊民的問題。

調適歷程：港務局遊民事件

　　調適，是組織學中一個重要的議題。在冬天，天氣變冷的時候，需要多加點衣服，讓身體保暖，這就是一種生理上的調適。變色龍隨著環境改變身上的顏色，以僞裝作爲生存之道，也是一種調適。組織身處某種環境中，到底是環境迫使組織去調整自己，或者是組織自己選擇主動地回應環境的挑戰，或者是兩種方法同時進行，都是調適的策略，是組織學關切的議題。怎麼樣調適，決定一個組織如何進行變革。

　　在組織學裡面存在著兩種論述。第一種是以物競天擇爲基礎的「選擇論」，假設環境存在著某一種篩選的機制，如果組織的結構無法適應環境的挑戰，就會被淘汰。例如，因爲生產技術的擴散，身處紡織業跟電子業的公司，如果沒有來得及跳脫代工模式，就會被淘汰。第二種論述指的是組織主動回應環境的挑戰，提早展開轉型，反過來將環境變動轉化爲成長的動力。這兩種論述都沒有錯，但卻沒有考量到環境跟組織之間會不會相互影響，在不同的時間脈絡中，展開相互的調適。達頓與杜克瑞曲很有技巧地處理這篇作品，有三項特色。參見圖16-1中的分析架構。

　　第一，她們把時間軸拉長去看這個問題，這樣就會看到港務局在不同的時間點是如何去處理遊民的問題。特別是，過程中港務局受到媒體的抨擊，不得不回應。她們把這個研究拉長成爲五個階段，在每個階段去分析組織面對環境衝擊時，對內做了哪些事情，對外又如何回應。有了時間脈絡，調適的過程就變得更爲清楚。

　　第二，過去研究以巨觀（macro view）的方式去分析組織調適，調適的問題就變成環境與組織兩者互動的觀念。她們認爲，應該用顯微鏡來看調適的細節，用「議題」（issue）作爲分析組織調適的基本單位。這種微觀（micro view）分析才能夠讓我們理解調適的動態。這樣的安排是很不錯的，當組織面對一個「議題」時，代表有重要事件發生，組織不得不把注意力轉移到這個事件上。針對這個事

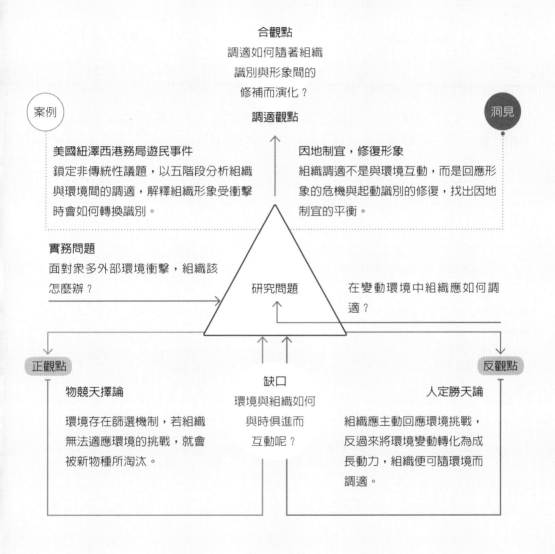

圖 16-1　港務局遊民事件的浮睿明

件，組織裡的成員，就不得不解讀這個議題。作者分析組織成員如何解讀事件，如何詮釋議題，最後做出決策，產生行動，便是用顯微鏡去看組織調適的細節，而不是用「組織」這樣模糊的單位去分析調適過程。

第三，過去認為調適是一種例規，可以找到相對固定的行為脈絡。但是，這樣的分析卻沒有考量到，組織也會面臨非傳統性議題。例如，紐約港務局過去習慣處理的議題都是跟交通有關，像是確保交通的流暢、提升乘車品質、火災消防演習等。這些都是跟運輸管理相關的議題。可是，突然有一大群無家可歸的遊民湧進車站及飛機場，這時候該怎麼處理這些遊民，便是非傳統議題。面對非傳統議題，組織的調適就會更為複雜。情緒變成一項變數，因為會牽涉到組織的識別與形象。

人通常會在意別人對自己的眼光，組織也是。組織就是由一群人所組成，對自

表 16-1　組織形象與身分識別交織的調適過程

	第一階段：保安警衛	第二階段：公事公辦
主要事件	數百位遊民進入港務局車站居住，造成民眾的抱怨，干擾運輸管理的效率。	遊民從收容所跑出來，並且慢慢擴散至世貿中心以及機場。
主要詮釋	遊民事件是「安全」問題，必須驅逐遊民以維持交通流暢並保障旅客安全。	遊民事件是「營運管理」問題，會破壞市容觀瞻，影響服務品質。
主要行動	尋求警察協助以趕走遊民，港務局訂出標準作業程序，找社會福利機構將遊民安置在收容所。	外包遞送遊民工作給社會福利機構，港務局限制遊民出入，並建通報系統，防止遊民「入侵」。

己的期望，就是組織的識別，也就是自己認為自己應該扮演的角色。例如，紐約港務局認為，自己應該是專業的運輸管理單位，任務是提供有品質的服務，執行力要強，成為區域的典範企業。形象是組織解讀別人對自己的期望。識別與形象不一定是吻合的，你自己覺得自己很慷慨，可是別人卻覺得你很吝嗇。當你知道形象受損的時候，就會產生情緒反應，希望修補形象，以符合自己的識別，也就是自己的期望。在修補形象的過程中，組織是怎麼樣調適的，自己的識別會不會也因此改變呢？這便是一個值得探索的問題。

　　讓我們來整理一下這篇作品的辯證手法（參見圖16-1）。這篇文章提出的研究問題是：組織在變動的環境中會如何調適？正的觀點提出「物競天擇」的論述，環境會淘汰那些來不及調適的組織。反的觀點提出「人定勝天」的論述，組織會主動

第三階段：道德難題	第四階段：孤軍奮戰	第五階段：功成身退
警察不願意去驅逐遊民。媒體報導港務局在聖誕節趕走遊民。	市政府不願配合，其他單位也冷漠以對，雖然港務局努力改善，媒體還是片面報導。	媒體報導港務局處理不當，使得遊民、垃圾、毒品都進入公共場所。
遊民事件變成「社會觀感」問題，連內部員工都開始產生抗拒。	遊民事件是「治安」問題，會演變成更大的犯罪。	向各級單位宣導，重新定義遊民事件是區域性「政治危機」。
港務局勇於擔當責任，導入人性化安置，在附近建立收容所，讓社會機構管理；啟動遊民安置的研究計畫。	港務局建立第二個收容所，地點設置在世貿中心旁，以便更有效率引導遊民，也避免干擾到旅客。	鎖定單身男性安排就業；利用媒體與社福機構化敵為友；串聯政府與企業處理危機；港務局成為遊民管理典範。

地調適，克服環境排山倒海而來的挑戰，任務是將挑戰轉化爲成長動力。也有折衷觀點認爲，組織跟環境之間會相互地調適。作者卻認爲，合的觀點必須要跳脫模糊的巨觀分析，要展開時間軸，要從議題下手，才能了解組織調適的脈絡。令人眼睛一亮的是，作者提出「天人合一」的論述，認爲理解調適必須要分析識別與形象。環境會衝擊到組織的形象，成員爲修補形象，維護自身的榮譽，可能會一邊對抗環境，一邊與環境共舞，一邊又修改自己的識別。最終，調整的不只是修復印象的行動，更可能調整組織本身的識別，讓環境（天）與成員（人）找到一種和諧共處的平衡。

港務局遊民事件

　　這個研究選擇紐約與紐澤西港務局作爲核心案例。作者把案例切成五個階段來討論，以一個大案例來包裝五個子案例。案例的理論抽樣可以歸納爲三個原則。第一，調適期必須大於三階段，爲期多年，才能觀察隨時間演變的脈絡。這個研究的理論基礎是分析歷經時間脈絡的組織調適，所以選擇的組織必須不只調適一次。這個案例由 1982 年追蹤到 1989 年，歷時七年，分爲五階段，讓調適的分析更具多樣化，也能夠看到比較豐富的調適歷程。

　　第二，所選擇的組織必須要面對非傳統議題，以及隨之而來的環境壓力。如此，對組織的識別與形象才會有比較大的衝擊。如此組織才會集中精力去回應這些衝擊，試圖去修復自己的形象。這個案例探討遊民事件，剛好就是港務局非常不熟悉的業務，所以對組織造成的衝擊會比較大，也就比較能夠觀察到組織調適的複雜動態。

　　第三，組織的修復行動必須具備策略性，如果所選擇的企業沒有能力去回應環境的衝擊，或者是回應的方式讓結果愈來愈糟糕，這樣的案例就不合乎理論抽樣的原則。紐約港務局經過一連串的調適，也學到許多經驗，最後發展出一套「功成身退」的回應方式。這樣的特殊性正是研究多時段組織調適最好的素材。

這項研究分為兩大類收集資料。第一類是檔案分析，第二類是現場採訪。作者收集當時媒體報導以及官方文件，重新建構這七年的歷史事件。此外，作者訪問25位港務局的員工，且長期拜訪遊民安頓計畫的六個成員與主管，每場採訪大約進行兩個小時。從這些採訪中整理出84個主題，最後分成七大議題，進而重新建構遊民事件發生的歷史。

採訪問卷分為五大面向。第一，議題的詮釋，包含情緒的表現、議題重要性、議題嚴重性、議題關聯性。第二，個人的涉入狀況，像是參與的時間、直接接觸遊民的時間、參與方式的改變。第三，組織的反應行動，這部分的問題是在追蹤過程，像是初始的狀況、中間有哪些里程碑、有哪些挫折點、有哪些成就點。第四，組織介入議題的成效，例如成本效益，對專案小組處理遊民的看法。第五，議題發酵的結果，例如港務局成員對價值觀的改變，對機構使命看法的改變。這些問題是為了探索港務局的識別與形象在這五階段如何改變。

為理解港務局的組織調適過程，這篇作品將資料分為時間軸與三大構念來分析。分析架構先由時間拉出五階段：保安警衛階段、公事公辦階段、道德難題階段、孤軍奮戰階段、功成身退階段。這五個階段呈現議題演化的過程，然後再分三個核心構念來解析，分別是：主要事件、主要詮釋、主要行動。這樣的安排是為了分析組織成員如何由事件識別議題，進而詮釋議題，最後做出修復組織形象的行動。由人的認知活動，再連結到所產生的行動，便可以讓我們看見組織調適的過程。

港務局變動的身分

1980年代，在台灣正發生解嚴運動，一直到1987年實施達38年的戒嚴令走入歷史。同時期，大陸剛剛由階級鬥爭時代走出來，正準備全面開放，迎向經濟起飛年代。同時代，世界上最驚人的事件便是，伊拉克向伊朗發起攻擊，延續長達八年

的戰爭。同時間，美國經濟正在遭遇第二次衰退，相對的日本經濟卻極速成長。港務局的遊民問題，就是發生在這樣的歷史脈絡之中。

紐約地區在這段時間由於房價上漲，造成許多旅館倒閉，再加上住宅短缺，失業勞工急速增加，變得無家可歸，也就形成一股遊民潮。這些遊民為躲避寒冷的天氣紛紛進出大眾運輸空間，人數愈來愈多，年紀愈來愈小，整個公共空間變得嘈雜，不僅造成管理上的困擾，而且使服務品質受到挑戰。紐約與紐澤西港務局管轄下的不只是公車，也包含隧道橋樑的港口、火車以及飛機等交通運輸空間。此外，世貿中心也隸屬管轄範圍。

港務局成立於1921年，大約聘雇員工一萬人，年度預算大約十億美元。港務局對自己的期望是，以高效率的執行力，以交通專業技術，提供高品質的運輸服務。可是遇到遊民的問題卻使得他們措手不及，在處理過程跟充滿無力感，若是要把他們趕走於心不忍，如果不把他們趕走自己的專業又會受到質疑。面對這兩難之外，媒體報導港務局處理遊民不當，也使得遊民問題由單純的管理議題變成港務局的危機。整個過程大概分五個階段。我們將案例資料重新整理如表16-1。

第一階段：保安警衛（1982～1984）

港務局的各車站（特別在公車站）裡面有廁所可方便，有水可洗澡，有警察可保護，漸漸地變成遊民的溫床。1982年，港務局擴大四成的空間，希望能夠容納更多旅客，而且為提升形象，更耗資裝潢。可是，擴大的空間反而聚集更多遊民。優雅的空間跟衣衫襤褸的遊民，在視覺上形成強烈對比。港務局苦惱不堪，如何讓這些遊民離開車站，是這個時期的解決重點。

可是，在港務局車站1,500名員工中，只有130位員工零散地處理這些遊民問題。對他們來講，遊民不僅是有礙觀瞻，過多遊民更可能帶來安全疑慮，港務局擔

心的是毒品流入與隨之而來的犯罪活動。要驅逐這些遊民必須要於法有據，港務局找來警察幫忙，依照「反遊蕩法」，將遊民趕走。可是，警察執行「反遊蕩法」的經驗不足。後來，港務局找來專業顧問訓練警察驅逐遊民，並訂出標準作業程序。港務局也進一步找社福機構，將遊民安置於收容所。在這個階段，港務局所採取的策略是設施清空、保安驅逐、送出車站、進入收容。

第二階段：公事公辦（1985～1986）

　　這些遊民被趕走後，又從收容所跑出來。1985年時，他們由公車站慢慢擴大轉移到世貿中心及機場。這使港務局主管也注意到事態的嚴重性。主管擔心，這些遊民會破壞港務局形象。驅逐遊民問題正式進入港務局的會議紀錄。1986年，剛好港務局更換一位新主管。他認爲港務局是一個企業，不是一個社福機構。這些遊民已經讓客戶抱怨激增，遊民問題變成管理問題。

　　對港務局來說，遊民不僅是警察的事情，更是營運的問題，他們的存在不僅破壞觀瞻，而且影響服務品質。港務局推出一系列方案。首先，把遣送遊民的工作正式編列成執行計畫。其次，將遣送工作外包給社會福利機構。港務局這邊進行出入限制，當員工一看到遊民，就即刻驅離。最後，港務局建立內部通報系統，將遊民處置方法傳達到各部門。爲了防止遊民「侵入」，港務局建立一套標準程序。

第三階段：道德難題（1987）

　　港務局這一系列行動並沒有減緩遊民問題。到1987年，毒品滲透到遊民社群中，使問題變得更複雜。警方在這個階段遭遇道德難題。港務局雖然要求警察落實執法，趕走遊民，但警察工會卻對這件事情持保留態度。遊民也是公民，如果警察不斷地對這些遊民施加壓力，到頭來自己可能也會受到連累。

　　警察工會跟港務局雙方溝通並不順利，所以工會轉向媒體，刻意安排媒體去報導港務局的不人性作法。很快的，媒體出現負面新聞，報導港務局在聖誕夜把遊民趕走，讓無家可歸的人露宿寒冷街頭。這項報導引起民眾對港務局的憤怒。可是，如果不驅逐遊民的話，港務局在高峰時期會湧入近千位遊民。趕走或者不趕走，對港務局都是一大挑戰。

　　港務局意識到，必須找社會福利機構協助，使安置遊民的工作更人性化。可是，員工也開始反抗主管的命令，他們不忍心在溫度低於15度的寒冷夜晚，將遊民趕到外面受凍。畢竟，有誰願意自己成為遊民，有誰又願意在聖誕節成為吝嗇鬼。港務局主管意識到事態嚴重，於是組成遊民安置專案小組，希望研擬一套新方案來處理遊民問題。港務局也在車站附近建立收容所，讓社福機構管理。此外，港務局也啟動一項研究計畫，讓一位員工專心分析其他機構是如何處理遊民問題。這在港務局是難得的，因為過去研究獎助都是給交通類主題，遊民問題可以設立研究計畫，在港務局是前所未有的。在港務局，天寒地凍的溫度，卻觸發遊民議題的熱度。

第四階段：孤軍奮戰（1988）

　　在這個階段，港務局發現自己力有不逮，希望市政府能夠介入協助，建立第二個收容所，並且由市政府找社福機構來管理。市政府卻不願意插手。港務局也求助其他機構，但其他單位也都抱著自掃門前雪的態度。港務局在這個階段有些忿忿不平，認為自己又不是社福機構，為什麼要一肩扛起這個責任。畢竟，遊民問題已經不僅是港務局一個單位的問題，也是一個區域性的問題。再說，如果不是政府施政不力，怎麼會產生這麼多遊民。

　　在充滿無力感之餘，港務局也意識到遊民問題跟塗鴉一樣，都會引起「破窗效應」；也就是，在最初若是坐視不管，小惡就會慢慢地演變成大惡，引來更大的犯

罪，最後一發不可收拾。港務局體認到，就算免不了要得罪其他機構，自己也要奮起而行。既然應該負責的機構不願意負責，港務局只好以道德勇氣一肩扛起這個責任。港務局認識到，競爭力不僅僅是管好日常營運，更需要健全管理制度，而遊民問題正好是健全制度的時機。港務局忍痛將預算投入遊民安置計畫，這些資源原來是要用來更新設備，以及提升交通運輸效率。

可是，為遊民做這麼多事後，媒體還是不放過港務局，連續報導感恩節時，港務局連讓遊民擺個桌子吃東西都不願意。這些片面報導使員工受到外界誤會，甚至連員工家人都不諒解。雖然港務局在車站沒有設立攤位讓遊民渡過感恩節，可是在收容所卻贊助五百份感恩大餐，但媒體並不知道。歷經這些挫折，港務局還是決定投入 25 萬美元，增設第二間收容所，並且更新第一個收容所的設備。第二個收容所設立在世貿中心旁邊，以便更有效率地將遊民導引出世貿中心。港務局在這階段化氣憤與難堪為力量，決心一肩扛起遊民重擔，同時極力扭轉大眾對港務局的負面形象。

第五階段：功成身退（1989）

雖然做這麼多努力，媒體還是沒有放過港務局。1989 年 2 月 27 日，《Newsweek》報導港務局讓旅客、遊民都暴露在危險中，指責港務局處理不當的結果使得遊民、垃圾與毒品三個問題交織於一。不過，事實上並沒有那麼嚴重。過去，港務局每週收到七封抱怨書，現在每週最多接到一封。專案小組認為，投入這麼多資源去處理遊民問題，卻換來薄情的評語，實在不值得。痛定思痛，專案小組從過去經驗學習到更圓融的處理方式，並且鎖定三個處理方針。

第一，先鎖定單身男性遊民，這是最多數，也是最容易形成犯罪溫床的族群。港務局與一家自助餐業者合作，這家是提供遊民餐飲的公司。港務局還出資開設一家單人房的旅館，設法以就業機會安置這些遊民。

　　第二，港務局也在紐澤西市開設一家遊民安置中心。原本受到當地社福機構抗爭，可是港務局卻巧妙地讓媒體正面報導，讚美這些抗爭機構如何發揮慈愛之心，收容無家可歸的遊民。獲得好名聲後，這些原本抗爭的機構反而變成港務局的盟友。

　　第三，港務局開始串聯企業社群、大都會交通局、紐約市政府等機構，形成夥伴關係。港務局把遊民問題形容成紐約及紐澤西有史以來最大的區域危機，若沒有處理好的話，可能會引發政治上的危機，背離民心之所望，因此也就影響選票。

　　這樣的說法對政客是最好的說帖，讓他們願意投入資源來解決問題。港務局扮演著被動給建議的角色，讓功勞都給這些機構，然後帶進更多社會福利機構來參與遊民安置計畫。就在這個時候，港務局發表研究成果，成為遊民議題專家，變成各機構取經的對象。港務局員工因此重新產生榮譽感。

　　在這個階段，港務局形成策略轉變，設置更多收容中心，從大局面來解決問題；因為如果只是單處理自己公車站的遊民，會有更多遊民湧入。在設置這些收容中心時，港務局將自己放在幕後去串聯盟友。如此一來，將功勞給對方，自己功成身退，不但贏得好名聲，避免媒體注意到，而且也預防遊民不會流竄到港務局所管轄的公共空間。港務局更持續把遊民問題形塑成區域性危機，如此一來遊民問題就不需要由港務局獨自承擔。

以「鏡子」促動組織變革

　　這篇作品在觀念上的貢獻是，提出另一種解讀組織調適的方法。作者把組織調適往下拉到一個微觀層面，讓組織行為在顯微鏡下被觀察。組織調適是在一連串的事件詮釋、情緒反應、決策行動中產生，目標是修復受損的組織形象，使得修復結果能符合自我期望的身分識別。除非一個組織可不在乎外界批評，不然形象的維護應該是理所當然，也自然會產生一連串的調適行動。

　　港務局原本認為自己是交通專家，可是卻被媒體形容成沒良心的吝嗇鬼，使得形象受損。受損的形象放大驛動的情緒，因而觸發修補行動。這看起來像是危機，但同時提供港務局一份政治籌碼，找到合法化的行動，促動組織變革。從觀念上來看，這篇作品讓我們了解到，由組織的調適脈絡中可以觀察到變革的樣貌。這篇文章更點出組織調適的新思維。當組織需要捍衛形象時，組織成員便展開意會，對事件進行解讀，進而催促組織調適。當進行調適時，有時候環境會決定組織調適的方向；有時候組織會配合環境變動，主動找到自己的航向。雖然說組織與環境之間會相互衝突，在衝突之間調適的旅程儼然而起，調適方式卻因為成員的詮釋而變動，調適因而產生不同樣貌[2]。圖 16-2 說明組織與環境間的互動，呈現外界印象促成識別改變的循環。

圖 16-2　組織調適是修補形象的過程

　　港務局案例也可提供實務貢獻，由組織調適歷程中理解策略回應的演化。該案例讓我們了解到調適的四個步驟。第一，不知不覺的時候，調適是隨意的。第二，有勇無謀的時候，調適是隨便的。第三，親力親為的時候，調試反而變得隨波逐流。第四，功成身退的時候，調適是無為而治，大智若愚，用隨緣的方法讓事情水到渠成。這個案例給我們啟發，不是要我們一定要遵循這四個調適步驟，而是透過港務局的經驗，讓我們了解到調適所可能遇到的狀況，也許下次企業遇到類似的危機時，便可以避開不知不覺與有勇無謀，以功成身退的智慧將危機防範於未然。

　　類似事件也在台北發生過。2011 年 12 月 25 日，《蘋果日報》報導遊民事件也是引起軒然大波。事件是這樣的，台北市議員應曉薇要求清潔隊在清晨及深夜向遊民噴水，並解釋：「大範圍執行清潔工作，絕對是在用智慧的方式解決遊民問題。」結果，與紐約港務局同樣的反彈接續發生，受到媒體抨擊。台灣大學城鄉所畢恆達教授在臉書批評市議員驅趕遊民，感嘆：「遊民不是因為他們做了什麼事情而犯法，實情是他們的身分本身已經是一種罪刑。」政治大學社會系顧忠華教授則指出，解決遊民問題必須先了解他們當遊民的理由，對症下藥，而非以灑水驅趕就可以解決問題。歷史不斷重複是嗎？相信當時應曉薇議員應該也是為民請命，與早期的港務局遇到一模一樣的難題，卻不知這份正義感中還需要考量大眾的觀感。

　　這份研究提供處理這類難題的智慧。由事件解讀的細緻度，兼具全面觀的解決格局，才能圓融處理這類事件。組織調適的過程，始於公共形象的偏離，行於識別與形象落差之維護。詮釋的方向是取決於形象的維護與尊嚴的維繫。詮釋的溫度卻是根源於組織識別，那是一種榮譽，不容侵犯。詮釋溫度升溫後，組織印象的引導有了方向，組織調適更有了智慧。誰說名節不重要，組織時時勤拂拭自己的明鏡，捍衛自己的名節時，會產生無比的變革力量。保衛自己的名節，就是維護自己的識別，捍衛自己的形象，也正是組織調適的動力。調適歷程讓我們可以看見許多變化的動態，雖然有點挑戰性，卻可以讓作品在時間流中活躍起來，值得勇敢的初學者嘗試一番。

Chapter 17

階段演化：
潛移默化微變革
——Situated Change

如果我們只看當下，就只會看到孤立事件的毫無頭緒。如果我們回顧

過往，便能看到事件的連結與延續[1]。

——安卓‧佩迪谷（牛津大學策略與組織學教授，脈絡學派創始人）

這篇研究探討科技如何隨著組織轉型而改變。過去研究一直將組織轉型視為理性過程。當企業要轉型時，必先詳擬變革計畫，借助科技的應用，按部就班或是大刀闊斧地推行轉型工作。這篇研究卻點出另一種轉型模式。這類變革是漸進的、即興的而且潛移默化的。此種轉型被稱為「情境式」的變革（situated change）：組織變革的產生，是由成員每日在細微處的創新，會依工作方法的調整而改變。更為恰當的說法應該是「潛移默化」式變革，組織隨著新狀況接踵而來，不知不覺地隨之轉型。我們也可以稱這樣的現象叫做「微變革」。

就如毛毛蟲轉化成蛹，蛻變為蝴蝶的過程。變革由小處開始，等到驀然回首之際，毛毛蟲已轉型為美麗的蝴蝶。在 1996 年時，資訊科技一直是一種硬功夫。主流的想法是：只要引進資訊科技，企業一定得以快速轉型。科技人可沒什麼耐心等每個人慢慢地熟悉科技後，再開始組織變革。「微變革」這種慢吞吞的變革方式，並不受到主流的青睞。

汪達・歐里考斯基（Wanda Orlikowski）是質性研究的名家，她的優美文筆使案例生動活潑，推理又處處蘊含玄機，引人深思。作者花兩年時間分析一家客服中心導入科技的過程，了解成員如何在細微組織調整中，將科技融入流程改善、工作改變、人際溝通、獎賞制度以及結構調整。作者生動描述成員逐漸接納與適應科技的過程。這使我們對組織如何以科技促動轉型，提出令人深刻的觀察。

爵士樂式變革

這篇作品提出一種演進式的轉型。作者指出，目前文獻指出三種組織變革模式：計畫式變革、科技主導型變革與突變式變革（參考圖 17-1）[2]。計畫式變革（planned change）對多數人耳熟能詳。這個模式假設經理人是推動變革的主角，會依環境改變、情勢需求而擬定對策，推動變革。在計畫式變革中，經理人可以透

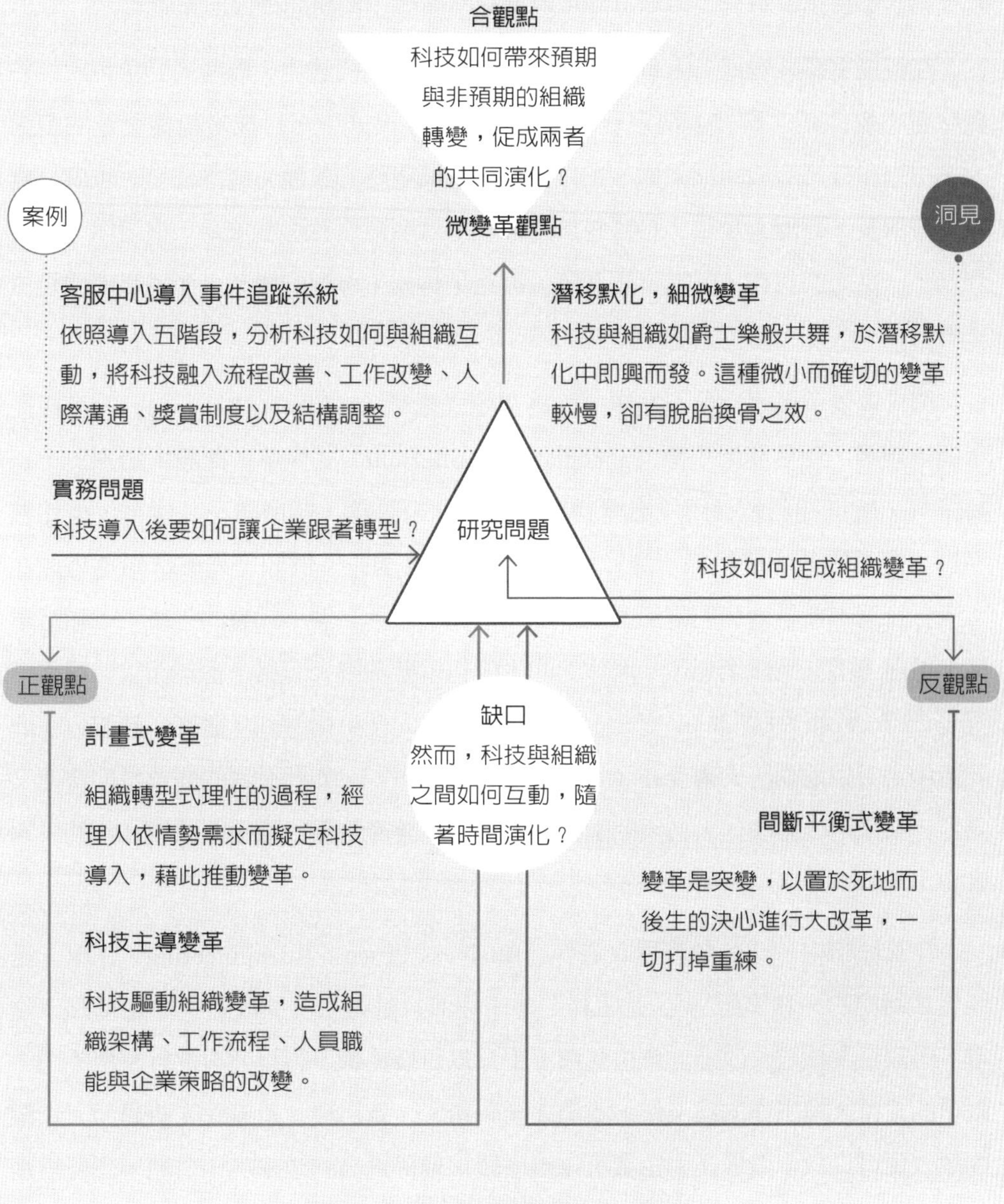

合觀點
科技如何帶來預期
與非預期的組織
轉變，促成兩者
的共同演化？

案例

洞見

微變革觀點

客服中心導入事件追蹤系統
依照導入五階段，分析科技如何與組織互動，將科技融入流程改善、工作改變、人際溝通、獎賞制度以及結構調整。

潛移默化，細微變革
科技與組織如爵士樂般共舞，於潛移默化中即興而發。這種微小而確切的變革較慢，卻有脫胎換骨之效。

實務問題
科技導入後要如何讓企業跟著轉型？

研究問題

科技如何促成組織變革？

正觀點

反觀點

缺口
然而，科技與組織
之間如何互動，隨
著時間演化？

計畫式變革

組織轉型式理性的過程，經理人依情勢需求而擬定科技導入，藉此推動變革。

科技主導變革

科技驅動組織變革，造成組織架構、工作流程、人員職能與企業策略的改變。

間斷平衡式變革

變革是突變，以置於死地而後生的決心進行大改革，一切打掉重練。

圖 17-1　科技微變革案例的浮睿明

過「理性」的方案（如全面品質改善計畫）推動轉型。這個變革模式假設經理人聰明睿智、高瞻遠矚，員工在其領導下，將一呼而百諾地推動變革計畫。這種變革模式在真實企業中雖常見，但通常都是轟轟烈烈而起，卻黯然神傷而謝幕。

在科技主導型變革（technological imperative）的模式中，經理人的角色就沒那麼吃重，反而是「科技」決定變革的成敗。在此模式中，科技是組織變革的驅動力。引進科技將造成組織架構、工作流程、企業策略的改變。這些改變，也就反應在績效改良。經理人是誰，有哪些員工參與，就顯得沒有那麼重要。很遺憾，即使到二十一世紀的現在，引進資訊系統大都還是科技主導型的變革，而資訊部門是主宰者。

第三種變革模式有些不好懂，稱為突變式變革（punctuated change）。直接從字面上翻譯，應是間斷平衡（punctuated equilibrium）式變革。此語太過深奧，不易了解，所以我們暫且用「突變式變革」一詞來討論，雖所譯不甚傳神，但比較易解。這種變革會使組織「突」然「變」得面目全非。例如，大家都知道恐龍在六千五百萬年前是地球的霸王，主宰地球上的生態。一個不經意的午後，一顆彗星撞上地球，不久恐龍全死了，地球上的生態也重新洗牌，有另一番新面貌。這種情況是維持一段很長時間的平衡後，突然有一股外力使平衡遭到「徹底」破壞。在此間斷中，天昏地動，人事全非（一隻恐龍也活不了）。如此徹底的變革是即快速又劇烈，結果是改朝換代，必須間斷好一段期間，會產生另一種平衡狀態（新的主導者會出現）[3]。

在管理學中，「企業流程改造」（Business Process Reengineering，BPR）是突變式轉型的一種寫照[4]。在這個詞中「流程」只是幌子，「改造」才是重點。通常，一家企業採取「改造」會由流程下手，以科技為輔，對全公司進行整型手術。裁員的裁員，換工作的換工作。改造之後有新人、新組織、新流程、新局面。企業的績效便可以數十倍成長。企業可以更省錢、獲得更高的效率。相對地，想要推動

此種型的變革，也就要有「置於死地而後生」的決心。不成功，便成仁。

　　作者點出，另一種變革觀是如爵士樂般的創新，於潛移默化中將科技融入組織，讓毛毛蟲變成蝴蝶。這種變革雖然比較慢，完成之後將有脫胎換骨之效[5]。只可惜觀念雖好，卻缺乏一個實例以詮釋其道理。因此，作者透過此變革觀來分析一家公司的科技轉型經驗。

階段演化：潛移默化中孕育變革

　　這篇文章運用「階段演化」的方式來呈現案例，不只是呈現五個階段科技的改變狀況，更將科技改變與組織轉型進行交叉分析（參見圖17-2之示意）。在演化的過程中分為四個面向來分析。第一個面向是組織裡的計畫式變革，追蹤主管原來計畫做什麼，員工原來應該做什麼，然後再看這些原本計畫好的工作，引發的那些不在計畫之內的結果。然後，再分析這些原本計畫好的事，受到這些不預期的行動的

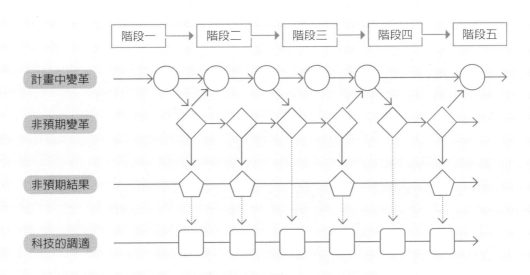

圖17-2　階段演化的分析架構——微變革的過程

影響，產生哪些意外的結果。最後，這個意外的結果又如何造成科技的變化。

這是一個蠻複雜的分析，要追蹤很多的互動。主管與員工之間的互動，計畫中行動與非預期行動的互動，兩種行動如何變成非預期的結果，這樣的意外結果（組織變革）如何造成科技的改變。這在觀念上非常有原創性。

第一階段：建立客服中心資料庫

案例是有關一家軟體設計公司的顧客技術服務中心（Service Call Center），一開始要引進一套「事件追蹤系統」（ITSS: Incident Tracking Support Systems），用來提升客戶服務品質。最早，客戶的詢問都是由服務專員以手寫記下來，再設法處理。最大的問題就是，當電話一多，辦公室內就紙條滿天飛。客服作業原來是由各自為政的服務專員，零散地使用資料庫系統來處理客戶投訴。當客戶打電話進來時，服務專員就隨便抓支筆，以自己才看得懂的方式塗鴉於紙上，然後逕自處理客戶的問題。處理完之後，工程師被要求將每一個事件輸入一個叫 Inform 的資料庫中。由於工作繁忙，服務專員在輸入問題時使用很多簡寫，也使用懶人式文法，因此問題的描述也只有服務專員自己才看得懂，別人很難接手。

引進這套 ITSS 來追蹤事件，目的是改善服務品質。在初期，服務專員遇上不少挑戰。首先，大多服務專員打字不快，無法一邊聽客戶陳述問題，一邊輸入電腦。所以，大多數人還是先寫在備忘紙上，等客戶問題解決後再輸入系統。初期系統不太穩定，常有當機事件發生。這使得專員不太信賴系統。久而久之，多數人等下班後再加班輸入資料。

系統穩定後，專員也慢慢適應電腦作業，特別是打字速度加快了。這套系統便漸漸改變專員與客戶之間的溝通方式。專員不再擔心那些動不動就罵人的客戶：「為何我兩週前的問題到現在還沒人回我電話？」有了這套系統，專員可以很從容地回答：「我上週二下午四點十三分回您電話了，而且五點就把問題解決了。」運

用 ITSS 系統，專員的工作也漸漸轉型。過去專員的工作是聽電話、做筆記，現在則是需要做好電子文件管理。

　　新的管理模式也慢慢成型。過去要知道誰做多少事、每位專員手上有幾件案子、工作進度完成狀況等問題是不太可能的。有 ITSS 之後，經理人可以有效分析專員的工作量、追蹤事件處理狀況與員工績效（誰做的量多，誰做的品質好）。也因此，經理人發展出新的考核方式。漸漸地，經理人改以專員解決問題的效率與文件管理的優劣，作為升遷標準。

第二階段：單兵作業變成團隊合作

　　但是，新問題也隨之而來，由於專員素質不一，所以每個人輸入的資料品質落差也大。有時經理人必須親自修訂專員輸入的資料，否則其他專員根本看不懂。慢慢的，專員體會到這套系統真正的價值不是在資料庫，而是在內容品質。有時，專員輸入繁瑣的處理細節，反而是最有用的資訊。用心的專員更把研究心得一併輸入系統中。當系統更廣為使用後，這些專員也獲得「形象」上的肯定。愈來愈多人跟進，無形中組織許多隱性知識（Tacit Knowledge）就被顯性化。服務部門也逐漸形成新的工作文化：要輸入知識，而不是資料。

　　如此，又帶來專員行為上的改變。透過 ITSS 系統呈現自己獨門心法，成為專員塑造自我形象的手段。由於大家都知道「所輸入的一切都將成為呈堂證供」，專員在電子郵件的應對方式也變得很客套，打進資料時也都特別小心。大家心照不宣，知道背後有許多雙看不見的眼睛在盯著自己，所以凡事都得謹言「慎打」。表現好的專員很快就獲得上司青睞，贏得同仁尊敬。於是，潛移默化的轉型又發生了。專員的工作內涵不再只是用電腦解決問題。這些專員的工作變成「文字與符號的操控」。誰的文字功夫好，誰就是組織中的明星。

此後，ITSS系統又增添一項搜尋功能。專員可以輸入關鍵字，找出相關的知識，看別人如何處理類似問題，有點像Google Search的功能。但是，資訊可信度馬上成為新問題。有些專員的檔案整理得鉅細靡遺，有些人的紀錄則是敷衍了事。因此，在部門中也漸漸形成一種資料過濾方法——看人來搜尋。他們會先看作者，再決定其資訊可信程度。

科技帶來的組織轉型也引發後遺症。專員變得依賴科技。只要一當機，當天所有作業便癱瘓掉。專員普遍存在「無科技恐懼症」，一旦失去電腦系統，他們也失去信心，失去解決問題的能力，因為他們已經習慣靠電腦找解答。經理人員發覺，專員之間的工作量不平均，資深專員負荷多。因此，經理人想出一妙招，將資深專員與新進專員搭檔合作。這個主意是讓新進（資淺）專員負責第一線工作，也就是當客戶來電時，一律先由資淺人員接待。若發現資淺人員能力有所不足，再轉到「搭檔夥伴」（資深專員）手上來解決。漸漸地，工作的型態與組織架構又產生轉型。原來獨立作戰的「專員」，轉型成依經驗而搭配的「團隊」作戰。

不久之後，工作量又產生不平衡分布。工作負荷都落到資淺人員身上。原因是資淺人員不好意思「派」工作給資深人員。另一方面，資淺人員也希望能挑戰困難，讓自己有更多學習的機會。這在工作分配上產生困擾。所以，經理人再做一次組織調整，由一位仲介專員分派案件。仲介專員會依案件的難易度指派處理的人選。若某一案件數日都沒有人追蹤，仲介專員會馬上組成新的搭檔來跟催。如此，組織又漸漸轉型成為網狀型架構：由仲介專員依任務特性組成「配對夥伴」處理客戶諮詢案件。於此，經理人開始也將夥伴間相互支援與配合度列入評估考量。

第三階段：角色與責任重新分配

到了第三階段，這個部門轉型成純電子互動的工作文化。過去的服務是面對面的口語溝通，現在透過ITSS系統，「服務」成為電子資訊的交流，「寫作」成為

溝通的主要媒介，聲音對「服務」也不再重要。失去了交談，服務專員變成獨立作業。這使許多服務專員渴望擁有人性互動。所以，專員常私下聚在一起，藉工作之名去咖啡店，邊聊邊討論問題。

　　過去需要協助時，專員常吆喝一聲便可以找到人來幫忙。ITSS導入後，這樣的協助模式消失了，取而代之的是虛擬合作模式。專員可以透過ITSS了解誰工作負荷過多，誰遇上棘手問題，然後透過系統主動提出協助。專員之間逐漸形成風險管理的合作文化：這次我幫別人，下次我遇上難題時，別人也會伸出援手。經理人也想出另一種考核方式：將團隊合作列入績效考評中。

第四階段：系統拓展海外

　　到第四階段，該公司開始了解到這套系統的策略效益。在1994年將這套系統推展到英國、歐洲及澳洲分公司，使海外服務中心也能共享ITSS的寶貴知識。但是，系統引進海外分公司不久後，開始產生部門間的衝突。海外服務專員常常未做好充分準備，例如先尋找ITSS裡的解決方案，就把問題轉到美國總公司。美方專員因此需要不斷以電子郵件了解對方的問題，這帶來許多額外工作量。海外專員不熟悉美國總部的「電子合作文化」，工作態度往往也不是很好，使美國專員覺得不受尊重。新成員不成熟的工作態度開始造成美國與海外分公司專員間的衝突。

第五階段：形成新的內控機制

　　到第五階段，資料管制成為主要議題。其他部門仰慕ITSS系統的名聲，紛紛要求讓他們使用ITSS，以便了解客戶問題的趨勢，與一些常用的解決方案。這項要求遭到服務部門的拒絕。服務部門擔心ITSS內的資訊被誤用。每個解決方案都不一定是「標準答案」。每個事件的情況不同，因此解決方案也往往因客戶而異。透過ITSS找到「解答」時，業務人員很可能斷章取義，一旦不成功，反而怪罪給服

務部門。為避免資料被誤用，使自己陷於不義之地，服務部門只將 ITSS 開放給少數可信任的產品工程師。

　　但是，公司內部要求開放的聲浪日升。服務部門便將最常使用的知識重新改寫，建立一個通用資料庫與其他部門員工共享。服務專員不但省去回覆時間，更可以提升自己在公司內的聲譽。每個解答都會將該專員的名字列出，使用者可以評估誰的專業能力比較好。也因此，經理人又加入一項考核標準——看誰貢獻的「優質解答」比較多。漸漸地，這種無形榮譽也成為新的電子合作文化。

鑑賞即興式變革

　　在真實度上，這篇文章表現得可圈可點，從一個資訊系統引進過程中萃取出精闢見解。故事原本是有關一連串資訊系統引進的事件，以及所衍發的組織轉型。透過潛移默化的角度來觀察，可以讓人看到轉型過程中滴水穿石的動態。我們體會到，變革像是一個即興的旅程，在既定計畫中會衍生出一些意外的結果。本來只是引進一套軟體，結果意外地造成組織結構上的調整、流程上的改變與職能的重新定義。整個組織因為這種電子合作方式而改變企業的服務模式與組織文化。

　　這篇研究歸納出研究變革的七項重點：工作脈絡的轉型、互動模式的改變（主管與員工；員工與顧客）、成員工作量的改變、考核標準的變化、責任上的調整、知識管理的形成（例如，由隱性知識慢慢變成顯性知識）、員工間協調機制的轉移。未來有人想研究「組織轉型」時，便可依循這七個要素去分析企業內的轉型狀況，從而發展新的變革理論。例如，潛移默化式變革可能會產生「骨牌效應」，前一個變革觸動一連串的細微轉型[6]。

　　就合理度上，作者在客戶服務中以參與式觀察法（participative observation）收集轉型細節。大多時候，當研究者探訪時，受訪者多只會說一堆「官話」。一剖

析，這些官話不是亂蓋一通，就是與事實不合。因此，要破除迷障，質性研究者需跳脫這些虛假言論，方可直搗黃龍，探求真相。再者，作者分兩段時間點進行現場追蹤（real-time investigation）。這種方法在分析歷史發展過程時特別有用，也比回溯式採訪（retrospective interview，即要當事人回想以前發生過什麼事）來得有效[7]。

　　此外，這篇研究提出一個很清晰的架構，使資料收集與分析一目了然。作者把構念整理為四大類：一是管理人員作業上的轉型；二是服務專業上的轉型；三是意外的變革結果；四是科技應用上的改變。作者又將前兩項轉型分為計畫中的變革（deliberate change）與衍生式的變革（emergent change）。如此設計主要是用以追蹤科技產生哪些「期望中」的轉型，又產生哪些「副作用」的調整，衍生出意外的變革結果（參見圖17-3之示意）。

　　就批判度而言，這篇研究的創見是：組織轉型除了那些看得到、期望中的變化外，影響更深遠的恐怕是那些衍生的「副作用」。這些變革細微而隱晦，一時難以察覺。但日子一久，這些變革已深深融入組織中，並徹底使組織脫胎換骨，使其外表（如組織流程）與內在（如組織文化）都有顯著的轉型。如此，毛毛蟲已蛻變成為蝴蝶。

　　作者特別點出變革之「陽」（看得到的變）與變革之「陰」（比較隱晦的變化）。透過了解陰陽相生的過程，再點出其中未能預期的轉型結果。看完這五個過程後，我們便能從中了解組織轉型的來龍去脈，可以知往鑑來。

理解歷史不犯錯

　　歷程分析一般由編年表開始，加上歷史人物的豐富對白，讓讀者可以跳躍時空，再次體會到當時其人、其地於其境中的反應與處理手法。透過反思歷史人物與情節，我們可以學到成功之睿智與失敗之教訓。史學家湯恩比點出：歷史一直在重

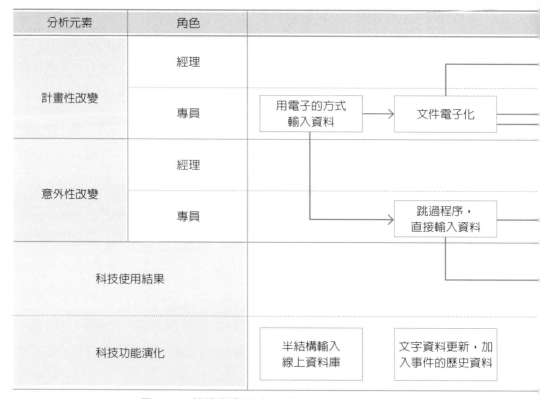

圖 17-3   解讀微變革（第二階段的示意圖）

複著自己的錯誤（history repeats itself）。缺了歷史，人類的知識與經驗就沒法積累，我們也就無從防範不斷重複的錯誤。

　　把歷程分析法帶入策略變革的代表性學者應算是安卓・佩迪谷（Andrew Pettigrew）[8]。雖他不是第一人，但此法卻因他而成名，受到普遍的應用。早期他以將近五年的時間利用歷史時程來分析英國卜內門公司（ICI）的企業變革過程，使《甦醒中的巨人》這本書一舉成名[9]。透過反思公司歷史，他提出一驚人發現。該公司每五年就會因業績低迷而更換總裁，一更換後業績就回升。原來，大家都以為

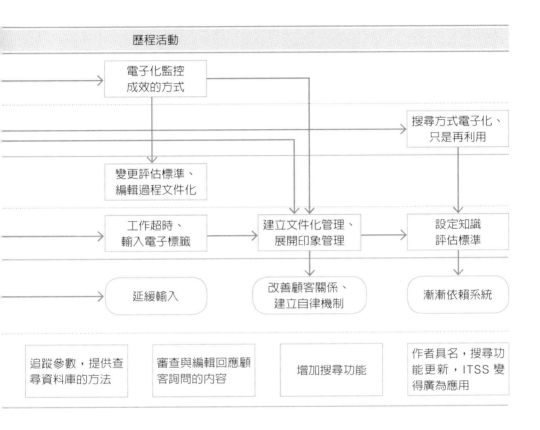

這是一個領導統御問題，換新總裁，業績便改善。佩迪谷發現，其實領導統御的關聯性並不大，關鍵是化學業所處的環境，因為歐洲化學業當時每五年就會遇到景氣低迷週期。因此逐漸有更多學者去嘗試以這個CPC（Content，Process，Context）的架構，透過時間軸之延展來分析各種管理問題。

　　歷程分析也牽涉到相對觀點的問題。「真相是時間的女兒」[10]，研究者所選擇的時空點常會影響其觀察的角度，也因此決定「真相」是如何被詮釋的。你在不同時空點看一件事，可能會觀察到不同的問題，產生不同的價值判斷。例如，奴隸制

度的觀念可以被過去社會接受，現在如果再提倡奴隸制度，則會招來異樣眼光。在時間點t0是對的決策，在時間點t1卻可能是促使企業衰亡的要因。

此外，觀察一件事時間的長短，也將決定你對一個現象認識的深淺。分析歷史過程去了解事情的來龍去脈，並且觀察過去事件與現在事件跨越時空的關聯，研究者可以更全面性地詮釋現象，了解身在其中的困境與感動。歷史更非只由客觀事件所組成。事件追溯的愈久遠，就愈能了解事件的連貫性，以及一位人物的主觀想法而塑造成的「歷史」。研究者可隨著時間延展，對問題有不同的體會。

微變化中體會真相

作家龍應台曾經提過一個「沙漠玫瑰」故事[11]。她由以色列收到一份禮物，叫做「沙漠玫瑰」，看起來像是難看的一蓬乾草。說明書解釋，沙漠玫瑰是一種地衣，有點像松枝，需要泡進水裡到第八天才會復活。龍應台與兒子用一大碗清水將枯草浸入。第一天沒有動靜；第二天去看，中心長出一點綠；第三天綠有了顏色，散發出青苔的潮濕氣味；每過一天，玫瑰形圖案的綠意就層層舒展開來。第八天，沙漠玫瑰復活了，在龍應台母子眼中，像是豐潤飽滿的濃綠玫瑰。可是，一旁的鄰居只看到一把雜草，擱在碗中的雜草。

在社會現象中，問題很難被簡約為「前因」與「後果」。要了解社會現象，必須了解過程，這樣才可以看到玫瑰，而非雜草；看到蝴蝶，而不只是毛毛蟲。創新不一定會按照計畫進行，因為往往人算不如天算。這份作品用五個階段來分析科技演化過程，並呈現經理人以及服務人員兩者的工作，釐清哪些是計畫中工作，那些是不在計畫中卻跑出來，而且又引發未曾預期的結果。鑑往雖不一定可以知來，但至少我們會知道過去的種種累積如何演化成今日的問題。對過去問題愈加了解，便更能以具歷史性視角來透視問題本質。如果我們不認識問題的「過去」，便很難理解問題「現在」所代表的意義；不了解問題於現在的含義，就無法預想未來的發展

與將要衍生的問題。如此，就不可能了解真相。沒有歷史，我們只看到孤立的現象。透過歷史，我們能看到現象背後點滴的線索，理解問題輾轉曲折、千絲萬縷的來歷。這也是爲何我們需要了解潛移默化的過程，讓「微變化」顯現出來。

　　以歷史脈絡分析案例讓我們看見時間軸上尙未連結的單點。如果我們只看當下，就只會看到孤立事件的毫無頭緒。如果我們回顧過往，便能看到事件的連結與延續，也因此便能更全面地理解真相。知往而鑑來，也正是歷程分析的魅力所在。

Chapter 18

隱形宰制：
溫柔成爲危險的控制

——Gentle as a Dangerous Form of Control

道之不行也，我知之矣。知者過之，愚者不及也。道之不知也，我知之矣。賢者過之，不肖者不及也。

——《中庸》，孔子

社會科學領域最具挑戰的觀念應該是「宰制」（domination）。控制是有形的，是被許多看得見的規則所限制，但宰制往往是隱形的，難以察覺卻深深束縛著我們的思想。電影《飢餓遊戲》便是說明宰制的典型例子。

故事內容背景是一個叫做「施惠國」的虛構國家，史諾總統擔心人民反叛他的恐怖統治，於是想出一種施惠的鎮壓方式——舉辦電視直播的「飢餓遊戲」競爭。每年，每個行政區提供兩個「貢品」，通過抽籤選定12至18歲的男孩和女孩各一人參與比賽。他們在一個叢林中戰鬥，倖存者最後會獲得最高榮譽以及大筆的金錢獎勵。這看似榮耀的競賽，背後的陰謀其實是鎮壓未來可能叛亂的種子。最優秀的年輕人為了獲勝，相互猜忌、殘殺，這樣便可以讓他們忘記要起義抗暴。優秀的人被消滅，剩下的人被收買。於是，史諾總統便可以繼續以殘暴的方式統治人民，而無人能抵抗。

組織學中比較少看到分析宰制的作品，而史丹福大學的三位學者卻決定挑戰此一主題，以英國知名連鎖店美體小舖（Body Shop）來分析感性管理的議題，從而解讀其中的隱形宰制。這篇作品的難度比較高，原文閱讀起來對讀者也比較困難，所以我重新整理文章內容，說明作者是如何解讀美體小舖所展現的「危險溫柔」。

我們先理解研究的背景，解釋「有限感性」（bounded emotionality）的觀念，簡單地說就是感性管理，如何關照員工於職場上的情緒問題。由於企業多數是屬於官僚組織，過於僵化而忽視人性，所以1980年代開始有更多企業探索感性管理作法，希望組織變得更有人情味。然而，情緒要如何管理，感性組織又應該具備哪些特徵，是需要釐清的議題。我們先解析美體小舖的柔性組織模式，理解這家公司感性管理的作法，由理想的模式到現實的考驗。最後，說明作者如何以批判的角度重新理解柔性主義觀點，點出美體小舖的溫柔為何成為危險的宰制。

有限感性：追求柔性的解脫

Feminist 許多人會翻譯爲「女性主義」，原意是希望爲弱勢族群發聲，像是受壓迫的女性、被奴役的孩童、兩性於職場上的不平等、貧富落差的社會不公等現象。我卻覺得比較合宜的解釋應該是「柔性主義」。女性主義容易被誤會，以爲女性才會關心這些議題，男性都是權威導向、不關心弱勢的「壞人」。這是誤導的，因爲柔性是一種心理狀態而不是生理狀態。女性也會耍權威，男性也可以很溫柔。這不是性別的問題，而是態度的問題。

柔性主義要批判的對象就是無情的「官僚組織」（bureaucratic organization），當然這也是令人容易誤解的。官僚組織不見得不好，只是過度官僚就會忽視人性的關懷，忘記其實官僚組織強化效率的原意是爲了服務人群。整體而言，官僚組織的特徵便是控制，以企業化的機制控制人、事、物，可以歸納爲三項「剛性」特徵。

第一，權威領導、中央集權。官僚組織通常會分層負責，而且層層設置主管加以控制事情的進度、目標的達成。組織中設有團隊規範，明文規定可以做什麼，不能做什麼，決策通常由中央少數高階主管集權設定，員工必須服從階層主管的領導。雖然，近代企業化經營模式也強調團隊共識與集體決策，但是由中央做最後決定是普遍的現象。職務升遷受到層層經營指標的引導，以男性爲主導的組織，女性往往不受重視，甚至與其他弱勢者一同受到忽視。勝者爲王、敗者爲寇、物競天擇，是官僚叢林的生存法則。

第二，競爭文化、賞罰分明。由於官僚組織設有明確的業績達成指標，員工也就會被這些指標所考核。部門之間、員工之間有績效競賽，必須在合作的基礎下相互競爭。因爲有明顯的競爭規則，員工於公事上表現的好壞馬上會反應於賞罰，季末年終的獎勵或升遷全憑績效的達成狀況以及對公司營運的貢獻。處理公事時必須冷靜，頒發決策時必須中立，以公司利益爲考量。偶爾可以表達個人意見，但多數

時候必須聽命於上司。

　　第三,理性工作、排除情緒。官僚組織是以男性控制為主導文化,期待犧牲個人以完成組織的目標。上班時,員工必須保持理性的工作態度、中立的處事原則,不可以將負面情緒帶到職場而影響到其他同仁的工作。公事與私生活需區隔。將公事帶回家做完是盡忠職守的展現,將私生活的問題帶到公司則是不專業的表現。不管私生活遭遇多大的困境,來到公司依然必須顯得冷靜。

　　這樣的「理性」的組織雖然可以高效率完成組織目標,卻不見得理想。這樣的剛性組織缺乏對人性化的關懷,沒有人情味。長久以往,員工變成機械運作的一部分,組織控制員工的行為、宰制員工的思想。一切組織至上,員工可以隨時更換。在剛性年代,兩性是不能談平等的,男性征戰職場,工作與升遷是生命的一切;女性在家相夫教子是天命,出去工作則是為了貼補家用。於是,女性只是淪為職場的「婢女」,結婚後必須離職,工作再怎樣勤奮都難以受到重視。

　　「有限感性」的觀念為柔性組織帶來曙光[1]。這是關懷弱勢的哲學,反思官僚組織的無情主宰,為兩性不平等、貧富差距、少數民族發聲,追求強權下的公平正義。探討有限感性之前,我們必須先理解情緒、情緒員工的觀念,才能理解這篇文章所要探討的「感性管理」原則。

　　人或多或少都有情緒,簡單地說就是喜怒哀樂的感覺。這些情緒包含:對異性的期盼、事物的偏好、感情的脆弱、恐懼與擔憂、悲慟或雀躍等層面的感性流露。不過,這些私人情感真的可以自由流露於職場中嗎?對官僚組織來說是不可以的,然而對柔性主義來說卻是必要的,因為組織的根本是人,如果要強迫員工如同機器零件一般地運作,最後這世界可能就成為喬治·歐威爾小說《1984》筆下的烏托邦組織,由少數人控制著,形成全世界不平等的社會制度。

　　是人就會有情緒,員工有情緒,所以就會有情緒員工（emotional labour）。例

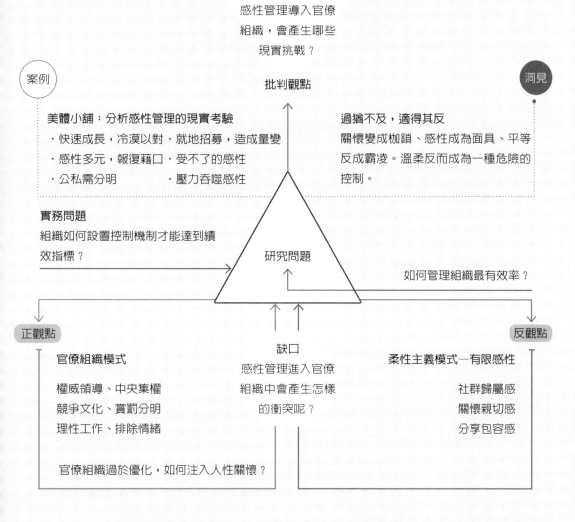

圖 18-1　美體小舖案例的浮睿明

如，在服務業，空服員必須處理旅客的情緒，所以必須隱藏自己的情緒。鼎泰豐前台服務生也是，必須要面對顧客各種合理或是不合理的要求，需要隱藏情緒完成工作。這些情緒員工在職場上需要保持冷靜、理性的工作態度。但是，員工本身也會有情緒問題，如果不加以處理，萬一在某個時間點爆發，會對公司帶來傷害。這篇文章將這個觀念拓展，提出企業員工的情緒都必須要被關注。公司若能妥善處理員工的情緒，也就能強化員工對組織的忠誠度，提升他們的工作熱忱。

「有限感性」的觀念來自於「有限理性」（bounded rationality）[2]。這個觀念源自於赫伯特‧賽門（Herbert Simon）對經濟學的批判，認為經濟決策的過程中，人不可能完全以理性決策，追求效能最大化，因為會遇到資料不充分、知識含量不夠或者能力有所限制；因此理性決策必須要考量到人類的有限理性[3]。同理，在組織內實施完全的感性管理，讓員工隨意流露情緒是不切實際的。組織內的情緒溝通也需加入適當的理性處理，不至於過度的官僚，也不會因過多的控制而失去人情味。

目前文獻歸納出三個感性管理的特徵。第一，社群歸屬感：企業應該讓員工因歸屬而有使命感，不只是讓他們單向服從命令，也需將權力下放，讓組織扁平化，提倡跨領域職位論調而不要過度強調專業分工。這樣便可以於企業內建立社群歸屬感，員工可以如親人般相互關懷，像是家族夥伴。

第二，關懷親切感：企業要鼓勵員工之間相互體諒，推動員工自律而非階層控制。不是強調絕對服從，而是鼓舞自我投入；知道自己於組織內的任務，也賦能員工去設定達成的方式，讓員工有更多發揮空間，對工作產生心理擁有感。這樣的話，組織內就會到處瀰漫著人情味，員工之間感到親切。然而，企業雖關注人性，卻不能任性，員工雖然鼓勵可以「做自己」，但仍需遵守組織的規範。

第三，分享與包容：感性組織要容忍模糊的人際關係，遇到衝突與不同意見時能夠異中求同，有不同的聲音要相互包容。感性組織需提倡開放合作的文化，決策

需尋求團隊共識，以和諧取代衝突，以共處取代鬥爭，求工作平衡於家庭。感性組織更要包容多元價值，例如推動兩性平等，關注女性與弱勢者的不平等待遇，如貧富差距、階級區別、信仰差異等。感性組織講求平等對待，而不是階級依賴。

完全的理性，缺乏情緒同理心（emotional empathy），會失去以人爲本的關懷；完全的感性也不切實際，可能會因爲關懷氾濫而失控。在傳統的組織中注入感性管理，就能平衡官僚組織過於剛性的管理方式。不過，每種員工的感性不盡然相同，如此要導入感性管理並不容易。過去研究對象多爲小型非營利組織或是社會企業。可是，大企業必須在競爭環境中生存，眞的有辦法進行感性管理嗎？這篇作品以美體小舖爲案例，解析柔性管理的作法與現實的挑戰。

美體小舖的感性宣言

美體小舖是英國化妝品和護膚用品公司，由安妮塔・羅迪克（Anita Roddick）創辦於 1976 年，目前在61個國家有 2,605 家專賣店，公司總部位於英國南部海邊，西薩塞克斯郡的小鎮利特爾漢普頓（Littlehampton）[4]。雖然是營利公司，卻是有社會企業的使命感，以環保、永續、企業公民爲宗旨。創辦人的精神標語便是：「商業最終不應該是以金錢爲導向，應該是社會責任；不應該是私人貪婪爲目標，應該是公共福祉爲願景[5]。」例如，美體小舖便致力於幫助第三世界員工免於被剝削，並且幫助窮困國家的兒童。

美體小舖有一個企業內部媒體叫做「Talking Shop」，每月會以影片向員工說明公司對外的慈善活動。這些影片往往令人熱淚盈眶，鼓舞著員工與連鎖商一起募款做公益，也關心環保與社會議題，讓人感覺很有左派的政治色彩。

1980 年代，美體小舖是帶動感性管理的先驅，致力於建立分享與關懷的文化。同事之間見面往往以擁抱開始，不會只是談公事。在公司內，公私領域融合在一

起，員工可以在上班時間聊家裡的事，分享私生活上的喜樂或悲傷，如親人一般。主管也常常會給員工讚美的卡片，或者是送同仁運動衫，印上「Bravo」（你好棒）的字樣。

美體小舖也提供許多「感性」的福利。擔心員工太忙，沒有辦法兼顧家庭，公司便於現場設立精美的托兒所，提供一週42小時的育兒服務，讓女性上班族無後顧之憂。如果員工遇到情緒低潮或是罹患憂鬱症，美體小舖也提供諮商服務，讓員工可以維持心理健康。如果同仁遭遇工作瓶頸或職務不適應，美體小舖會輔導轉調工作崗位，或是給予有薪假，讓員工能夠有時間調適職場所帶來的壓力。這些福利在當時並不多見，不管是在歐洲或是亞洲。

美體小舖也追求兩性平等，而且多數提拔女性主管。美體小舖要求不論男女主管都要有處理員工情緒的能力。例如，當女性員工流淚或是遇到更年期的時候，主管要能感性處理，不可以將員工視為賺錢的工具。美體小舖認為，有人情味的組織才可以提升員工忠誠度，工作有感動，員工才會真心投入。

不過，現實總是殘酷的。這種感性管理方式實際執行上卻遇到六大考驗，也使得這種感性管理略顯窒礙難行、有所行動。第一，快速成長，冷漠以對：當時，美體小舖迅速拓展到42個國家，一半以上的部門員工相互不認識。工作繁重，相互也沒有時間認識對方，難以建立親密關係。員工之間的關係日漸疏遠，家族感覺也日漸淡薄。新舊員工之間不時會有口頭爭執，過往員工之間的社交禮儀被忽視，大家只能專注於工作。公司的週年慶取消，主管很難認識員工，員工開始質疑公司的感性誠意。

第二，就地招募，造成量變：由於組織擴張太快，美體小舖只能就地招募員工。總公司位於英國南邊的小鎮，在這個地方只能夠勉強找到零售經驗相符合的員工，可是不容易找到志同道合的夥伴。這些新員工帶著傳統文化湧進美體小舖的感

性組織。女性員工更難找到，新的主管大多是男性，還是習慣用權威命令的方法進行管理，缺乏感性的一面。新人愈多，感性文化愈受到侵蝕。

第三，感性多元，報復藉口：傳統權威性文化入侵之後，美體小舖的核心派也加以反擊。新人如果沒有展現「感性」行爲，就會被陌生對待，在求職時也會被刁難。例如，在面試的時候，面試官會問應徵者：「如果你不知道這家公司有人權和環保的立場，你還會去應徵嗎？」如果應徵者老實地說：「仍然會去應徵。」他們就會覺得應徵者「道德不合格」，因爲沒有堅守社會企業原則。但實際上，這位應徵者只是不想虛與委蛇，雖然他關心環保與社會議題，但由於家庭遇到經濟困難，所以他也沒有太多選擇。這樣內斂的人不願意說場面話，卻被誤會，即使能力合格也會因立場不同而不被錄取。美體小舖原本說好的多元包容，可以「做自己」，結果卻成爲被報復的對象。

第四，受不了的感性：很多員工受不了在工作上太過感性。有些員工會生氣地對那些動不動情緒就湧現的同仁說：「你不要那麼情緒化好不好，趕快把工作做完吧。」或者，「你不要講那麼多，動手做比較重要好嗎。」員工之間還會取笑那些過度感性的人，認爲他們動不動就情緒化，像愛哭鬼，不夠成熟。在公司內分享私人情緒，一方面成爲某些員工的避風港，另一方面又成爲被取笑的對象。「感性」逐漸不協調地存在於美體小舖。

第五，公私需分明：員工的家人也會擔心，自己親人去美體小舖工作後會不會被洗腦、被宗教化。有些父母親再三交代自己的子女，千萬不要被美體小舖改變自己的人格。更有些家庭警告自己的兄弟姐妹，去那邊拿薪水就好，絕不要把左派思想帶回家，也不要受到美體小舖的思想控制。似乎，很多員工的家庭成員並不認同美體小舖的政治立場。

第六，壓力吞噬感性：在繁忙的職場中，要落實感性管理是不容易的。例如，

工廠主管就不耐煩地告訴員工，在現場不要講私人電話，需要處理家事就到外面去講。這是因爲太多的情緒流露卻干擾正常作業。在行政工作，有些祕書相繼離職，因爲他們抱怨電話接不完、追蹤事項太多、工作範圍不明確，最後造成工作緊繃而過勞。

　　由於美體小舖開放外界參觀，變得有點像觀光工廠，公司的導覽員也應接不暇，腳痠、頸部疼痛、常跌跤，還要處理來賓的諸多需求；下班後往往電話還接不停。這些導覽員也都沒有人關心。在業務端，工作取代生活，也一點都不感性，因爲業務人員早上四點鐘就需去北邊巡店，一直到晚上十一點才回到家，接著又必須工作兩小時才能休息。星期六一整天要處理電子郵件，星期天又要處理每週報告。有時候遇到恐怖攻擊事件，一個禮拜店面要關兩次。平時在家電話也一直響個不停，對女性員工來說很難兼顧小孩。有不少女性受到家暴，起因之一是過勞引發家庭衝突。美體小舖的女性員工回到家後也要求丈夫要給予平等待遇，對當地傳統的家庭文化帶來衝擊。

感性：成爲溫柔的宰制？

　　我們可從眞實、可信、批判三個角度來評論這篇作品。三位作者共採訪美體小舖33位女性員工、24位男性主管，按理說應該會呈現很豐富的資料，但是我卻有些許的失望。一方面是案例的鋪陳不是很清楚，讓人不容易馬上知道故事的重點，另一方面是採用的資料都比較片段，沒有深入的員工現身說法，探討感性管理的作法以及所遇到的挑戰。如果作者能夠多著力於感性管理所造成的負效應則會更好，特別作者所強調的行銷部門，呈現許多感性管理的問題。這些問題需要更多解讀，例如闡釋那些想「做自己」卻被報復的員工，經歷過怎樣的情緒歷程。

　　就可信度而言，這篇作品表現得比較不理想，主要出現在推理邏輯。作者用六

個主題來貫穿整個案例，包含：企業成長過快、勞動市場的限制、情緒過於多元、對感性的抗拒、公私難分明、感性變成負擔。文章前面並沒有提到分析架構，後面卻突然出現這六個主題，這會讓讀者難以了解其中的推理過程。後續文中談到理性與感性管理並存的可能性，也批判美體小舖的柔性主義是否淪爲一種宰制。這兩點非常精采，但卻跟案例的證據沒有緊密地扣合。這樣的結論顯得有點牽強，是美中不足的地方。

　　這篇文章最可圈可點的部分應該是批判度。作者點出，美體小舖所推動的感性管理到頭來竟然變成溫柔的宰制，是值得關注的議題。我們可以歸納成三點來了解。第一，是關懷，還是枷鎖：雖然美體小舖提供「感性」的福利，卻沒有根本性地思考環境的改善與工作的合理化。員工變得必須「被關懷」，被關懷反而形成公司對員工的情緒剝削。試想，如果制度合理的話，員工也許根本不需要這樣的關懷。如果工作合理化，也就不需要在現場設置幼稚園與安親班，可以讓女性員工享有家庭生活。如果事務分配恰當，適度調整人手，員工就不會過勞，也就不需要心理諮商。設計豐富的任務內容，讓工作更有趣，這樣員工就不會一直要求轉調其他部門，或要求要放假休養。相濡以沫，有時並不是一件好事。

　　第二，是感性，還是面具：許多員工事實上是被迫要表現出感性的一面。例如，開會的時候要表現得愉快、有活力，裝做很努力地「做自己」。雖然忙得不可開交，還要表現得很輕鬆，明明心裡一堆苦水，還必須要在主管面前強顏歡笑，表現出對工作的熱誠。不然的話，他們的考績就會受到影響。結果，感性變成一種日常的表演，員工被迫同質化，「被成爲」感性的員工。其實，不想感性也是一種情緒，爲何不能被包容，不是說好可以「做自己」嗎。可是，那些比較理性傾向的員工，若不想「被感性」的話，就會成爲格格不入的叛徒而被主管排擠。結果，大家只好都裝成很感性。

　　第三，是平等，還是霸凌：如果沒有表現出感性特徵的員工，主管還會要求他們自我改造，以符合美體小舖的情緒規範。一些新員工並不太能夠理解這種感性的潛規則，所以往往不小心說了一些話，得罪到女性主管，結果就被處分或是鼓勵離職。另一方面，有些女性主管反而是利用感性手法來掩蓋自己的無能。例如，一位女主管平常情緒很闇黑，員工都不知道什麼時候可以跟她回報進度。可是，員工就不時在桌上收到這位主管送的花。她也會跟員工說很多感性的讚美，利用這種感性手法，反而讓她在公司裡成為模範，而忽視她工作能力的不足。

　　美體小舖本來想要建立一個感性的組織，結果卻讓感性的溫柔變得危險，使關懷轉為宰制。這也可能是當初始料未及的。這篇文章點出一個重要的反思：現代組織真的可以剛柔並濟嗎？有限感性最終還是必須要理性。有限感性這個觀念雖然很好，但是在實務上卻需要考量現實。環境的壓力、市場的競爭、組織的制度、內部的衝突、員工的認知，都會對人情味產生錯誤的詮釋，使感性變了樣，演變成為反效果。最後，企業非但不能夠感性，反而比官僚制度更加僵化，員工被感性所宰制。這個案例給我們的啟示，並不是看到感性管理很困難就放棄，而是要我們思考感性與理性之間要怎麼樣達到平衡；發於情、順乎理、止於法。傳統組織想要導入感性管理，必須以理性來制衡。真正有人情味的組織是要順應人性，去調節理性與感性的份量。

　　這篇文章還有一個美中不足的地方，就是過度強調員工在組織內部的情緒。情緒職務的議題有一個重要的討論，就是如何透過處理員工的情緒，而讓顧客服務的品質能夠強化。這篇文章大部分都在看美體小舖的內部問題，雖然點出感性成為溫柔宰制這樣的批判觀點，但並沒有談到美體小舖因為做了這些感性管理而如何提升服務品質。如果我們造訪倫敦的美體小舖，就會發現在店面的員工其實並沒有人情味，服務態度也不是很好。所以，這也令人不禁懷疑，到底柔性主義觀點是否真的實用。如果感性管理使得員工能抒發情感，能建立社群的歸屬感，可是卻對顧客不好，對服務品質也沒有任何幫助，那這樣的感性管理是否也要受到質疑。

　　我認為，「危險的溫柔」這樣的觀點對美體小舖有些不公平之處。一個好的政策落實到基層，往往會變了樣，這其中有許多的複雜問題，並不能夠全然怪罪企業本身。這篇文章對剛柔並濟這個議題沒有提出結論，但這是可以接受的，因為這篇文章的主軸是在探討有限感性在實際上發生的狀況，以及過度推動所造成的反效果。我認為，這個案例的洞見可能是「過猶不及」。《論語・先進》中，孔子與學生子貢有這樣一段對話[6]：

> 子貢問孔子：「我有兩位學弟，子張與子夏，您覺得哪一位比較賢能呢？」
>
> 孔子回答：「子張做事不時就超過周禮的標準，子夏卻常常達不到標準。」
>
> 子貢好像理解了，說道：「我知道了，所以子張比較賢能。」
>
> 孔子回答：「我可沒這麼說，我覺得兩個都一樣，半斤八兩，其實超標與不達標都是一樣不好的。」

　　過猶不及，是孔子為我們點出的大智慧。做得不到位或是執行得太過火，都一樣是不好的[7]。推動創新與變革的道理也是如此，過度導入本身就埋下自我侵蝕的種子。宋朝宰相王安石就因為過度推動保馬法（授權養馬）與青苗法（農夫貸款）而造成民怨國衰。操之過急就會忽略該有的細節，就會忽視事情發展應有的脈絡，而造成目標的逐漸偏移，最後導致反效果。

　　這篇文章要告訴我們的並不是美體小舖的感性管理模式做得不好，或是我們看到這些挑戰後應該放棄感性管理，回歸官僚組織模式。這篇文章的啟示應該是過猶不及，推動一件事，不達標與超標是一樣不好的。智慧在於妥當調節兩個極端，根據實際狀況不斷地中和理性與感性的劑量，太過頭的減掉一些，太落後的補上一點[8]。事緩則圓，做事有時雖然必須追求速度，但有時也需放慢腳步。

完結篇

Chapter 19

學術這一行：
是最壞的時代，
也是最好的時代
—— Academic Business Matters

這是最好的時代，也是最壞的時代；這是智慧的時代，也是愚蠢的時代；這是信仰的時代，也是懷疑的時代；這是光明的季節，也是黑暗的季節；這是充滿希望的春天，也是令人絕望的冬天；我們擁有一切，我們也一無所有；我們正走向天堂，我們也正邁向地獄。

—— 英國文豪狄更斯於《雙城記》之開場

　　學習質性研究，就是要理解思辯。這種正反合的思考方式可以協助經理人釐清問題的脈絡，培養批判的思維，避免決策上可能的盲點。對一位媒體工作者來說，這種蘇格拉底式的詰問方法可以協助挖掘真相。對一位法官或律師來說，這種辯證邏輯運用到判案，可以釐清晦澀不明的因果關係。對一位研修碩士或博士學位的學生而言，最終目的是要寫出一份論文，其水準可接近專業學術期刊要求。論文的讀者不是經理人，而是研究社群，也就是和你同一領域的研究者。他們對文章的要求和一般讀者大不相同。將文章刊登到專業學術期刊上，除了可以檢驗自己的研究能力，對未來要從事學術研究的學子，這些發表也是升等的憑據。可是，為什麼辛辛苦苦耗費數年收集與分析資料，撰寫出的作品卻差強人意，而最後不少學子（與學者）卻選擇違背自己初心的捷徑。

學術界，最壞的年代

　　要了解這個問題，我們必須由個案的生產過程著手。通常一件個案的形成有兩種方式，一種是先有一個理論基礎，然後找一個合適的案例加以詮釋，讓理論更豐富。另一種是由個案發展出一套新理論。通常，我們會先寫出一份教學個案，在課堂上試驗一陣子，找到更深刻的主題後，再將教學個案轉化為研究型個案。

　　教學個案有不同的發表機制，比較有名的個案研究中心有哈佛、維吉尼亞大學的達頓（Darden）商學院、史丹佛、法國歐洲工商管理學院（INSEAD）、瑞士洛桑國際管理學院（IMD）、香港大學以及南洋理工大學等商學院等。此外，不同學科也有專門收納教學個案的學術期刊，例如《亞洲案例研究期刊》（*Asia Case Research Journal*）。

　　要發表教學個案，文章中必須有清晰的主題，不可以把行銷、組織、策略等不同的議題混為一談。每件個案要有一個核心教學目標，透過案例中的問題，讓學生

深入理解特定的學術理論或專業知識。但是，研究型個案需更進一步透過案例來分析某個社會現象。除了有眞實度、合理度、批判度的考量之外，研究型個案更要展現出作者對辯證邏輯的運用，以及對社會現象的反思。

過去，管理學的期刊多數是以量化爲主。所以，如果質性研究作品投到《策略管理期刊》（*Strategic Management Journal*），那麼被退稿的可能性就很高，因爲這份期刊以前清一色都是定量的研究，直到最近才有改變。同樣地，如果你做的是量化研究，卻將論文投到《組織學刊》（*Organization Studies*），這是一份以質性研究導向的期刊，那麼被接受的可能性也不高，因爲這是取決於編輯政策。如第二章所談到，質性研究與量化研究在本質上採納不同的哲學觀點，所以在取捨上往往也就涇渭分明。然而，有愈來愈多的期刊開始容納兩種研究作品。例如《資訊系統季刊》（*Management Information Systems Quarterly*）就採開放態度，接納不同研究方法的作品。

學術期刊也分等級。首先，一個期刊的編審委員若包括著名學者，審核委員包括各國名教授與專家，這類期刊會被歸類爲「頂級」的國際期刊。依此類推，一些比較不受重視的期刊就被歸爲第四級以下。這樣的歸類有其目的，例如在管理學領域中，通常在一流學府要拿到「教授」職可能最少需要四篇第一級期刊作品。助理教授要升副教授，則必須在前三年有一篇第一級期刊作品。你可能會想：哪有這麼好的事，三年只要一篇文章，太好混了。且慢，你可能不知道，在美國管理學界，許多教授終其一生可能一篇第二級期刊文章都上不了。這並不全然是因爲能力的問題。

在管理學界中，一門科目（如行銷、策略、組織、資管、財務等）通常只有四到五份一流期刊。一流期刊中，每一期也只不過刊登六至八篇的文章。一年頂多就刊三十二篇文章。全球數以千計的研究者都想投稿，當然門檻設得很高。頂級期刊對每份文章都會指派約三個審核委員，每位都是領域專家，要求相對高，接受率也

自然不高。即使沒被拒於千里之外，也會要求改上好幾回，讓文章品質到達一定的水準。

　　由送出稿子到收到審核意見，這一來一往就要半年。回去關起門來，大改文章，依據編審的意見修訂，再送回去審，這一趟又要半年（最快也要三到四個月）。如此一來一往，作者有時要花上一、兩年才會知道結果。有人則會花上六年修改後，才被拒絕。因此，大部分研究者對一流期刊是抱著「只可遠觀而不可褻玩」的心態。第二、三級流期刊成了兵家所爭之地。

　　簡化來說，以西方（歐美爲主的西方）的角度來看博士教育，最終目的就在培養能寫出合格期刊文章的學者。具備博士學位之學者以發表學術文章來累積知識，以爲社會傳承洞見爲己任。然而，理想與現實總是有差距的。理想上，做研究（無論是質性或量化）、寫學術文章是爲建立新觀念，使業界有更新的想法與作法。實際上，學術文章卻常被業界視爲：句句有道理，樣樣無關聯。的確，基於發表壓力，學者常傾向撰寫象牙塔式的文章，把常識複雜化，而沒有具體的貢獻。

　　過於追求不健康的學術發表，會影響到教育品質。教授必須屈服於發表壓力而教學意願不高，自己關起門來做研究，備課先扔在一旁。這樣的情況不是沒有原因的，因爲一到年度考核，這些教授的一流教學不會帶來升遷，去關心學生也不會被鼓勵。學校行政官僚只會問：「今年又發表了幾篇文章？」一切升等、加薪全繫於文章發表的數量。眞正的「教育」工作也因此悄然被埋葬了。

　　清華大學彭明輝老師對此現象大加撻伐，認爲這樣的教育制度下將難以培育出「大師」（Master），而只能源源不斷生產「學匠」（Paper-smith）[1]。他銳利地點出，學者有兩種：一種叫「大師」，學識豐富，可以引領整個社會往正面的道路發展；另一種叫「學匠」。因爲金匠叫 Goldsmith，鐵匠叫 Blacksmith，學者不生產學術，也不生產學生，只生產匠氣十足的論文，所以只好稱之爲學匠。他感嘆：

「我們培養出來的（博士）學生只學會寫論文，福特式論文量產（因而變成論文產業）。沒有人教他們什麼叫『學術倫理』，沒有人教他們什麼叫學術傳承，什麼叫學者風範。『數論文就對了！』結果教出一大堆投機取巧的人。」

　　經濟學家張五常也提醒，學術的使命是培育「思想深度與創意」，不是發表多少篇文章。他批評，學術界這樣要求「業績」，只會產出平庸的學者與媚俗的作品。他並幽默地提到：「有些作品無疑可以逼出來。專欄交稿、調查報告、設計圖則等，可以逼出來；而金錢回報夠高，這些逼出來的作品可以做得非常好。然而，學術的創意思維是另一回事，主要是靠氣氛，靠興趣，靠靈感——不容易逼出來。如果我不是在六十年代中期開始搞學術創作，而是改遲十年才起步，進入了被迫動筆的時代，我是不可能寫出今天自己引以爲傲的作品的[2]。」

　　其實，情況也沒糟到無可救藥的地步。歐洲學術界一直有很強的反省，不去碰這類發表遊戲。美國也有愈來愈多學者不願加入這種學術「飢餓遊戲」，寧可在教育創新下功夫，把學術發表視爲「另一種選擇」。也有學校不願把發表視爲唯一考核教授的標準，鼓勵教授和產業適度地結合，多與學生互動，並提出多元升等制度。美國教育機構已漸漸把重視學術發表，慢慢改變爲著重人文素養。

　　教學與研究兩者都重要，本就可以形成良性循環。讓創造新知識與傳道、授業、解惑交融爲一。質性研究在近來管理學界的興起，不可說不是一項學術界的文藝復興運動。透過質性研究，學者必須走入組織、面對問題，以人文的角度去觀察組織現象與企業問題，提出原創性的解讀。完成的研究成果也比較容易融入教學之中，協助學生將理論與實務結合。訓練學生參與質性研究，也可補量化研究之不足，協助學生養成批判思考的能力，爲過於熱衷功利的社會注入新希望。當然，希望質性研究不要最後也成爲另一種「衝發表」的濫觴。

好的研究，需原創

　　我在歐洲哲學營進修時，記得一位教授曾經說過，在西方哲學傳統中，研究本源自於對凡事的好奇心。因為好奇，所以禁不住要一探究竟，要找了再找，一直要找到一個令人滿意的答案為止。這種追根究柢的精神，源自於人類愛智的本能。這種愛智的動機不是物質性的，一個好奇的人不會因為別人沒給他錢，就不再好奇；對一個不好奇的人，就算給予他很多經濟動機，也不見得會變得好奇。考核的方式就是去看一個作者的研究有多「好奇」。這就包括去看這位研究者是否在他的領域中，對某一系列問題持續進行觀察，深入探討。篇數不是重點，研究者投入與產出的品質才是重點。

　　一個數學家可能因為持續專注一個問題而導出十多種高深的解題方式，在自己的辦公室足不出戶，就可發表數三篇文章。這是個好學者。另一方面，一位社會科學家為了研究弱勢移民，風塵僕僕地在移民區採訪觀察，花費三年時間深入民情，將自己的心得灌入一篇文章，或一本專書，提出精采的發現，受到該領域學者一致的肯定。三年創作一篇作品，也是好學者。不管是一年三篇或三年一篇，只要好奇有深度和論文有原創，都是傑出的學者。

　　有些教授擅長教學與實務之間密切合作，他們不見得要在理論導向的期刊上發表作品。比較實務導向的期刊如 *California Management Review*、*Sloan Management Review*、*Academy of Management Executive*、*MIS Quarterly Executive* 等，都是實務導向的頂級期刊。此外，出專書也是另一種發表的重要貢獻。寫出一套具影響力的書，絕不遜色於純學術的期刊文章，也才能夠完整地呈現出原創知識體系。但專書的內容絕不是心得隨想，更不是散文式的拼湊或是娛樂雜誌性的媚俗。

　　美國將大學分為研究型與教學型。其實這種分法是誤導的，隱含了價值判斷 —— 研究比較高尚；教學比較遜色。大學本應各有所長的，但為談發表這件

事，只好暫且將就這個分法。研究型大學專注的就是學術發表：沒發表，就必死（publish or perish）。發表又有高低優劣之分，每個領域中，都會有百來份學術期刊可供投稿，眞正被列爲有頭有臉的期刊，不會超過五十本，而頂級期刊大概不超過四本。當然，這依不同專業而不同。在一些自然科學與工程學科的期刊中，改一個變數就可以發表一篇文章。科技的改變日新月異，所以在一篇工程期刊中可能會收錄到五十篇以上的文章。每本期刊可於單月或雙月出版，編審過程也在約三個月內便可以拍板定稿。

在人文學科，特別是管理（如組織、策略），由於好文章洛陽紙貴，一稿難求，所以一年只出四期，每期也只收錄六至八篇文章。對需要長篇大論的質性研究，篇數自然更少。相較之下，一個統計式的研究，由問卷設計、分析到寫作，可能八個月就「稿定」。但是，質性研究往往需要一到三年的資料收集與分析，再把文章寫起來，能在兩年多出稿算是快的。

美國長春藤名校大約要六至八篇頂級期刊發表，才有可能被聘爲終身職。一般研究型大學則需一至四篇頂級期刊，加上數篇有頭有臉的二級期刊，才能穩操勝算地升等。但有個性的大學（像是芝加哥大學），就不看篇數，只看學術原創性，只要有一篇發表言之有物、落地有聲、令人驚艷，便是千里馬。然而，就算能發表於一、二級期刊，但都是雞肋型的文章（爲發表而發表），缺乏學術原創性及實務影響力，是無法在領域中自成一局。在好學校眼中，這樣的學者仍不是千里馬。只看篇數找人，是有風險的。終身聘是校方與教授之間的「婚姻契約」，若校方找來一個很會研究，但不願參與校務，教學也被學生抱怨連連的教授，那學校將會面臨「請神容易送神難」的窘境。

學校心目中理想的教授，應該是對教育有熱忱，關心學校發展，爲創作擲地有聲的好文章而努力。文不在多，有創（見）則名。一、二級期刊需要原創性高的文章，不是努力就可以進得了的（還有學術派系問題），全世界有那麼多優秀的研究

生與教授去搶一年只有二十四至四十篇刊登機會的期刊。四本期刊加起來也不過只有160至200個稿位。競爭之激烈，可想而知。

　　當然，不可否認，投稿過程也並非完全是公平的。有時，不怎麼樣的稿件也會因為遇到能力不強的評審，幸運地混過副主編之手，刊登上期刊。所以，現在的優質期刊會將副主編的名字一併刊出，以示負責。然而，一篇好文章也可能遇人不淑，不到二審就「壯志未酬身先死」。有些好稿子則是遇上強中手的評審，拖很久才登出。

兩百塊石頭，可以換一顆鑽石嗎？

　　這種依發表、為升等依據的制度，約在2000年，被亞洲許多大學所採用。由於這些大學的行政官僚並不知期刊運作的規則與背後的研究精神，引進這套制度之後，引起軒然大波。首先，教授於過去所賦予的任務是傳道、授業、解惑，而非研究。需知，任何一種研究方法的養成，不假以三、五年的專注投入，是很難成氣候的。要教授一下全部切換跑道是不切實際的，也不公平。有些大學更開始重金禮聘「槍手」駐校掛名，以便在短期間有立竿見影的成效。可是，這些槍手原本就是傭兵，談不上忠誠，一、兩年之後就回美國去了。原來為自己學校奉獻一生心力的教授，不但受到差別待遇，更在地位上受到歧視。

　　最後，槍手溜了，忠臣也走了。留下的是，日日身在發表壓力下的年輕教授，每年被考核索取業績，人人自危而想走短線，很少人還會想原創性作品。學術研究，被捲入惡性循環的漩渦中。這些年輕教授多為亞裔，由歐美一流大學畢業，等到他們發表出來了，就被挖走。運氣不好的教授也會走人，另起爐灶。投下大筆資金，許多大學的研究卻沒能產生任何實質的建樹。這種盲目的研究掛帥政策，還有另一個副作用，那就是對教育的戕害。

　　老師研究壓力大，擔心發表不出來，更沒心思備課，沒時間去關心學生，去盡一位教育者應盡的責任。有的老師上課上一半睡著了；有的老師按講義唸，不讓學生有發問的機會；有的老師乾脆請學生去吃大閘蟹，只求學期末不要給太難看的評分。有的大學走的是另一個極端，把課程數腰斬，希望減少教學工作量，以讓教授多做研究。有的學校則模仿美國大學，定出「發表條款」，交不出業績來就走人。結果呢？研究所課程大量裁減後，打擊學生士氣，也喪失老師創新課程的動力。

　　另外，在東南亞有些大學計畫用「點數」評估教授的業績。這種作法是將 SSCI（Social Science Citation Index）註冊的期刊，從有名的期刊（例如：給九點），到沒有名的期刊（例如：給一點），分別給予不同權重的點數。反正頂級期刊遙不可及，教授不如由四至六級的期刊多發表一些來湊點數。許多學校的行政官僚並不知道 SSCI 也是有「山寨期刊」，還沾沾自喜地吹噓學校有老師一人一年就可發表十二篇文章。升等評定的時候，不管你發表的是頂級或四級期刊（或是偽期刊），全部被換為「點數」。這樣的制度並不公平。

　　所以，一位教授窮三年精力的嘔心瀝血之作，相較之下就比發表十二篇四級以下期刊的教授遜色很多。一份歷經多年奮鬥，與評審來回切磋、不斷精進理論的作品，只要一登出，就馬上會受到多方的討論與肯定；比起換一個建假說，套變數就可以重複發表的作品，豈可同日而語。點數制度因此引起更多的爭議，將學術帶入浮士德的地獄。大陸與台灣學術界就出現一個新的流行語，SSCI 被戲稱為 Super Stupid Chinese Index。未來，教育部、科技部等政府單位，必須要盡快修訂此扭曲的政策，以免學術向下沉淪。

　　二十顆橘子，絕對不會變成一顆蘋果；兩百塊石頭，也絕對換不到一顆鑽石。但是，這個道理在可見的未來，在亞洲，大概還是不易被理解。長遠來說，這種發展的走向，對學術圈是不利的。真正有教育熱忱的人可能會退出，而留下的人卻要把寶貴的青春（自己的與學生的）斷送在一些無意義的學術發表中。

好消息是，2016年起科技部開始針對社會科學領域，規劃新的研究評估方式。可見的未來，評量學者的學術創作標準將不只是「發表量」，而是「代表作」。未來大學教授升等將不會看每年發表幾篇，而是看發表了哪些作品，並由其中挑出一篇代表作，讓評審仔細檢閱，以作品品質作為升等依據。這雖是一個好消息，不過也令人擔心，這個政策真正實施後，會不會轉變成另一隻「學術怪獸」。畢竟，目前代表作的觀念仍不普遍，多數大學也仍然是以發表量為教育的主軸。原創的思維，並不會在政策改變後突然就產生。我們需要更有耐心地去孕育原創思想，偉大的思維是沒有速成的捷徑。

迎接璀璨的時代

很多人認為，發表一篇質性文章要投入一到三年是很不划算的。因此，學者多保持觀望態度。但是，打算投入質性研究的學者也無需太過悲觀。如果你的目標不是頂級期刊，也無需走這趟文化苦旅。年輕學者可以選擇「默默耕耘」，將發表目標訂在第二級的期刊。這條路線會讓學術社群看到你細水長流的努力。

常用的發表策略有四種。首先，你可以一直投頂級期刊，不斷地修改到完美被接收為止。雖然文章一被刊出就會獲得掌聲，但這種策略可能會使你的發表拖很久。第二，你可以先投頂級期刊，得到編審評語後，若發覺品質跟不上，轉投第二級期刊。第三，你可以只投第二級期刊，使文章的發表率提升；若是有潛力卻被拒稿，再轉頭第一期期刊。第四，對初學者而言，發表在第三級期刊也不壞。雖然這些期刊的影響力不大，在現實的學術環境中也不無小補。不過，千萬不要投第四級以下的期刊，更是要留意絕不可投「偽期刊」，以免影響自己的聲譽。

要成就一份具原創性的研究，要找一個合宜的理論視角，透過這塊理論稜鏡擴展我們的視野，讓我們見到原先想不清的問題以及見不到的現象。在「稜鏡」的協

助下，讓資料說話，道出七彩的內涵，產生雋永的洞見，使作品發人深省，令人豁然開朗、悄然開悟。對非學術界的人而言，其實碩士或博士的訓練是透過寫論文的過程培養自己的思辯能力。未來進入各行各業時，都可以用科學的方法去推理、探索，並且做出合宜的決策。

世界上沒有什麼質性研究，也沒有什麼量化研究。這世上只有兩種研究：好的研究與不好的研究。正如作家龍應台所說，好的作品（研究）使人看見愚昧；不好的作品（研究）則暴露自己的愚昧。做質性研究是否具備慧根並不重要，重要的是如何透過思辯訓練培育出知識份子的特質（intellectual character）[3]。這種特質，是一個社會是否能不斷成長的動力，也是國家能否長治久安的基磐。

你也許會問，在這樣黑暗的時代中，學術界還會有未來嗎？這個問題，不管是樂觀派或是悲觀派，都沒有拿得準的解答，我們只能求助文學的智慧。英國大文豪狄更斯在《雙城記》寫到：「這是最好的時代，也是最壞的時代；這是智慧的時代，也是愚蠢的時代；這是信仰的時代，也是懷疑的時代；這是光明的季節，也是黑暗的季節；這是充滿希望的春天，也是令人絕望的冬天；我們擁有一切，我們也一無所有；我們正走向天堂，我們也正邁向地獄[4]。」

或許，是最好或最壞，是智慧或愚蠢，是懷疑或光明，是冬天或春天，是天堂或地獄，正取決我們現在的決定。2006年這本書問世，那時正是黑暗時代頂點。十多年後，學術界已經有更多甦醒。寒冬過後，應該是暖陽與花開。我們經歷過這一切的學術荒謬，也許正是讓我們心靈領悟的苦藥良方。華人學術必須邁向原創，必須脫離西方思想殖民，才能開創屬於我們自己的璀璨時代。另一個十年後的時代，讓人期待。

參考文獻

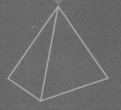

▌注釋

Chapter 01　脈絡：質性是一種思維

1　見莎劇原文：All the world is a stage, and all the men and women merely players. They have their exits and their entrances, and one man in his time plays many parts... (As You Like It II. vii. 139-166).

2　Hartley, J. F. 1994. Case studies in organizational research. In C. Cassell, & G. Symon (Eds.), *Qualitative Methods in Organisational Research: A Practical Guide*, 208-229. London: Sage.

3　第七章將詳述，於此將 framing 按照音譯為「浮睿明」；framing一詞翻譯原是「設框、布局」之意，也比喻為，布局的結果必須要讓人浮現出睿智而明朗的研究問題與辯證架構。「浮睿明」一詞乃臺北教育大學陳蕙芬副教授所翻譯。

4　Frost, Peter J. and Ralph E. Stablein, (eds.). 1992. *Doing Exemplary Research*. Newbury Park, California: Sage Publications.

Chapter 02　差異：質性與量化的不相容

1　這個例子取自：Webster, J., & Hackley, P. 1997. Teaching effectiveness in technology-mediated distance learning. *Academy of Management Journal*, 40(6): 1282-1310.

2　參見：Alavi, M., & Gallupe, R. B. 2003. Using information technology in learning: Case studies in business and management education programs. *Academy of Management Learning and Education*, 2(2): 139-153.

3　Burgelman, R. A. 1994. Fading memories: A process theory of strategic business exit in dynamic environments. *Administrative Science Quarterly*, 39 (1): 24-56.

4　參見艾教授的跨案例作法，以多案例來建立原則性假說。Eisenhardt, K., & Tabrizi, B. 1995. Accelerating adaptive processes: Product innovation in the global computer industry. *Administrative Science Quarterly*, 40: 84-110. Davis, J. P., & Eisenhardt, K. M. 2011. Rotating leadership and collaborative innovation: Recombination processes in symbiotic relationships. *Administrative Science Quarterly*, 56(2): 159-201.

5　Eisenhardt, K. M. 1989. Building theories from case study research. *Academy of Management Review*, 14(4): 532-550.

6　Leonard-Barton, D. 1990. A dual methodology for case studies: Synergistic use of a longitudinal single site with replicated multiple sites. *Organization Science*, 1(3): 248-266.

7　Eisenhardt, K. M., & Bourgeois III, L. J. 1988. Politics of strategic decision making in high-velocity environments: Toward a midrange theory. *Academy of Management Journal*, 31(4): 737.

8　Dyer, W. G., & Wilkins, A. L. 1991. Better stories, not better constructs, to generate better theory: a Rejoinder to Eisenhardt. *Academy of Management Review*, 16(3): 613-619.

9　Light, D. J. 1979. Surface data and deep structure: Observing the organization of professional training. *Administrative Science Quarterly*, 24(4): 551-559.

10　Walsham, G., & Waema, T. 1994. Information systems strategy and implementation: A case study of a building society. *ACM Transactions on Information Systems*, 12(2): 150-173.

Chapter 03　基本功：歸納、推理、辯證

1　"I deny nothing but doubt everything."

2　這本書提供許多質性分析的表格與工具，頗受歡迎。Miles, B., & Huberman, M. 1994. *An Expanded Sourcebook Qualitative Data Analysis*. London: Sage. 但工具是沒法幫你思考，只有學習思辯，這些工具才會有意義。

3　參閱更多推理陷阱：魯爾夫‧杜伯里（王榮輝譯），2012，《思考的藝術：52個非受迫性思考錯誤》，台北：商周出版社。

4　有關歸納、推理、辯證的思考方式參見：Blaikie, N. 1993. *Approaches to Social Enquiry*. Cambridge, UK: Polity Press.（該書第五、六章）

5　Grant, R. M. 1991. The resource-based theory of competitive advantage: Implications for strategy formulation. *California Management Review*, 33(3): 114-135.

6　Kumar, K., van Dissel, H. G., & Bielli, P. 1998. The merchant of Prato revisited: Toward a third rationality of information systems. *MIS Quarterly*, 22(2): 199-226.

Chapter 04　鑑定：六特質、三原則

1　Klein, H. K., & Myers, M. D. 1999. A set of principles for conducting and evaluating interpretative field studies in information systems. *MIS Quarterly*, 23 (1) : 67-94.

2　Golden-Biddle, K., & Locke, K. 1993. Appealing work: an Investigation of how ethnographic texts convince. *Organization Science*, 4: 595-616.

3　Martin, J., Knopoff, K., & Beckman, C. 1998. An alternative to bureaucratic impersonality and emotional labor: Bounded emotionality at the Body Shop. *Administrative Science Quarterly*, 43(2): 429-480.

4　Dacin, M. T., Munir, K., & Tracey, P. 2010. Formal dining at Cambridge colleges: Linking ritual performance and institutional maintenance. *Academy of Management Journal*, 53(6): 1393-1418.

5　Shane, S. 2000. Prior knowledge and the discovery of entrepreneurial opportunities. Organization Science, 11(4): 448-469.

6　Hsiao, R. L., Tsai, D. H., & Lee, C. F. 2006. The problem of knowledge embeddedness: Knowledge transfer, coordination and reuse in information systems. *Organization Studies*, 27(9): 1289-1317.

7　Burt, R. S. 2004. Structural holes and good ideas. *American Journal of Sociology*, 110(2): 349-399.

8　原文是："It would be nice if all of the date which sociologists require could be enumerated because then we could run them through IBM machines and drew charts as the economists do. However, not everying that can counted counts, and not everying that counts can be counted." William Bruce Cameron 是一位美國專欄作家，作品幽默風趣，這句話出自於*Informal Socioligy: A Casual Introduction to Sociological Thinking*。

Chapter 05　門派：有人的地方，就有江湖

1　也有人翻譯爲「派典」。請見：Kuhn, T. S. 1970. *The Structure of Scientific Revolutions*. Chicago: University of Chicago Press. 參見譯作：程樹德、傅大爲、王道還、錢永祥譯，1990，《科學革命的結構》，台北：長河出版。

2　有關本體論、認識論以及方法論的詳盡探討，請參考：Blaikie, N. 1993. *Approaches to Social Enquiry*. Cambridge: Polity Press. 本章後段所討論的各種主義乃根據此書的定義。此書爲經典之作，極力推薦讀者精閱此書。

3　這故事原出自柏拉圖的著作。但故事的簡易版可參見：Gaarder, Jostein. 1991. *Sophie's World: A Novel about the History of Philosophy*. London: Phoenix House. 或見蕭寶森譯，1995，《蘇菲的世界（上）》，台北：智庫出版，125頁。

4　參見一系列精彩的報導：舒夢蘭，2015，《聚焦全世界》，人類智庫。

5　其他不同的分類方式請參考：Burrell, Gibson and Gareth Morgan. 1979. *Sociological Paradigms and Organisational Analysis: Element of the Sociology of Corporate Life*. London, UK: Heinemann. 此書提出四種思維門派。另外一篇很有趣的文章是：Morgan, G., & Smircich, L. 1980. The case for qualitative research. *Academy of Management Review*, 5(4): 491-500. 此文的門派分類頗爲複雜，但提供很精闢的解說。

6　有關科技恐懼症的論述請參見：Hsiao, R.-L. 2003. Technology fears: Distrust and cultural persistence in electronic marketplace adoption. *Journal of Strategic Information Systems*, 12: 169-199.

7　有關 thick description 之說可見人類文化學巨作：Geertz, Clifford. 1973. *The Interpretation of*

Cultures. New York: Basic Books.（只要看第一章就可以了）。

8　取材自：Glesne, C. and A. Peshkin. 1992. *Becoming Qualitative Researchers: An Introduction*. London: Longman.

9　對 Critical Realism理論性的探討請見：Bhaskar, R. 1986. *Scientific Realism and Human Emancipation*. London: New Left Book. 另外一個比較簡易的說明請見：蕭瑞麟，1999，〈動態歷程變革研究法〉，收錄於《管理資本在台灣》，台北：遠流。

10　原提倡者是：Giddens, A. 1984. *The Constitution of Society: Outline of the Theory of Structuration*. Cambridge: Polity Press. 初學者最好先別看這本書，以免被其理論所震懾。建議先看這篇文章，由其個案比較容易體會出「結構融合理論」：Yates, J., & Orlikowski, W. J. 2002. Genres of organizational communication: A structurational approach to studying communication and media. *Academy of Management Review*, 17(2): 299-326.

11　有關結構融合理論的範例可參考：Jarzabkowski, P. 2008. Shaping strategy as structuraton process. *Academy of Management Journal*, 51(4): 621-650.

12　Pahnke, E. C., Katila, R., & Eisenhardt, K. M. 2015. Who takes you to the dance? How partners' institutional logics influence innovation in young firms. *Administrative Science Quarterly*, 60(4): 596-633.

13　《紙牌屋》（House of Cards）原本是英國電視劇，被HBO翻拍變成美國議會版的政治鬥爭。

14　Mezias, S. J., & Boyle, E. 2005. Blind trust: Market control, legal environments, and the dynamics of competitive intensity in the early American film industry, 1893-1920. *Administrative Science Quarterly*, 50(1): 1-34.

15　參見其代表作：Orlikowski, W. J. 1996. Improvising organizational transformation over time: A situated change perspective. *Information Systems Research*, 7(1): 63-93.

16　參見其代表作：Brannen, M. Y. 2004. When Mickey loses face: Recontextualization, semantic fit, and the semiotics of foreignness. *Academy of Management Review*, 29(4): 593-616.

17　Pettigrew, A. M. 1979. On studying organisational cultures. *Administrative Science Quarterly*, 24: 570-581.

18　Pettigrew, A. M. 1988. *The Management of Strategic Change*. Oxford: Blackwell.

19　美加學者支持代表的有Ann Lanley與Ann Huff：Langley, A. 1999. Strategies for theorizing from process data. *Academy of Management Review*, 24(4): 691-710. Huff, A. S., & Reger, R. K. 1987. A review of strategic process research. *Journal of Management*, 13(2): 211-236.

20　參見：Huff, A. S., & Jenkins, M. 2002. *Mapping Strategic Knowledge*. London: Sage.

21　參見：Johnson, G., Langley, A., Mein, L., & Whittington, R. 2007. *Strategy-as-Practice: Research,*

Directions, and Resources. Cambridge: Cambrige University Press.

22 Johnson, G., Melin, L., & Whittington, R. 2003. Micro strategy and strategizing: Towards an activity-based view. *Journal of Management Studies*, 40(1): 3-22.

23 Reason, P. 1994. *Co-operative Inquiry, Participatory Action Research and Action Inquiry: Three Approaches to Participative Inquiry*. Newbury Park: Sage Publications.

24 原文是："There is nothing so useless as doing efficiently that which should not be done at all."

25 "To achieve enlightenment, our political systems must relinquish their claims on truth, justice and freedom and have to replace them with the search for truth, justice, freedom and reason." Immanuel Kant.

Chapter 06　論文的起源：內心緩而無形的成就

1 更多細節請參考：林晏如，2018，《設計盲點：服務創新中被忽略的使用者痛點》，政治大學科技管理與智慧財產研究所碩士論文。

Chapter 07　論文之前段構成：研究設計與布局

1 "Real voyage of discovery consist not of seeking new landscapes but in having new eyes." Marcel Proust是法國作家，代表作品有《追憶逝水年華》。他認為題材並不重要，重要的是「客觀世界」如何反映在「主觀意念」。他善於細膩敘事，小說中夾雜了大量的議論、聯想、心理分析。一個失眠的夜他可以花40頁來描述；一個三小時的聚會可以用掉190頁的篇幅。他的寫作特色是讓時間在意識流中顛倒、交疊或相互滲透。

2 Elsbach, K. D., & Kramer, R. M. 2003. Assessing creativity in Hollywood pitch meetings: Evidence for a dual-process model of creativity judgments. *Academy of Management Journal*, 46(3): 283-301

3 參考：蕭瑞麟、歐素華、陳蕙芬，2014，「劣勢創新：梵谷策展中的隨創行為」，《中山管理評論》，第22卷，第2期，323～367頁（該文榮獲聯電論文獎佳作）。

4 Levi-Strauss, C. 1968. *The Savage Mind*. Chicago: University of Chicago Press.

5 Baker, T., & Nelson, R. E. 2005. Creating something from nothing: Resource construction through entrepreneurial bricolage. *Administrative Science Quarterly*, 50(3): 329-366.

6 Zott, C., & Quy Nguyen, H. 2007. How entrepreneurs use symbolic management to acquire resources. *Administrative Science Quarterly*, 52(1): 70-105.

7 Powell, E. E., & Baker, T. 2014. It's what you make of it: Founder identity and enacting strategic responses to adversity. *Academy of Management Journal*, 57(5): 1406-1433.

8　胡淑莉，2019，《體驗來自經驗：由顧客旅程中的相對感受發展服務設計》，國立政治大學商學院，文化創意、科技與資通創新組，經營管理碩士論文（該文榮獲2019年科技管理年會論文優等獎）。

9　Baker, T., & Nelson, R. E. 2005. Creating something from nothing: Resource construction through entrepreneurial bricolage. *Administrative Science Quarterly*, 50(3): 329-366.

10　Bechky, B. A., & Okhuysen, G. A. 2011. Expecting the Unexpected? How SWAT Officers and Film Crews Handles Surprises. *Academy of Management Journal*, 54(2): 239-261.

11　Lounsbury, M., & Glynn, M. A. 2001. Cultural Entrepreneurship: Stories, Legitimacy, and the Acquisition of Resources. *Strategic Management Journal*, 22(6/7): 545-564.

12　Baker, T., Miner, A. S., & Eesley, D. T. 2003. Improvising firms: Bricolage, account giving and improvisational competencies in the founding process. *Research Policy*, 32(2): 255-276.

13　Dutton, J. E., Roberts, L. M., & Bednar, J. 2010. Pathways for positive identity construction at work: Four types of positive identity and the building of social resources. *Academy of Management Review*, 35(2): 265-293.

14　Delmestri, G., & Greenwood, R. 2016. How Cinderella became a queen. *Administrative Science Quarterly*, 61: 507-550.

15　Yin, R. K. 1994. *Case Study Research: Design and Methods*. Thousand Oaks, CA: Sage.

16　參考：蕭瑞麟、歐素華、陳蕙芬，2014，「劣勢創新：梵谷策展中的隨創行為」，《中山管理評論》，第22卷，第2期，323～367頁。

Chapter 08　論文之後段構成：案例呈現與啟發

1　參見：蕭瑞麟、歐素華、陳蕙芬，2014，「劣勢創新：梵谷策展中的隨創行為」，《中山管理評論》，第22卷，第2期，323～367頁。

2　參見：蕭瑞麟、侯勝宗、歐素華，2011，「演化科技意會—衛星派遣科技的人性軌跡」，《資訊管理學報》，第18卷，第4期，1～28頁。這篇文章以台灣大車隊為案例，說明導入衛星派遣系統如何造成某些司機的恐懼，卻也讓另外一群司機探索出深具創意的使用方法。

3　Schön, D. A. and M. Rein. 1994. *Frame Reflection: Toward the Resolution of Intractable Policy Controversies*. New York: Basic Books.

4　Kumar, K., van Dissel, H. G., & Bielli, P. 1998. The merchant of Prato revisited: Toward a Third rationality of information systems. *MIS Quarterly*, 22(2): 199-226.

5　參見：蕭瑞麟、歐素華、蘇筠，2017，「逆強論：隨創式的資源建構過程」，《台大管理論叢》，第27卷，第4期，43～74頁。

6　A good decision is based on knowledge and not on numbers. 柏拉圖是希臘哲學家，蘇格拉底的學生。

7　We know what we are, but know not what we may be.

8　It is absurb to divide people into good and bad. People are either charming or tedious.

9　Mediocrity knows nothing higher than itself; but talents instantly recognize genius.

10　Shane, S. 2000. Prior knowledge and the discovery of entrepreneurial opportunities. *Organization Science*, 11(4): 448-469.

11　Wrzesniewski, A., & Dutton, J. E. 2001. Crafting a job: Revisioning employees as active crafters of their work. *Academy of Management Review*, 26(2): 179-201.

12　Baker, T., & Nelson, R. E. 2005. Creating something from nothing: Resource construction through entrepreneurial bricolage. *Administrative Science Quarterly*, 50(3): 329-366.

13　Markus, M. L. 1994. Finding a happy medium: Explaining the negative effects of electronic communication on social life at work. *ACM Transactions on Information Systems*, 12(2): 119-149.

14　Hargadon, A. B., & Douglas, Y. 2001. When innovations meet institutions: Edison and the design of the electric light. *Administrative Science Quarterly*, 46(3): 476-514.

15　Chesbrough, H. W., Vanhaverbeke, W., & West, J. 2006. *Open Innovation: Researching a New Paradigm*. Oxford: Oxford University Press.

16　參見：蕭瑞麟、歐素華、陳蕙芬，2014，「劣勢創新：梵谷策展中的隨創行為」，《中山管理評論》，第22卷，第2期，323～367頁。

17　參見：蕭瑞麟、歐素華，2017，「資源流：聯合報系複合商業模式的形成」，《組織與管理》，第10卷，第1期，1～55頁。

Chapter 09　專業陌生人

1　"There is nothing more deceptive than an obvious fact." Conan Doyle, The Boscombe Valley Mystery.

2　收錄於一場研討會中，請參見：Kaghan, W. N., A. L. Strauss, S. R. Barley, M. Y. Brannen, and R. J. Thomas. 1999. Dialog: The practice and uses of field research in the 21st century organization. *Journal of Management Inquiry*, 8(1), 67-81. 原文為："It's only by being on the spot and watching things that we get the full impact of how that's going to affect the organizations and how changes are going to occur."

3　「竹外桃花三兩枝，春江水暖鴨先知，蔞蒿滿地蘆芽短，正是河豚欲上時。」出自惠崇春江晚景，蘇軾之筆。

4　原文是：withdraw from "the festival of life." 見Schön, D. A., and M. Rein. 1994. *Frame Reflection: Toward the Resolution of Intractable Policy Controversies*. New York: Basic Books (in page xii).

5　民俗圖誌學應用於管理與組織學漸漸已經成為顯學，可參考：Sanday, P. R. 1979. The ethnography paradigms. *Administrative Science Quarterly*, 24: 527-538. 可以參考用民俗圖誌學分析傳真機維修員的一項研究，參見：Orr, J. E. 1996. *Talking about Machines: An Ethnography of a Modern Job*. Ithaca, NY: Cornell University Press. 此外，在資訊與組織領域中，也有學者運用「告白」的方式，研究知識工作者的行為模式，參見：Schultze, U. 2000. A confessional account of ethnography about knowledge work. *MIS Quarterly*, 24(1): 3-42.

6　「陌生人」一詞源自於社會學的探討，參見：Simmel, G. 1976. The Stranger, *The Sociology of Georg Simmel*. New York: Free Press. 後來此觀念被應用於民族圖誌的調查方法，強調研究者要擁有獨立性，參見：Agar, M. 1980. The professional stranger: An informal introduction to ethnography. New York: Academic Press.

7　The "stranger" is close to us, insofar as we feel between him and ourselves common features of a national, social, occupational, or generally human, nature. He is far from us, insofar as these common features extend beyond him or us, and connect us only because they connect a great many people.

8　原文是："The temptation to form premature theories upon insufficient data is the bane of our profession."

9　也有學者幽默地認為，質性研究其實就是一份有憑有據的科幻小說：Van Maanen, J. 1979. The fact of fiction in organizational ethnography. *Administrative Science Quarterly*, 24(4): 539-550.

10　Van Maanen, J. 1988. *Tales of the Field: On Writing Ethnography*. Chicago: University of Chicago Press.

11　一些有用的圖表分析技巧可見：Miles, M. B., and A. M. Huberman. 1994. *An Expanded Sourcebook: Qualitative Data Analysis*. London: Sage. 請特別看第五與第八章。也有很多人會運用思維心智圖（Mindmapping）的軟體來整理初步資料。

12　有關「資料厭食症」的問題請參閱：Pettigrew, A. M. 1990. Longitudinal field research on change: Theory and practice. *Organization Science* 1(3): 267-92.

13　這份研究後來終於發表出來：Jarzabkowski, P. 2008. Shaping strategy as structuraton process. *Academy of Management Journal*, 51(4): 621-650.

Chapter 10　對偶互動：好萊塢找創意

1　Some things I think are very conservative, or very liberal. I think when someone falls into one category for everything, I'm very suspicious. Louis C. K.

2　Elsbach, Kimberly D. and Roderick M. Kramer. 2003. Assessing creativity in Hollywood pitch meetings: Evidence for a dual-process judgment model of creativity judgments. *Academy of Management Journal,* 46(3): 283-301.

Chapter 11　層次變化：快樂的電子郵件

1　Markus, M. L. 1994. Finding a happy medium: Explaining the negative effects of electronic communication on social life at work. *ACM Transactions on Information Systems*, 12(2): 119-149.

2　Kraut, R. E., Rice, R. E., Cool, C., & Fish, R. S. 1998. Varieties of social influence: The role of utility and norms in the success of a new communication medium. *Organization Science*, 9(4): 437-453.

3　Markus, M. L. 1994. Electronic mail as the medium of managerial choice. *Organization Science*, 5(4): 502-528.

Chapter 12　對比反差：擾人的例規

1　The disease which inflicts bureaucracy and what they usually die from is routine. John Stuart Mill.

2　Edmondson, A. C., Bohmer, R. M., & Pisano, G. P. 2001. Disrupted routines: Team learning and new technology implementation in hospitals. *Administrative Science Quarterly*, 46: 685-716.

3　Attewell, P. 1992. Technology diffusion and organizational learning: The case of business computing. *Organization Science*, 3(1): 1-19.

4　Barley, S. R. 1986. Technology as an occasion for structuring: Evidence from observations of CT scanners and the social order of radiology departments. *Administrative Science Quarterly*, 31(1): 78-109.

5　組織例規的學術定義是：組織發展出的習慣與規矩，會形塑重複性的行爲模式。在功能相似的行爲樣貌中，同樣狀態下，組織會直覺地，無需特定的選擇，就展現類似的行爲樣貌、活動方式、回應方法。

6　Wastell, D. G. 1999. Learning dysfunctions in information systems development: Overcoming the social defenses with transitional objects. *MIS Quarterly*, 23(4): 581-601.

7　Schön, D. A., & Rein, M. 1994. *Frame Reflection: Toward the Resolution of Intractable Policy Controversies*. New York: Basic Books.

Chapter 13　解讀意涵：劍橋大學的晚餐

1　Oxford teaches you nothing about everything; Cambridge teaches you everything about nothing.

2　Dacin, M. T., Munir, K., & Tracey, P. 2010. Formal dining at Cambridge colleges: Linking ritual performance and institutional maintenance. *Academy of Management Journal*, 53(6): 1393-1418.

3　Acemoglu, D., & Robinson, J. 2012. *Why Nations Fail: The Origins of Power, Prosperity, and Poverty*. New York: Crown Business.

4　DiMaggio, P. J., & Powell, W. W. 1983. The iron cage revisited: Institutional isomorphism and collective rationality in organizational fields. *American Sociology Review*, 48: 147-160.

5　Barley, S. R., & Tolbert, P. S. 1997. Institutionalization and structuration: Studying the links between action and institution. *Organization Studies*, 18(1): 93-117.

6　完整故事請見：陳之藩，1986，《劍河倒影》，遠東圖書公司。

7　划船隊儀式請見：Lok, J., & De Rond, M. 2013. On the plasticity of institutions: Containing and restoring practice breakdowns at the Cambridge University Boat Club. *Academy of Management Journal*, 56(1): 185-207.

Chapter 14　因果循環：決策失速陷阱

1　Perlow, L. A., Okhuysen, G. A., & Nelson, P. R. 2002. The speed trap: Exploring the relationship between decision making and temporal context. *Academy of Management Journal*, 45(5): 931-955.

2　Forrester, J. W. 1994. System dynamics, system thinking, and soft OR. *System Dynamics Review*, 10(2-3): 245-256.

3　Sterman, J. 1989. Modeling managerial behaviour: Misperceptions of feedback in dynamic decision making experiment. *Management Science*, 35(3): 321-339.

4　Senge, P. M. 1990. *The Fifth Discipline: The Art and Practice of the Learning Organization*. New York: Doubleday/Currency.

5　Langley, A. 1990. Patterns in the use of formal analysis in strategic decisions. *Organization Studies*, 11(1): 17-45.

6　Eisenhardt, K., & Tabrizi, B. 1995. Accelerating adaptive processes: Product innovation in the global computer industry. *Administrative Science Quarterly*, 40: 84-110.

7　von Braun, C.-F. 1991. The acceleration trap in the real world. *Sloan Management Review*, 32(4): 43-52.

Chapter 15　策略回應：愛迪生計中計

1　請閱讀原文：Hargadon, A. B., & Douglas, Y. 2001. When innovations meet institutions: Edison and the design of the electric light. *Administrative Science Quarterly*, 46(3): 476-514.

2　參見第14章，蕭瑞麟，2016，《思考脈絡：創新不一定會擴散》，台北：天下文化叢書。

3　有關更詳盡的策略回應分析，請參見：Oliver, C. 1991. Strategic responses to institutional processes. *Academy of Management Review*, 16(1): 145-179.

4　參見原文表一，第483頁。

5　Rogers, E. M. 1995. *Diffusion of Innovations*. New York: Free Press.

Chapter 16　調適歷程：時時留意鏡中人

1　Dutton, J. E., & Dukerich, J. M. 1991. Keeping an eye on the mirror: Image and identity in organizational adaptation. *Academy of Management Journal*, 34: 517-554.

2　類似的歷程分析法，特別是連續反應的分析，參見：Bacharach, S. B., Bamberger, P., & Sonnenstuhl, W. J. 1996. The organizational transformation process: The micropolitics of dissonance reduction and the alignment of logics of action. *Administrative Science Quarterly*, 41: 477-506.

Chapter 17　階段演化：潛移默化微變革

1　If we only see the present, we see discontinuity; but if we look into the past, we are able to see the connections and continuity. Andrew Pettigrew.

2　這篇作品是於1996年間刊出，已有更多不同的變革模式相繼提出，如結構融合（structuration change）型變革，見：Jarzabkowski, P. 2008. Shaping strategy as structuraton process. *Academy of Management Journal*, 51(4): 621-650.

3　更多有關間斷平衡式的變革，請參考：Gersick, C. J. G. 1991. Revolutionary change theories: A multilevel exploration of the punctuated equilibrium paradigm. *Academy of Management Review*, 16(1): 10-36.

4　見「企業流程改造」始祖之作：Hammer, M., & Champy, J. 1993. *Reengineering the Corporation*. New York: Harper Collins Publishers.

5　原文滿長的，建議分幾天去消化它：Orlikowski, W. J. 1996. Improvising organizational transformation over time: A situated change perspective. *Information Systems Research*, 7(1): 63-93.

6　有關骨牌效應式的變革請見：Hsiao, R. L., & Ormerod, R. J. 1998. A new perspective of the dynamics of IT-enabled strategic change. *Information Systems Journal*, January(8): 21-52.

7　回溯式採訪更進一步資訊，請參考：Glick, W. H., Huber, G. P., Miller, C. C., Doty, D. H., & Sutcliffe, K. M. 1990. Studying changes in organizational design and effectiveness: Retrospective event histories and periodic assessment. *Organization Science*, 1: 293-312.

8　這種研究方法是奠基於脈絡論（contextualism），強調分析變革時要整體的考量內涵（Content）、過程（Process）與脈絡（Context），見：Pettigrew, A. M. and Whipp, R. 1991. *Managing Change for Competitive Success*. Oxford: Blackwell.

9　Pettigrew, A. M. 1985. *The Awakening Giant: Continuity and Change in Imperial Chemical Industries*. Oxford: Blackwell..

10　"Truth is the daughter of time"，參見：Pettigrew, A. 1990. Longitudinal field research on change: Theory and practice. *Organization Science*, 1(3): 267-292.

11　龍應台，1999，《百年思索》，台北市：時報文化出版社，13～14頁。

Chapter 18　隱形宰制：溫柔成為危險的控制

1　Mumby, D. K., & Putnam, L. L. 1992. The politics of emotion: A feminist reading of bounded rationality. *Academy of Management Review*, 17(3): 465-486.

2　Simon, H. A. 1990. Bounded rationality and organizational learning. *Organization Science*, 2(1): 125-134.

3　這位美國學者有一個漢名，叫做司馬賀，是著名的心理學家，研究領域涵蓋認知心理學、計算機科學、公共行政、經濟學、管理學和科學哲學等多個方向；獲得 1975 年圖靈獎、1978 年諾貝爾經濟學獎、1986 年美國國家科學獎章以及 1993 年美國心理學會的終身成就獎。

4　案例全文參見：Martin, J., Knopoff, K., & Beckman, C. 1998. An alternative to bureaucratic impersonality and emotional labor: Bounded emotionality at The Body Shop. *Administrative Science Quarterly*, 43(2): 429-480.

5　原文是：The business of business should not be about money. It should be about responsibility. It shoud be about public good not private greed.

6　原文見《論語・先進第十一》：子貢問：「師與商也孰賢？」子曰：「師也過，商也不及。」曰：「然則師愈與？」子曰：「過猶不及。」

7　孔子於《中庸》也提到同樣的概念：「道之不行也，我知之矣。知者過之，愚者不及也。道之不知也，我知之矣。賢者過之，不肖者不及也。」知道太多，曲高和寡，讓人覺得艱澀，道理自然傳不出去；知道太少，譁眾取寵，結果讓人誤解，道理也是傳播不出去。這也是過猶不及的智慧。

8　這個道理《卜筮正宗》第四章〈黃金策〉也說過：「夫人有賢不肖之殊，卦有過不及之異。太過者損之斯成，不及者益之則利。」

Chapter 19   學術這一行：是最壞的時代，也是最好的時代

1   全文請見台灣清華大學彭明輝的部落格：〈這樣子的一流大學？呸！呸！呸！〉。

2   參見：張五常，《南窗集》，強迫發表是悲劇。

3   Ritchart, R. 2002. *Intellectual Character: What It is, Why is Matters and How to Get It*. San Francisco, CA: Jossey-Bass.

4   It was the best of times, it was the worst of times; it was the age of wisdom, it was the age of foolishness; it was the spring of hope, it was the winter of despair; we were all going directly to Heaven, we were all going the other way. Charles Dickens. 取自英國文學家查理・狄更斯的作品《雙城記》。

國家圖書館出版品預行編目（CIP）資料

不用數字的研究：質性研究的思辯脈絡 / 蕭
瑞麟著. -- 五版. -- 臺北市：五南圖書出
版股份有限公司, 2020.10
　　面；　公分
　ISBN 978-986-522-251-2 (平裝)

1. 思考 2. 質性研究

176.4031　　　　　　　　　　109013355

1HAA

不用數字的研究：
質性研究的思辯脈絡（第五版）

作　　者 — 蕭瑞麟

企劃主編 — 張毓芬

文字編輯 — 許馨尹

封面設計 — 林銀玲

出 版 者 — 五南圖書出版股份有限公司

發 行 人 — 楊榮川

總 經 理 — 楊士清

總 編 輯 — 楊秀麗

地　　址：106臺北市大安區和平東路二段339號4樓

電　　話：(02)2705-5066　傳　　真：(02)2706-6100

網　　址：https://www.wunan.com.tw

電子郵件：wunan@wunan.com.tw

劃撥帳號：01068953

戶　　名：五南圖書出版股份有限公司

法律顧問　林勝安律師

出版日期：2020年10月五版一刷
　　　　　2024年 7 月五版五刷

定　　價　新臺幣550元整